저작재산권의
입법형성에 관한 연구

저작재산권의
입법형성에 관한 연구

신 혜 원 지음

景仁文化社

책의 소개

이 책은 필자가 서울대학교 법과대학에서 법학박사 학위를 받은 논문인 "저작재산권의 입법형성의 한계"(2017)를 '서울대학교 법학연구소 법학연구총서'로 출간하기 위하여 수정한 것입니다. 우리 사회에서는 사적인 권리의 한계를 설정하는 문제에 있어 공익이 고려되어야 한다는 추상적인 규범과 원론적 공감대는 형성되어 있으나, 상반된 가치로 인식되는 사익과 공익이 구체적 사건에서 충돌할 경우 궁극적으로 어떤 가치를 얼마나, 어떻게, 왜 보호할 것인지에 관한 질문에 대한 답은 쉽지 않습니다. 공동체적 숙의 과정을 축약한 채 강화되어 온 저작재산권은 아직 우리 사회 구성원간 공동의 목적을 위하여 보호하여야 한다는 공감대 또한 충분히 형성되어 왔다고 자신 있게 말하기는 어려워 보입니다. 이 책에서는 제도적 원류인 서구와 우리 헌정사에서의 논의를 토대로 일반 국민이 일상에서 즐기는 음악, 영화, 독서, 각종 콘텐츠 등을 산업으로 보호하는 저작재산권의 면면을 살펴, 우리 법제 고유의 권리의 모습은 어떤 것이어야 하는지를 고민하고, 저작재산권 내에서 대립하는 두 가치의 조화로운 지점을 모색하고자 하였습니다.

2019년 5월
신혜원

책머리에

저작재산권은 창작자의 권리 보호와 이를 통한 문화·산업의 발전, 그리고 이용자의 법익이 최적화되는 지점에 관한 치열한 논쟁과 타협의 산물로 발전해왔다. 특히 저작재산권은 서구사회에서는 왕실 검열로부터의 자유를 보호하여, 학문을 진흥시키고 언론의 자유를 보호한다는 등의 명분으로 창설되었다. 기존에 존재하지 않던 경제적 가치 있는 권리를 정당화함에 있어, 사상적으로는 노동으로부터 권리 창설과 존속의 근거를 찾아 창작자에 대한 보상에 주안점을 둔 로크의 노동이론, 인격과 개성의 발현인 창작물의 변증법으로부터 정당화 논거를 찾은 헤겔의 인격이론이 이른바 자연권론으로 분류되어 저작재산권 그 자체로부터 정당화 논거를 찾았다. 한편 현대에 이르러 저작재산권을 창작행위의 유인으로 삼아 공동체의 문화 자산 및 국부 증대에 주목한 유인이론이 정리되었다. 유인이론은 노동에 대한 보상과 인격에 대한 보호를 창작의 유인책으로 포섭하는 동시에, 그 권리의 사회적 구속성을 모두 설명할 수 있다는 점에서 현대적 저작재산권의 사상적 논변으로 적합하다.

이러한 사상과 함께, 역사적으로도 계몽주의 시대 서구 주요 국가에서는 창작자에게 일응의 재산적 권리가 인정되어야 한다는 공감대가 형성되었고, 이들은 위 사상가들의 정당화 논변과 함께 학문의 진흥, 언론의 자유, 사회적 효용 등을 그 지향으로 삼아 제도화되어 왔다. 헌법에서 저작자 등의 권리를 보호한 국가로는 미국과 독일이 있었는데, 이들은 공통적으로 저작재산권을 사회적 한계가 있는 권리로 규정하였고 그러한 내용은 우리 헌법규정과 헌정사에도 상당 부분 반영되었다.

우리 헌법상 저작재산권의 근거는 헌법 제22조 제2항으로 볼 수 있고, 그 성격에 관해서는 크게 비재산권설과 재산권설, 그리고 재산권설 중에서는 제23조와의 중첩적 보호설, 중첩적 보호불요설 등이 있다. 저작재산권은 발상지인 서구에서는 재산적 권리를 보호하기 위하여 창설, 발달되었고, 우리 제헌헌법 당시 논의에 따르면 저작재산권은 그 재산권적 성격으로 인해 헌법에 규정된 실익이 있다고 인정된 권리이므로, 저작재산권은 재산권적 성격이 강한 권리로 볼 수 있다. 다만 저작재산권은 헌법 제23조의 전통적 재산권과는 성격을 달리하기 때문에 특수한 재산권으로서의 성격을 반영해야 한다고 보는 중첩적 보호설이 타당하다.

위 성격을 반영한 저작재산권의 입법은 무형의 실체에 대한 권리를 저작자 등에게 부여하는 것이 창작의 유인책으로써 기능할 수 있을 정도로 강해야 하는 동시에, 창작을 저해하지 않기 위한 사회적 구속성을 통하여 권리 형성 단계부터 그 내재적 한계와 제한의 범위를 설정하여야 한다. 또한, 이용자의 법익 보호를 위하여 제22조 제1항의 학문·예술의 자유는 물론 제21조 표현의 자유의 법익이 침해되지 않아야 한다는 요청도 반영해야 한다. 이는 권리자 보호만이 아니라 일반 국민의 자유로운 저작물의 이용을 규범화 시키는 것이고, 이러한 조화를 통하여 저작재산권이 저작자 등에 대한 '적절한' 보상으로 기능하는 권리가 될 수 있는 것이다.

구체적으로 저작재산권은 창작행위의 주체와 객체 측면에서 최소한의 창작적 기여를 한 경우에만 인정되어야 하고, '표현'만을 보호하기 위하여 '아이디어와 표현의 이분법'이라는 이론적 도구를 활용하되, 유인으로 기능하는 권리의 다발로써 새로운 창작물 탄생에 유연하게 대처할 수 있는 것이어야 한다. 한편, 저작재산권을 재산권으로 포섭한 이상, 저작재산권의 사회적 구속성은 크게 내재적 한계와 제한의 면을 나누어 살필 수 있다. 내재적 한계는 시간적 범위의 한계와 물적 한계로 나누어, 저작재산권은 유한해야만 하는 동시에, 보호대상인 창작물의 창작 수준은 낮을지언정 적어도 창작성이 없는 권리는 보호하지 않는 것이 저작재산권을 헌법 단계에서 보호한 취지에 부합한다는 점을 살핀다. 나아가 사회적 구속성을 감안한 저작재산권 제한은 사유재산의 인정이 '적절한'

보상의 범위를 넘어 남용에 이르지 않기 위한 이용자의 법익 보호를 위한 한계를 설정해준다. 그러한 맥락에서 공정한 이용은 저작재산권 보호에 반드시 수반되어야 하는 공익적 기제로써, 학문·예술의 자유를 보호하는 동시에 현대 대의민주주의에서 표현의 자유를 보호하기 위한 기본권 보호의 입법적 장치이다.

전술한 저작재산권의 성격과 그 입법의 지도원리와 고려요소에 비추어, 권리 보호 측면에서의 기술적 보호조치, 이용자의 법익 측면에서의 포괄적 공정이용조항에 따른 항변 및 저작인접권 보호기간 연장에 관한 결정을 검토한다. 권리자의 예방적 조치로서 기술적 보호조치는 그 남용을 적절히 제한할 수만 있다면 이용자의 정당한 이용의 법익을 훼손하지 않으면서 사회적 비용도 줄일 수 있는 실효적 조치로서 의의가 있다. 한편 비교적 근래에 도입된 포괄적 공정이용조항은 저작권법 제1조의 목적조항과 함께 이용자의 기본권을 실현할 수 있는 매개적 일반조항으로써 기능할 수 있어 기존에는 인정되기 어려웠던 비평 기능의 저작물의 항변의 근거로 사실관계에 따라 구체적 타당성을 도모할 수 있는 여지가 확대되었다. 마지막으로 저작인접권 보호기간 연장에 관한 결정은, 미국에서 이미 그 위헌성에 관한 치열한 논쟁이 있었던 주제와 유사한데, 우리 공동체에서도 저작재산권의 보호에 있어서의 '공익'을 포섭함에 있어 추상적 단계에서라도 '이용자의 법익'에 관한 고려가 반영될 필요가 있다고 보았다.

[주요어: 지적재산권, 저작재산, 저작자 등의 권리, 창작성, 공정한 이용, 이용자의 법익]

〈목 차〉

제1장 서론

제1절 연구의 배경

Ⅰ. 문제의 소재

전통적으로 헌법과 지적재산권은 그 분류상 공법(公法)과 사법(私法)이라는 간극이 있는 규범으로 여겨져 왔다. 그럼에도 불구하고 지적재산권[1]은 사상적·역사적으로 사유재산의 보호와 공익이 최적화되는 지점에 관한 치열한 논쟁과 타협의 산물로 발전해왔다. 그 중 특히 재산권과 인격권을 분리하는 이원론을 따르는 우리 법제에서의 저작재산권은 그 사상적 원류인 서구사회에서는 검열로부터의 자유를 보호하고 학문과 지식을 증대시킨다는 명분으로 창설되었다. 한편 국내적으로 현재 우리가 접하는 저작자의 재산적 권리로서의 저작재산권은 1980년대부터 시작된 국가 간 무역협상의 산물로 이식되었다.

---

1) 우리나라에서 무형의 실체에 배타적 권리를 부여하는 지적재산권 법제를 총칭하는 용어로서 무체재산권, 지적소유권, 지적재산권, 지식재산권이 있어 왔고, 그 중 1990년 이후 가장 널리 받아들여진 총칭은 "지적재산권"이다(박준석, "무체재산권·지적소유권·지적재산권·지식재산권 – 한국 지재법 총칭(總稱) 변화의 연혁적·실증적 비판 –," 법학, 제53권 제4호(서울대학교 법학연구소, 2012) 152면.) 2011년 제정된 지식재산기본법에서 사용된 '지식재산'이라는 용어가 관계 법률 제·개정에 있어 강제되고 있으나(제5조 제1항), 지적재산 관련 법률의 보호대상이 "지식"인지 의문이 있을 뿐만 아니라, '지적재산권'이라 하면 지적인 활동의 산물에 재산권을 부여하는 것으로 이해가 쉬운 반면, '지식재산권'은 지식에 재산권을 부여한다거나 지식이 재산권이라는 식의 개념이 더 쉽게 연상된다. 그런 관계로 본고에서는 기존 문헌의 인용, 번역 등의 편의상 이유도 종합적으로 고려하여 기존의 "지적재산권"이라는 용어를 사용하기로 한다. 용어의 변천과 각 용어의 의미와 한계에 관한 구체적 분석과 특히 지식재산권이라는 용어에 관해서는 박준석, 위의 논문, 137면 이하; 동지의 박성호, 「저작권법」(박영사, 2014) 23-24면 참고.

그러나 저작재산권은 그 용어부터 헌법상 개념인 '재산권'에 의존하면서도 왜 재산권으로 정당화되거나 헌법상 보호받는 재산권으로 포섭되는지, 그리고 그 한계는 무엇인지에 대한 논의는 부족했다. 그리하여 본 연구는 저작재산권이 창설된 사상적 배경과 역사적 형성과정을 살펴 그 권리의 원형을 파악한 뒤, 우리 헌정사상 저작재산권의 헌법적 지위와 재산권적 성격을 규명하는 것을 일차적 목표로 삼는다. 그러한 내용을 토대로 저작재산권의 입법은 어떻게 이루어져야 하는지, 재산권이기 때문에 당연히 내재되어야 할 사회적 구속성이 입법의 한계적 요소로서 어떻게 구현되어야 하는지를 살핀다. 그러한 기준을 토대로 개별 쟁점에서 저작재산권의 보호와 사회적 구속성에 기한 한계를 어떻게 반영하는 것이 적절할지를 살펴, 저작재산권이 재산권으로 보호받기 위한 조화로운 지점을 모색한다.

II. 기존의 연구성과

헌법상 저작재산권의 근거로 볼 만한 규정이 이미 있고 저작권법도 실무상 많이 활용되고 있는 상황에서, 왜 그 헌법적 근거와 성격을 검토하고 서구사회에서의 사상적 배경 및 역사적 형성과정을 살펴볼 필요가 있는지 의문이 제기될 수 있다. 개념의 원류를 살피는 이유는, 이미 저작재산권의 성격에 관하여 학설 대립이 있었다는 것 외에도, 저작재산권의 입법과 그 해석을 위해서는 일반적 재산권과 차별되는 저작재산권의 특성이 무엇인지를 밝힌 뒤 그 특수성을 반영해야 한다고 보았기 때문이다. 서구 계몽주의의 산물로 탄생한 저작재산권 본래의 의미와 성격을 파악하였을 때, 비로소 그와 유사 내지 다른 토양의 현대 대한민국에서 저작재산권의 특수성과 위치를 더욱 명확히 할 수 있을 것이다.

저작재산권은 그 성격상 전통적 재산권에 비하여 사회·문화적 관련

성이 두드러지는 권리이다. 저작재산권은 저작권법이 없었더라면 자유
롭게 이용했을 무형의 실체에 대세효가 있는 권리를 설정하여 주는 것
이기 때문에 축소될 수밖에 없는 공공의 영역, 즉 대다수의 구성원이 자
유롭게 이용할 것을 금지당하는 희생을 감수하는 특수성이 두드러지는
권리이다. 그렇기 때문에 창작을 통한 문화·산업 발전이라는 입법의 목
적이 정당하더라도 그 권리 자체에 사회적 구속성이 내재되어 있지 않
는 한, 헌법상 재산권으로 정당화될 수 없는 것이다. 더욱이 현대의 저
작물은 애초에 인류 공동의 지적(知的), 문화적 자산을 근간으로 형성된
것이기 때문에 특정 창작물에 대한 배타적 권리를 그 최종 작업자에게
전부 귀속시키는 것이 정당한지에 관해서도 의문이 제기된다. 그렇기 때
문에 그 수익의 귀속과 범위 또한 고려해야 한다.

논의의 각도를 달리하여 저작재산권을 정치적 공동체의 관점에서 보
자면, 정보를 내용적 요체로 하는 저작재산권은 사유화되는 순간 필연적
으로 정보 이동·이용을 제한한다는 측면에서도 문제적[2]이다. 정보에 대
한 지배는 결국 공동체 구성과 운영 근간의 왜곡으로 이어질 수 있고,
궁극적으로 정치 공동체를 훼손시킬 우려가 있다. 반대로 저작재산권은
저작자에게 경제적 지위를 보장함으로써 직접민주주의적 요소의 가미를
통해 대의민주주의 한계를 극복하려는 시도에 기여할 수 있다. 후원 없
이 생계가 불가하던 작가들이 근대적 저작권법 제정 이후 자신의 인세
로 생계를 영위하게 되었고, 궁극적으로 국가나 후원자로부터 자유롭게
집필활동을 할 수 있었다는 사실은 역사적으로도 확인된다. 이런 맥락에
서 저작재산권과 공공복리는 배타적 관계에 있지 않다. 그렇기 때문에

---

2) 이는 바로 자유로운 사상의 생성, 전파, 흐름을 요체로 하는 표현의 자유 제한
   의 문제로 이어진다. 미국에서도 대표적으로 Yochai Benkler, Julie Cohen, Niva
   Elkin-Koren, Mark Lemley, Lawrence Lessig, Neil Netanel, and Eugene Volokh와 같
   은 학자들은 저작권이 헌법적 가치들에 비추어 발전하기 위한 정책적 제안을
   이어가고 있다(Pamela Samuelson, "Copyright and Freedom of Expression in
   Historical Perspective," *10 J. Intell. Prop. L. 321* (2002) p.322).

저작재산권을 공공복리를 저해하는 사유재산권으로 파악하기 보다는, 오히려 저작재산권의 형성과 한계를 공공복리를 실현하는 내용과 방식으로 설정하는 것이 적절한 것이다.

그러한 특수성에도 불구하고 헌법 차원에서 저작재산권에 대한 관심이나 학문적 연구는 크게 진전되어 있지 않다. 기존의 헌법학 연구는 재산권에 관하여서는 독일 도그마 위주의 논의가 주를 이루었고, 급변하는 사회상에 대응할 새로운 형태의 재산권에 관한 논의는 부족했다. 1990년 대에 이르러 국내적으로 중요성이 강화된 저작재산권의 경우는 더욱 그러하다. 지적재산권학계에서는 저작재산권의 헌법적 근거에 관해서는 논의가 크게 이루어진 바 없었다.[3] 다만 미국 법리의 영향으로 저작권과 표현의 자유의 관계에 관한 일군(一群)의 연구가 있었으나 이들은 국내에서의 현안 해결 내지 미국 학계에서의 논의와 미연방대법원 판결의 소개에 중점을 두었다.[4] 그럼에도 불구하고 지적재산학계의 선행연구는

---

3) 박성호, "지적재산권에 관한 헌법 제22조 제2항의 의미와 내용," 법학논총, 제24 권 제1호 (한양대학교 법학연구소, 2007)가 지적재산권 학자의 관점에서 정면으로 해당 쟁점을 다룬 바 있었지만, 깊이 있는 헌법적 연구의 필요성을 지적하며 향후 추가 연구를 요한다고 밝힌 바 있다. 그 이후 정필운, "정보사회에서 지적재산의 보호와 이용에 관한 헌법학적 연구: 저작물을 중심으로," 법학박사 학위논문 (연세대학교 대학원, 2009)과 동저자의 "헌법 제22조 제2항 연구," 법학연구, 제20권 제1호 (연세대학교 법학연구원, 2010)에 이르러 국내 헌법학자가 직접적으로 저작재산권의 헌법적 의의에 관한 주제를 다룬 바 있었다.

4) 국내 주요 학술 검색 도구인 RISS (한국교육학술연구원), 한국학술정보, 누리미디어(DBPia), 교보스콜라 등을 통하여 "저작권, 지적재산권, 헌법, 표현의 자유" 등의 키워드를 검색한 결과, 지적재산권 관련 학술지 게재 논문 내지 지적재산권 학자가 작성한 연구논문으로는 다음의 연구가 있었다.
이시우, "지적재산권의 헌법적 의미에 관한 소고," 계간저작권, 1996년 여름호 (한국저작권위원회, 1996); 최병규, "지적재산권과 헌법의 관계," 지적재산권, 제6권 (한국지적재산권법제연구원, 2005); 함석천, "패러디, 지적재산권과 표현의 자유," 저스티스, 제91호(한국법학원, 2006); 박성호, "지적재산권에 관한 헌법 제22조 제2항의 의미와 내용," 법학논총, 제24권 제1호 (한양대학교 법학연구소, 2007); 강헌, "표현의 자유와 저작권," 경영법률, 제19권 제1호 (한국경영법

학술적 논의가 드문 상황에서 우리 헌법과 저작재산권 사이에도 문제적 접점이 존재한다는 사실을 인지하고 주제를 공론화했다는 점에서 의의가 있다.

헌법학계에서 헌법 제22조 제2항에 관한 구체적 연구가 이루어진 역사는 길지 않다. 기존에는 제22조 제1항에 초점을 맞춘 검토가 주를 이루었고, 제2항을 헌법적 관점에서 이를 다룬 문헌은 2000년대 이전에는 많지 않았던 것으로 보인다.[5] 이는 우리나라의 산업 및 문화 발전 양상

률학회, 2008); 김윤명, "표현의 자유를 위한 저작권법의 역할-OSP의 책임논의를 중심으로," 법조, 제58권 제12호(법조협회, 2009); 박성호, "著作權과 表現의 自由: 이른바 '삼진아웃제'와 관련하여," 법학논총, 제29권, 제2호(한양대학교 법학연구소, 2009); 이호열, "Fair Use and the First Amendment," 안암법학, 제29권 (안암법학회, 2009); 신동룡, "지적 커먼즈에 대한 연구-자연권 모델을 통한 규범화 방식의 한계를 중심으로," 법학연구, 제12권 제1호(인하대학교 법학연구소, 2009); 육소영, "지적재산권과 표현의 자유," 공법학연구, 제12권 제4호(비교공법학회, 2011); 김인철, "저작권과 표현의 자유의 갈등-미국의 논의를 중심으로," 월례발표회 (한국헌법판례연구학회, 2011); 임영덕, "인터넷상 표현의 자유와 저작권에 관한 고찰," 동아법학, 제53호(동아대학교 법학연구소, 2011) 등.

5) 전술한 주요 학술 검색 도구를 이용한 결과, 헌법적 관점에서 저작재산권에 관하여 논한 연구로서 헌법 관련 학술지 게재 논문 내지 헌법학자가 작성한 연구논문으로는 다음의 연구가 있었다.

1987년부터 2000년 이전에는, 육종수, "헌법상 무체재산권의 보장," 공법연구, 제15집(한국공법학회, 1987); 이형하, "언론출판의 자유와 저작권의 상충과 조정-헌법상 언론출판의 자유를 이유로 하여 저작권 침해에 대한 면책특권을 인정할 것인가?" 헌법논총, 제2집 (헌법재판소, 1991) 정도가 확인된다.

2000년 이후로는 그 이전보다 많은 연구가 있었는데, 박민영, "공법상 지적재산권개념의 재조명," 법학논집, 제19집(청주대학교 법학연구소, 2002); 이동훈, "사이버공간에서 표현의 자유와 저작권보호," 헌법학연구, 제9권 제1호(한국헌법학회, 2003); 이인호, "지적재산권의 헌법적 한계," CLIS Monthly, 2003년 1호(정보통신정책연구원, 2003); 이영록, "저작권 보호기간의 헌법적 한계에 관한 연구- 미국의 저작권 보호기간 연장과 그 영향을 중심으로," 법학박사 학위논문 (연세대학교, 2004); 김종보, "지적재산권 강화경향과 정보공유와의 관계에 대한 고찰: 헌법이념상 저작권개념을 중심으로," 법학연구, 제46권 제1호(부산대학교 법학연구소, 2005); 김주영, "정보시장의 균형을 위한 정보의 공공성에 관

을 생각해보면 당연한 것으로 보인다. 산업구조가 고도화되기 전에는 저작권법이 존재함에도 불구하고 이를 적용 내지 집행하지 않으면서 집단적 이익을 향유하던 시대였기 때문에 저작권법의 헌법적 문제는 잘 드러나지 않았던 것이다. 이 시기는 학문과 예술의 자유조차 보호받기 어려웠던 시대인 관계로, 헌법 제22조 제2항보다는 자유권적 성격이 두드러지는 제1항에 대한 연구의 필요성도 더 높았을 것이다. 그러나 점차 한국 기업의 외국 진출 시 저작권 보호의 필요성과 외국 기업의 한국에서의 권리주장이 현실화되면서, 우리의 문화 수준이 높아지고 관련 산업도 발달하던 중 다수의 통상조약에 의한 급격한 저작권의 강화가 이루어졌다. 60년 간 28번의 저작권법 개정[6]을 거치며 규범적 환경 자체가

한 헌법학적 연구,"법학박사 학위논문 (서울대학교 대학원, 2007); 권형둔, "UCC의 저작권 침해와 헌법상 언론의 자유의 보장," 공법연구, 제36권 제1호(한국공법학회, 2007); 이동훈, "온라인서비스이용자의 저작권침해와 표현의 자유," 헌법학연구, 제14권 제2호(한국헌법학회, 2008); 이인호, "정례학술심포지움: 정보사회의 인권보장에 관한 고찰; 정보인권 논의가 시사하는 헌법학적 프레임－디지털시대에 있어서 정보를 둘러싼 권력과 자유의 긴장과 조화－," 법학연구, 제3권 제1호(가톨릭대학교 법학연구소, 2008); 최우정, "디지털시대에 있어서 방송프로그램에 대한 저작권과 헌법적인 문제점－방송법 제76조 이하의 국민관심행사중계권의 문제점을 중심으로, 공법학연구, 제8권 제3호 (한국비교공법학회, 2008); 명재진, "IT(정보기술) 기본권의 체계화에 관한 연구," 헌법논총, 제20집 (헌법재판소, 2009); 정필운, "정보사회에서 지적재산의 보호와 이용에 관한 헌법학적 연구: 저작물을 중심으로," 법학박사 학위논문 (연세대학교 대학원, 2009); 정필운, "헌법 제22조 제2항 연구" 법학연구, 제20권 제1호 (연세대학교 법학연구원, 2010); 김현경, "미국에서의 저작권보호기간 연장에 대한 논의와 그 시사점:Sonny Bono 법의 위헌심사를 중심으로," 미국헌법연구, 제21권 제3호 (미국헌법학회, 2010); 이규홍·정필운, "헌법 제22조 제2항 관련 개헌론에 관한 소고,"법조, 제59권 제11호 (법조협회, 2010); 이인호, 「정보통신기술의 발전과 기본권에 관한 연구」헌법재판연구 제25권 (헌법재판소, 2014); 김성률, "지식재산권에 관한 헌법적 쟁점," 법이론실무연구, 제4권 제2호(한국법이론실무학회, 2016) 등을 확인할 수 있었다.

6) 60년 간 28번의 개정이라 지칭한 것은 1957. 1. 28 법률 제423호로 제정된 것이래로 2017. 3. 21. 법률 제14634호로 개정된 것까지를 대상으로 한다.

변화하면서, 저작물과 저작재산권에 대한 논의가 활발해졌고 헌법적 연구 또한 그 이전에 비하여 활성화되기 시작한 것이다.

「공법연구」에서 1987년 국내 최초로 저작권의 헌법적 근거를 검토한 연구는 헌법 제22조 제2항의 선언적 의미와 제정 배경을 설명하면서 논의의 토대를 마련하였다. 저작권을 문화국가창달과 국부의 증대라는 목표에 봉사하는 권리로 이해한 이 연구는 "창작물에 대하여 경제적 보상을 보장해주고 수익 및 특권을 부여해주는 것은 너무나 당연한 것이며 또한 이러한 권리를 보장해줌으로써 이들의 창작활동에 활력을 불어넣어줄 수 있다"[7]고 설명하여 저작권 보호의 근거로 저작자에 대한 '보상' 과 저작권 보호의 '효용'에 주목하였다. 이 연구는 이 책을 포함한 거의 모든 헌법적 연구에 인용된 것으로 보인다.

2000년대 이후 저작권 강화 추세에 힘입어 헌법적 관점에서 이 주제를 다룬 연구는 증가하였다. 그 중 대표적으로 이인호, 김주영, 정필운 교수는 다수의 저작에서 헌법에서의 정보시장, 헌법 제22조 제2항의 의의 및 그 헌법적 성격에 대한 주제를 다루는 선구적 작업을 하면서 그 논의의 저변을 마련하였다. 구체적으로 이인호 교수는 2014년 「정보통신기술의 발전과 기본권에 관한 연구」(헌법재판연구 제25권)에서 광의의 지적재산권 보호 관련 쟁점 전반을 다루며 문제적 지점을 추출하고 이에 대한 문제해결의 방향성 내지 해결방안을 제시한 바 있다. 김주영 교수는 2007년 박사학위 논문 "정보시장의 균형을 위한 정보의 공공성에 관한 헌법학적 연구"에서 헌법 제22조 제2항 상 권리의 자유권적 성격을 주장하면서, 정보시장에서의 공공성 도모가 필요함을 강조하였다. 정필운 교수는 2009년 박사학위 논문 "정보사회에서 지적재산의 보호와 이용

(http://law.go.kr/lsSc.do?menuId=0&p1=&subMenu=1&nwYn=1&section=&tabNo=&query=%EC%A0%80%EC%9E%91%EA%B6%8C%EB%B2%95#undefined 최종방문: 2017. 7. 15.)

7) 육종수, 앞의 논문, 136면.

에 관한 헌법학적 연구: 저작물을 중심으로" 및 후속 연구를 통하여 우리 저작권법의 헌법적 성격을 규명하고, 미국에서 축적된 논의를 감안하여 우리 저작권법이 권리자 보호 위주로 편중되지 않도록 주의를 환기할 필요가 있음을 역설한 바 있다.

선행연구는 학제간 접점(接點)의 문제적 소재를 추출하고 논의의 토대를 마련하는 쉽지 않은 작업을 수행하였다. 다만 선행연구에서는 각 과제를 드러내고 현안을 해결하는 데에 더 초점이 맞춰져 있었던 관계로, '저작자 등의 권리'의 해석에 있어 그러한 서구사회에서의 사상적·역사적 토대에 비춘 검토나 특수한 형태의 재산권으로서 사회적 구속성은 다른 재산권에 비하여 어떻게 달라야 하는지에 관한 검토는 비교적 적은 비중으로 고려되었다.

Ⅲ. 연구의 필요성

저작재산권은 그 재산권의 객체가 유체물이 아닌 관계로 그 권리의 창설부터가 후발적일 뿐만 아니라, 유체물에 대한 지배를 의미하는 전통적 재산권에 비해 보호범위나 태양이 다를 수밖에 없다. 저작재산권은 법정 요건에 의해 발생하고 일정한 보호기간 동안만 존속하며, 무형의 실체에 대한 현실적 점유가 아닌 관념적 '사용' 내지 '이용'으로 권리의 행사가 이루어진다. 동시에 다수가 그 권리를 향유할 수 있고 일방이 그 권리를 사용하더라도 가치가 감소하지 않으며, 일정한 요건에 부합하는 한 '침해'를 구성하지 않고도 타인의 사용이 정당화된다. 이렇듯 저작재산권은 그 권리의 발생, 존속, 행사, 소멸의 단계에 있어 전통적 재산권의 상징과 같은 소유권과 본질적으로 다르다. 그럼에도 불구하고 그 이질적인 권리가 소유권을 연상시키는 '(저작)재산권'이라 불리고, 국가적 보호를 받는 데에는 문화·산업발전을 위해 이를 제도적으로 장려하겠다는 입법적 결단이 있었기 때문이다.

오늘날 산업구조는 자연재나 노동이 아니라 진보된 기술이나 독특한 메시지 내지 영감을 활용하여 세계시장을 선도할 수 있는 상품, 서비스업을 개발, 발굴하고 그로부터 부가가치를 창출하는 방향으로 자리 잡았다. 이렇듯 현실은 양질의 컨텐츠로 대표되는 저작재산권의 교환가치를 높이 평가하지만, 저작재산권은 그 자체의 가치를 인정받아 발달한 권리라기보다는 창작의 독려, 이를 통한 경제적 가치 창출이라는 제도적 목표에 봉사하기 위한 권리로서의 성격이 강하다. 저작재산권은 그 권리자의 사익과 국부증대라는 공익을 위해 저작물을 자유로이 이용할 이용자의 사익과 정보의 자유로운 이동이라는 공익을 희생한 결과이기 때문이다. 아울러, 저작재산권은 기존의 저작물을 독점하고 있던 특정 거대 자본의 이해와 저작재산권 보호의 명분이 일치할 수 있다는 점에서 무분별한 확장을 경계해야 할 공익 또한 실재한다.

헌법상 재산권은 민법상 소유권보다 넓은 개념으로, 경제적 가치 있는 모든 공·사법상의 권리를 뜻하며 사적 유용성 및 그에 대한 원칙적인 처분권을 내포하는 재산가치 있는 구체적 권리로 정의되고, 단순한 이익이나 재화획득의 기회, 권능, 장래의 불확실한 기대이익은 재산권이 아니다.[8] 그런 맥락에서 저작재산권은 사실상 재산권으로 포섭하기에 부족함이 없어 보인다. 그러나 인류는 저작권법 없이도 문화 부흥기라 불리는 르네상스(14-16세기)를 맞이하였을 만큼 재산적 권리의 부여가 창작활동의 선결조건은 아니다. 가사 그 성격이 재산권이라고 하더라도, 굳이 '저작자 등의 권리'를 개별화하여 법이 인식하고 보호하는 이유는 무엇인지, 저작재산권을 재산권으로 본다면 헌법 제23조가 아닌 제22조 학문·예술의 자유와 함께 기본권으로 규정된 이유가 무엇인지 의문이 제기된다.

---

8) 헌재 1997. 11. 27. 97헌바10, 판례집 9-2, 651 [합헌]; 2007. 5. 31. 2006헌바49, 판례집 19-1, 600 [합헌] 등 다수

저작재산권에 관한 시장, 정부 기관과 법조 실무는 거대해지고 있는 한편, 그 방대함과 전문성으로 인하여 저작재산권은 일견 공법상 규율로부터 유리된 분야로 보이기도 하다. 그러나 저작재산권을 포함한 저작권은 일반 국민의 영화, 서적, 음악, 컴퓨터 소프트웨어 이용과 밀접한 관련이 있는 권리이다. 국민의 저작권에 관한 의식 수준이 전보다 향상되어 가고 있는 추세에 힘입어 침해라고 주장되는 사건의 수와 그 추산 피해규모도 상당한 한편, 기소보다 불기소가 압도적으로 많은 특징이 두드러지기도 한다.[9] 이러한 영향력에도 불구하고, 저작재산권은 국내에서는 실효성 있는 규범으로 자리 잡은 역사가 길지 않다. 그리고 아쉽게도 우리나라에서 관련법의 정비가 이루어지고 이에 대한 실효적 집행이 이루어진 직접적 배경은, 그 권리보호에 관한 철학적 이해와 자발적 합의보다는 외국의 통상압력이었다.[10]

저작재산권이 통상압력에 의해 우리에게 강제되었다고 이에 대한 규범적 검토를 소홀히 할 수는 없다. 이미 저작재산권이 우리 사회에서 경제적으로 가치 있는 재화로 사실상 거래되고 있다고 해서 이를 규범적으로 당연하게 승인해야 하는 것도 아니다. 더군다나 이 개념이 헌법상 언급된 이상, 저작재산권은 결국 정치적·경제적으로 정의로운 사회라는

---

9) 불법복제물 시장 규모는 2015년 3,672억 원으로 추산되고 있으며, 이에 따른 합법저작물 시장 침해규모는 2조 3,174억 원에 달하고, 잠재적 합법저작물 시장 침해율은 13.5%로 파악되고 있다(한국저작권단체연합회 저작권보호센터, 「2016 저작권 보호 연차보고서」(한국저작권단체연합회, 2016) 137, 179, 181면). 한편, 저작권법 위반 사건의 접수사건 대비 불기소율은 상당히 높다. 2000년 8,651건 접수사건 중 1,000기소, 7,431 불기소(86%), 2007년 25,622건 접수, 1,720 기소, 23,044 불기소(90%), 2014년 42,318건 접수, 2,516 기소, 37,003 불기소(87%)에 이르고 있다(대검찰청, 「검찰연감」(검찰연감 편집위원회, 2015) 786-793면). 높은 불기소율은 친고죄인 저작권법의 특성 및 초범이나 미성년자에 대한 교육조건부 기소유예가 실무적으로 많이 이루어지기 때문인 것으로 생각된다.
10) 지적재산권 법제 전반의 변화에 관한 자세한 내용은 박준석, "한국 지적재산권법의 과거·현재·미래," 저스티스, 제136권(한국법학원, 2013)을 주로 참조하였다.

공동체적 목표에 부합하는 것이어야 정당화될 수 있다.[11] 이는 저작재산권을 국부를 창출하기 위한 유인(incentive)으로 장려하는 대다수의 현대 입법경향에 비추어서도 더욱 그러하다.

　헌법은 국가 공동체의 최상위 규범이고 모든 법률은 헌법의 커다란 우산 안에 있어야 한다. 새로운 유형의 재산적 가치 있는 권리라고 해서 예외가 될 수는 없다. 특히 저작재산권은 유형물이 아닌 무형적 실체에 배타적 권리를 부여한다. 이러한 무형재산에서는 재산권의 존재와 가치가 인위적인 제도에 의존하는 특징이 더욱 뚜렷하게 드러난다.[12] 그리고 지금도 계속해서 과학기술과 이에 수반하는 문화, 매체의 발달에 의하여 그 권리는 확장되는 한편 이를 구체화하는 제도도 법률로 발달하고 있다.

---

11) 대표적으로 정치·법학 사상가인 로크(Locke), 칸트(Kant), 헤겔(Hegel), 그리고 헌법 사상가인 시에예스(Sieyès), 콩도르세(Condorcet), 헌법의 아버지(the Founding Fathers) 등이 저작권에 관한 당대의 저술과 논의에 적극적으로 참여했고 실제로 그 원형을 만드는데 관여했다는 사실은, 저작권의 태생과 발전에 걸쳐 그 공익적 한계에 대한 치열한 고민이 있었다는 방증이라고 생각한다. 또한 저작권 법계에 지대한 영향을 끼쳤다고 평가되는 니머 교수(Melville B. Nimmer)는 *Nimmer on Copyright(1963)*으로도 저명하지만, 표현의 자유에 관한 저작, "The Right to Speak from Time to Time: First Amendment Theory Applied to Libel and Misapplied to Privacy," *56 CAL. L. REV. 935(1968); Nimmer on Freedom of Speech: A Treaties on the Theory of the First Amendment(1984)*로도 상당히 많이 피인용되기도 했다.
추상적인 재산권의 특성상, 헌법학이 무형의 실체에 배타적 권리를 부여하는 어찌 보면 극단적인 형태의 재산권의 한계를 고려해보면서, 일반적 재산권의 실체와 제한에 대한 아이디어를 얻을 수 있지 않을까도 생각해본다. 특히 우리 저작권법은 제정 시기에는 일본 저작권법이 의용되었고 그 이후로는 주로 미국의 영향을 받아, 소위 대륙법계와 영미법계의 흐름을 모두 받아들인 법률이다. 두 법제의 흐름을 토대로 우리 사회와 문화에 적합한 규범적 한계를 설정하는 작업은 대륙법을 근간으로 끊임없이 미국법의 영향을 받고 있는 우리 법제의 공통 과제이기도 하다.
12) 윤영미, "재산권 보장과 헌법재판소의 역할," 헌법학연구 제21권 제3호(한국헌법학회, 2015) 233면.

이 책은 '저작재산권'을 왜 재산권으로 보호하는지, 그 역사적, 사상적, 헌법적 근거는 무엇이며, 우리 헌법이 상정하는 저작재산권의 보호범위와 그 한계는 무엇인지에 대한 의문을 규명하고자 하는 목표를 연구의 배경으로 한다.

제2절 연구의 내용과 목적

이 책은 저작재산권의 개념과 특성을 규명하고, 헌법상 창설된 기본권으로서의 저작재산권의 재산권적 성격을 확인하는 것을 일차적 목표로 삼아, 저작재산권의 특수성에 비춘 입법형성과 그 한계를 탐색한다. 그 기준에 따라 구체적 입법과 사안을 검토하는 이 책의 전개는 아래와 같다.

제2장에서는 저작재산권 자체의 사상적 배경과 역사적 형성 과정을 검토하여 저작재산권이라면 갖추어야 할 개념 표징을 추출하고, 서구국가에서 입헌주의 초기부터 저작권이 '권리'로 자리 잡는 과정에서 어떤 공익을 중요하게 여기고 법제에 반영하였는지를 살핀다. 그러한 내용을 토대로 우리 헌법상 저작재산권의 근거와 법적 성격을 조문과 헌정사 위주로 검토한다. 그리하여 우리 헌법상 저작재산권은 헌법상 창설된 권리로서 재산권의 성격을 가지는 동시에, 법률에 규정되었음에도 불구하고 단순히 법률로 창설된 권리가 아닌 법률에 규정된 헌법상 권리의 성격을 가진다는 점을 차례로 살핀다. 마지막으로 그 구체적 권리가 현행 저작권법에서 어떻게 실현되었고 어느 정도의 법률효과를 갖는 권리로 구체화됐는지 그 입법현황을 살핀다.

제3장에서는 저작재산권의 입법이 어떤 지도원리로 구체화되는지를 검토한다. 입법의 합헌성 요청에 비추어 저작재산권 입법은 헌법 제22조 제2항을 구체화하는 것이어야 하는 동시에, 재산권이기 때문에 반드시 요구되는 사회적 구속성을 구비해야 한다. 그러한 사회적 구속성은 저작재산권의 특수성을 반영한 것이어야 하는 관계로, '창작의 유인을 통한 문화·산업 발전'이라는 목표에 봉사하는 권리를 부여하는 과정에 있어 '창작자 등의 권리를 보호'하는 동시에 '이용자의 법익'을 고려해야 한다.

그리하여 저작재산권은 '권리부여를 통한 창작에 대한 적절한 보상'이어야 한다. 이는 다시 창작성과 권리성을 중심으로 한 '저작자 등의 권리 보호'와 사회적 구속성의 구체적 반영으로써 권리 형성과 행사의 한계를 설정하는 '이용자의 법익 보호'로 나누어 이익형량 할 수 있다. 이용자의 법익 중 핵심적인 공정한 이용은 잠재적 이용자의 기본권을 보호하기 위한 최소한의 이론적 도구임을 살펴 저작재산권은 제22조 제1항 학문·예술의 자유와 제21조 표현의 자유의 발전에 기여하거나 적어도 이를 저해해서는 안 된다는 한계를 가진다는 점을 검토한다.

제4장에서는 구체적 사안에서 저작재산권이 문제되는 경우를 살핀다. 제2장과 제3장에서의 기준을 구체적 주제에 적용했을 때, 이는 결국 '저작자 등의 권리'와 '이용자의 법익'의 양대 법익을 어떻게 균형적으로 조화시키느냐의 문제로 귀결된다고 보았다. 그러한 내용을 토대로 '저작자 등의 권리'를 실효적으로 보호하기 위한 예방적 기제로서 인정되는 기술적 보호조치의 의미와 문제점을 저작재산권 보호의 목적과 정당화 논거에 비추어 검토하였다. '이용자의 법익'에 관해서는 포괄적 공정이용 조항(제35조의3)의 의미를 패러디 항변의 경우를 예시로 검토하고, 저작인접권 보호기간에 관한 헌법재판소 결정을 통하여 보호기간의 설정, 소멸한 저작인접권의 회복 시에 고려된 '공익'을 살펴보았다.

여러 지적재산권을 검토하는 것도 의의가 있겠으나, 이 책은 저작재산권의 헌법적 근거를 탐색하고 대의민주주의에서 표현의 자유의 근간인 '언어' 내지 '시각적 매체'로 전파될 '아이디어(사상)의 보호'라는 공공의 이익을 장려하는 입법의 한계를 생각해보려는 것이므로, 권리자와 이용자 간 이익형량이 정면으로 문제되는 저작재산권을 주로 검토한다. 이런 범위의 한정은 전반적으로 유인이론을 택했다고 보기 쉬운 우리 법제에서의 검토에 더욱 부합한다.

한 가지만 미리 언급하자면 이 책은 저작재산권에 반대한다거나 표현의 자유 지상주의를 표방하지는 않는다. 다만 저작재산권이 헌법적 규범체계에서 어떤 고려가 반영되어야 헌법상 기본권으로 정당화되고 균형 잡힌 권리로 자리잡을 수 있는지를 모색하는 과정에 있어 다양한 관점을 고려한다. 특정 권리에 대한 보호가 공허한 선언에 그치지 않기 위해서는 법적 근거와 실효적 구제수단이 있어야 한다. 그런 의미에서 저작자의 정신적, 신체적 노작(勞作)을 권한 없이 자신의 창작물인 것처럼 유용한 경우에 대한 실효적 구제수단을 제공하는 것은 시장경제에서의 저작자의 생존의 근간이 되는 경제적 권리를 실질적으로 보장한다. 실무적으로 일반 민사사건에서는 쉽게 인정되기 어려울 금지청구가 주요한 구제수단으로 이용된다는 것만으로도 저작재산권 관련 법제는 그 현실적 효용가치와 기능을 스스로 증명하고 있다. 그럼에도 불구하고 여타의 헌법적 가치에 대한 고려 없이 '침해' 내지 '위반'에 해당하는 순간 민·형사적 조치에 처할 수 있는 배타적 성격의 권리를 무분별하게 확장하는 것은, 궁극적으로 무형의 정보환경과 그 자유로운 발화, 흐름, 수령의 자유를 제한하는 규범체계를 구축해 나갈 것이라는 것을 어렵지 않게 예측할 수 있다. 이 책은 저작재산권이 헌법적 규범 체계 내에서 충분히 보호되는 동시에, 여타 헌법적 규범과 조화롭게 해석되어야 할 필요를 환기시키는 것을 일차적 목표로 삼는다.

제2장 저작재산권의 헌법적 성격

제1절 저작재산권의 사상적 배경과 형성

Ⅰ. 저작재산권 창설에 관한 개론

저작권은 저작자의 창작의욕 고취를 통한 문화국가의 실현과 과학·산업 발전을 통한 국부창출을 위하여 창설되었다. 그리하여 저작권법은 저작자에게는 창작의 유인(誘引; incentive)을 제공하는 동시에 학문·예술의 자유를 실질적으로 보장하기 위하여 저작자에게 일정한 '권리의 다발(bundle of rights)'[1]을 인정한다. 독일, 프랑스, 그리고 그 법제를 계수한 일본 등의 대륙법계 국가에서는 저작권을 '저작자의 권리(author's right, Urheberrecht, droit d'auteur)'로 인식하여 그 재산권 및 인격적 권리를 보호하는 한편, 영국, 미국 등 영미법계 국가에서는 저작권을 '복제를 보호하는 권리(copyright)'로 파악함으로써 재산적 이익 확보에 중점을 두고 있다.[2] 다만 기존에는 저작인격권을 따로 보호하지 않던 영미법계 국가들, 대표적으로 영국과 미국도 베른협약(Berne Convention for the Protection of Literary and Artistic Works)의 영향으로 각각 1988년과 1990년에 이르러 관련 조문을 두어 저작인격권도 보호하기 시작했다.[3]

---

1) 저작권법상의 권리는 일반적으로 '권리의 다발'이라고 지칭 내지 전제되고 있다. 미국의 유력한 견해는 저작권법상의 권리를 '권리의 다발'이라고 전제하고 있고(Mark Lemley, Peter Menell & Robert Merges, *Intellectual Property in the New Technological Age: 2016*, Clause 8 Publishing, I-22) 그러한 태도는 우리 저작권법상의 권리에 관한 설명에도 마찬가지로 적용된다(이해완, 「저작권법」 제3판(박영사, 2015) 458면). '권리의 묶음'이라는 표현을 사용하는 경우도 있으나 이 또한 여러 권리가 하나의 저작재산권이라는 포괄 개념을 지칭한다는 취지로 이해할 수 있다(정상조·박준석, 「지식재산권법」 제3판(홍문사, 2013) 371면).
2) 저작권 보호 법제의 비교법적 서술에 관하여서는 박성호, 「저작권법」, 188-189면.
3) 영국은 1988년 저작권법에서 저작인격권에 관한 보호규정(제77조 내지 제89조)

우리나라는 일본 저작권법의 영향을 많이 받은 관계로 이른바 이원론을 취하고 있는 나라에 해당하여, 재산적 권리('저작재산권')와 인격적 권리('저작인격권')를 저작권법 상 절을 달리하여 보호하고 있다. 이러한 편제는 인격적 이익과 재산적 이익 모두를 보호하기 위하여 저작자에게 저작권을 부여한다고 보는 독일(이른바 '일원론')과 그 구조를 일견 달리한다. 이러한 인식의 차이는 그 국가의 사상적 전통으로부터 기인한다. 베른협약으로 인하여 국제적 규범의 통일화가 상당히 많이 이루어졌음에도 불구하고 그 사상적 배경을 살펴보는 실익은 이른바 자연권론과 유인이론[4]으로 대별[5]되는 서구의 사상적 원류가 현대 저작권법의 요건

을 두고 있으며, 미국은 1990년 저작권법을 일부 개정하여 시각적 미술저작물 (works for visual arts)에 대해 저작인격권을 부여하는 조항(제106조의 A)을 신설하였다(박성호, 「저작권법」189면). 대표적으로 영국은 저작권, 디자인, 특허법 (Copyright, Designs and Patents Act 1988)에서, 미국은 시각예술가권리법(Visual Artist Rights Act of 1990)에서, 해석상 다소 달리 볼 여지는 있겠으나, 우리 법제의 성명표시권과 동일성유지권에 상응하는 권리를 인정한다.

4) "유인이론"과 동일한 사상적 배경을 설명하는 용어로 "유인설" (정상조·박준석, 앞의 책, 13면)과 "인센티브이론(incentive theory)"이 있다(박성호, 「저작권법」17면; 이해완, 「저작권법」4면). 최근의 저작은 "인센티브이론"이라는 표현을 많이 사용하는 것으로 이해되나, 결국 유인책으로써 인센티브가 기능한다는 취지는 "유인(誘引)"이라는 단어로부터 쉽게 직감되는 관계로 "유인"이라는 단어를 사용하고자 한다. 여러 저작으로부터 인용을 하는 관계로 용어의 혼용이 있을 수 있으나, "유인이론", "유인설", "인센티브이론"을 결국 같은 사상적 배경을 지칭한다는 점을 미리 밝혀둔다.

5) 이 둘은 상반된 전통이라고 흔히 이야기되나 이 둘이 과연 반드시 배타적 관계에 있는 가치를 지향하는 것인지는 의문이다. 이는 바꿔 말하면, 로크의 노동이론에 따라 노동에 대한 보상(補償)으로써 저작재산권을 정당화하거나 헤겔의 인격이론에 따라 인격의 반영으로서 저작재산권을 향유하는 것을 정당화하는 것이 창작자에게 경제적 권리를 인정하여 창작 유인을 제공하는 것을 부정하는 것으로 보이지는 않는다. 노동에 대한 정당한 보상을 받고 자신의 개성과 인격을 반영한 소산에 대한 권리를 주장하는 것 또한 그 자체로 창작자의 창작 '유인(incentive)'일 수 있다. 그러한 욕구조차 창작의 유인에 해당하지 않는다고 본다면, 순수한 창작 욕구에 의한 창작만이 유인이론과 무관한 자연권론

들인 '창작'의 수준, '공정한 이용'의 해석, 저작자 내지 저작권자에게 부
여되는 권리 등에 영향을 미치기 때문이다.

한편 우리 저작권법 상 저작자는 크게 7가지의 저작재산권과 3가지의
저작인격권을 가진다. 그 중 저작재산권은 저작권자의 경제적 이익을 도
모하기 위한 것으로서 복제권, 공연권, 공중송신권, 전시권, 배포권, 대여
권, 2차적저작물작성권을 지칭한다(저작권법 제16조 내지 제22조; 이하
본 절에서는 '저작권법' 표기를 생략합니다).

그 권리를 간략히 보자면 다음과 같다. 저작자는 그의 저작물을 복제
할 권리를 가진다(제16조). '복제'란 인쇄·사진촬영·복사·녹음·녹화 그
밖의 방법으로 일시적 또는 영구적으로 유형물에 고정하거나 다시 제작
하는 것을 말하며, 건축물의 경우에는 그 건축을 위한 모형 또는 설계도
서에 따라 이를 시공하는 것을 포함한다(제2조 제22호). 저작자는 그의
저작물을 공연할 권리를 가진다(제17조). '공연'이란 저작물 또는 실연·
음반·방송을 상연·연주·가창·구연·낭독·상영·재생 그 밖의 방법으로 공
중에게 공개하는 것을 말하며, 동일인의 점유에 속하는 연결된 장소 안
에서 이루어지는 송신(전송을 제외한다)을 포함한다(제2조 제3호). 저작
자는 그의 저작물을 공중송신할 권리를 가진다(제18조). '공중송신'은 저
작물, 실연·음반·방송 또는 데이터베이스(이하 "저작물등"이라 한다)를
공중이 수신하거나 접근하게 할 목적으로 무선 또는 유선통신의 방법에
의하여 송신하거나 이용에 제공하는 것을 말한다(제2조 제7호).[6] 저작자

적 창작에 해당할 것이다.

6) 현행 저작권법은 공중송신의 하위 개념으로 방송권, 전송권, 디지털음성송신권
   을 규정하고 있다. 방송은 "공중송신 중 공중이 동시에 수신하게 할 목적으로
   음·영상 또는 음과 영상 등을 송신하는 것"(저작권법 제2조 제8호)을 의미하여
   전통적인 지상파 방송과 같은 일방향 방송을 의미하는 한편, 전송은 "공중송신
   중 공중의 구성원이 개별적으로 선택한 시간과 장소에서 접근할 수 있도록 저
   작물 등을 이용에 제공하는 것을 말하며, 그에 따라 이루어지는 송신을 포함"
   (저작권법 제2조 제10호)하여 주문형 음원 서비스나 방송 다시보기 서비스 등

는 미술저작물등의 원본이나 그 복제물을 전시할 권리를 가진다(저작권법 제19조).[7] 저작자는 저작물의 원본이나 그 복제물을 배포할 권리를 가진다(제20조). 여기서 '배포'란 저작물 등의 원본 또는 그 복제물을 공중에게 대가를 받거나 받지 아니하고 양도 또는 대여하는 것을 말한다(제2조 제23호). 제20조 단서에도 불구하고 저작자는 상업적 목적으로 공표된 음반(이하 "상업용 음반"이라 한다)이나 상업적 목적으로 공표된 프로그램을 영리를 목적으로 대여할 권리를 가진다(제21조). 즉 대여권은 최초판매 이후에 저작권자가 음반 등 특정한 종류의 저작물의 적법한 양수인에게 음반 등을 상업적으로 대여할 수 있도록 허락하거나 이를 금지할 수 있는 권리를 말한다.[8] 저작자는 그의 저작물을 원저작물로 하는 2차적저작물을 작성하여 이용할 권리를 가진다(제22조). 2차적저작물은 원저작물을 번역·편곡·변형·각색·영상제작 그 밖의 방법으로 작성한 창작물이고, 이는 원저작물로부터 독자적인 저작물로서 보호된다(저작권법 제5조).

이런 저작재산권은 여러 면에서 공표권, 성명표시권, 동일성유지권으로 대표되는 '저작인격권'과는 대별된다. 이 책은 저작인격권을 다루지는 않으나 두 권리의 대조를 통해 저작재산권의 특성을 파악하는 선에

을 포함한다. 디지털음성송신은 "공중송신 중 공중으로 하여금 동시에 수신하게 할 목적으로 공중의 구성원의 요청에 의하여 개시되는 디지털 방식의 음의 송신을 말하며, 전송을 제외"(저작권법 제2조 제1호)한 것으로서 개인 인터넷 방송, 지상파 방송사의 방송물을 동시에 웹캐스팅 하는 것 등이 해당한다(박성호, 「저작권법」, 334-341면).

7) '미술저작물등'이라는 용어 때문에 그 권리범위에 대한 다툼이 있을 수 있고, 실제로 미국 연방저작권법상 전시권은 광범위하게 인정되고 있다(17 U.S. Code § 106 (5)). 그러나 저작권법 제11조는 저작인격권 중 공표권에 관한 부분에서 미술저작물·건축저작물 또는 사진저작물을 '미술저작물등'이라고 지칭하였고, 이에 따라 법원은 어문저작물의 저작권자에게는 전시권이 인정되지 않는다고 보았다(대법원 2010. 9. 9. 선고 2010도4468 판결 참조).

8) 이해완, 「저작권법」, 515면.

서만 그 차이점을 보자면, 저작재산권은 일신전속적인 저작인격권과는 달리 가분적이고, 전부 또는 일부를 양도할 수 있으며, 이를 등록한 경우 제3자에게 대항할 수 있다(제54조). 또한 저작재산권은 소유와 이용을 분리하여 타인의 이용을 허락(license)할 수도 있다(제46조).

현대의 저작재산권은 기술과 매체의 발달에 따라 새로운 이용행위를 법률적으로 포섭하기 위하여 그 권리의 다발 또한 확장되고 있다. 18세기 최초의 저작권법이 등장했을 때에는 복제권와 배포권 정도가 문제가 되었으나, 우리 법제만 보더라도 2000년 개정 시 기존의 권리 외에 '전송권'을 추가하였고, 2006년 개정에서는 '디지털음성송신'을 인정하면서 전통적 방송권과 전송권을 포괄하는 '공중송신권'을 인정하기도 하였다.

이렇듯 저작재산권은 기술, 문화, 통상 환경의 변화에 따라 계속해서 그 외연을 확장하고 있다. 그렇기 때문에 현상적 결과만을 보아서는 그 권리의 본질을 파악하기는 쉽지 않다. 이런 사정에 비추어 저작재산권의 본질을 파악하기 위하여, 그 권리의 발상지인 서구 근대국가에서의 사상적, 역사적 발전 양상을 검토하면서 그 권리 보호의 필요성과 고려해야 할 공익을 검토하겠다.

II. 사상적 배경과 정당화 논거

1. 서설

저작재산권에 관한 사상적 배경은 크게 자연권론과 공리주의 전통의 유인이론[9]으로 나뉜다. 자연권론은 다시 로크의 노동이론(내지 보상설

---

9) 현대 저작권법에서 일반적으로 논하는 "유인이론"은 영국 철학자 벤담의 공리주의(Utilitarianism)에 그 이론적 토대를 두고 있다고 설명하는데, 실제 저작권 제도의 정당화 근거로서 '유인이론'(본래 저작에서는 '인센티브이론'이었나 본

(報償說))과 헤겔의 인격이론으로 나뉘는데, 로크는 자신의 노동을 투입

고에서의 통일성을 위하여 '유인이론'으로 기재함)의 출현은 1954년 미 연방대
법원의 Mazer사건 판결에서 그 단초가 발견되고 1960년 시카고 학파(Chicago
School)를 중심으로 발전한 법경제학(Law and economics)방법론을 통하여 본격
적으로 전개되었다고 설명한다(박성호, 「저작권법」 20면).

이렇듯 "유인이론"을 "공리주의 전통"이라 소개할 때의 난점은, 흔히 공리주의
의 대표적 사상가로 소개되는 벤담(1748~1832)의 활동시기보다 유인이론이 반
영되었다고 설명되는 일련의 사건 발생 시점 내지 시기─즉, 최초의 근대적 저
작권법인 앤여왕법의 제정시기(1710), 영국 귀족원의 *Donaldson v. Beckett* 판결
선고 시점(1774), 미국 헌법 제정 관련 논의 시기(1787 이전) ─ 가 선행하였거
나 동시대였다는 점이다. 그렇기 때문에 이른바 "유인이론"에 가깝다고 설명되
는 사건들이 "공리주의"의 전통을 취했기 때문에 발생한 것이라고 설명하기는
사실상 어려움이 있는 것이다.

그럼에도 불구하고, "공리주의 전통의 유인이론"이라는 표현이 여전히 유의미
한 이유는, 현대적 논의에서 "유인이론"은 미국 판례와 법경제학과의 접목을
통하여 이론적 틀을 마련하였고, 그 틀은 내용적으로 "공리주의 전통"의 효용
을 중요시하기 때문이다. 그리하여, 현대적 논의에서의 "유인이론"은 사후적으
로 "공리주의 전통"에 따라 정리된 것으로 이해할 수 있다.

다만, 사후적으로 유인이론에 의한 것이라고 평가할만한 사건들이 "공리주의
전통" 내지 "유인이론" 이전에 일관적으로 존재했다는 사실은, 저작재산권에
있어 공익의 반영은 유인이론까지 가지 않아도 당연히 내재적으로 그 사적 권
리의 인정을 위하여 전제되어야 하는 것임을 그 권리 창설 단계부터 필요로
했다는 것을 방증하는 것이라고 생각한다. 그러므로 어느 이론을 취하느냐에
따라 공익적 요소의 강도가 달라질 수는 있더라도, 공익적 요소는 권리 자체에
내재되어야 하는 것임을 시사한다.

결론적으로 "공리주의 전통의 유인이론"은 저작권이라는 권리를 부여함으로써 잠
재적 창작자들에게 창작 의욕을 고취시키고 그 의욕 고취의 결과 많은 창작물이
생산되어 전체적으로는 사회 효용의 총량이 증대된다는 면에서 공리주의 전통과
관련이 있다고 보는 입장으로, 미국의 유력한 견해는 이를 "utilitarian/economic
incentive perspective (공리주의/경제적 유인론)"라고도 칭한다. (Mark Lemley, Peter
Menell & Robert Merges, *Intellectual Property in the New Technological Age: 2016*,
Clause 8 Publishing, I-13) 저작재산권의 사상적 배경에 관하여서는 주로 Justin
Hughes, "Philosophy of Intellectual Property," *77 Geo. L.J.* 287 (1988); Mark Lemley,
Peter Menell & Robert Merges, Op. Cit.; 남형두, "저작권의 역사와 철학," 산업재산
권 제26호(한국산업재산권법학회, 2006) 260면 이하 내용을 참조하였다.

하여 그로부터 자연적 결과물을 얻는다면 노동을 투입한 자에게 결과물에 대한 자연법적 권리가 있다고 보았다. 헤겔은 자연법 자체에는 비판적이었지만 인격과의 변증법으로부터 정당화된 재산권은 일신전속적 권리이기 때문에 그 재산권은 그 인격을 반영한 특정인에게 귀속되어야 한다고 보았다. 두 입장은 그러한 다소의 차이에도 불구하고, 재산권 그 자체의 발생과 귀속의 정당화 논거를 제시한다는 점에서 이른바 자연권 전통으로 분류된다.

반면 대표적으로 미국 헌법에서 구체화되었다고 설명되는 유인이론은 무형의 실체에 소유권에 준하는 권리를 부여하는 것이 발명과 창작을 촉진시키고 그러한 국가적 장려에 의해 국부가 증대되기 때문에 지적재산권의 보호는 정당화된다고 본다. 이는 저작재산권의 도구적 기능을 중시하는 관점으로서 '공익'을 어떻게 규정하는지에 따라 그 권리의 외연과 실체가 탄력적으로 운용될 수 있다.

다만, 이러한 사상적 배경의 검토에 있어서는 두 가지 한계가 있음을 미리 밝힌다. 첫째, 사상적 배경에 대한 이론은 그 자체만으로는 우리나라 헌법상 재산권 이론 내지 지적재산권의 헌법적 정당화 논변이 될 수 없다. 이들은 각 국의 사상적 전통과 헌법에 기반한 것이고, 당대 공동체의 입법적 결단은 각자의 헌법적 토양을 기반으로 이루어진 것이기 때문이다. 가령, '저작자의 권리와 이에 인접하는 권리를 보호'한다는 문구나 '기술의 발전을 촉진'한다는 문구의 진의(眞意)를 해석하는데 있어, 자연권론 및 유인이론 같이 외국에서 전개된 정당화 이론들을 그대로 적용하여서는 곤란하다[10]는 의미다. 둘째, 이하의 이론들은 직접적으로 저작권을 다룬 경우도 있긴 하나 일반적으로 전통적 재산권을 그 주된 논증의 대상으로 한다. 그 이론을 저작재산권에 적용해도 논증이 성공적이라는 취지에서 정당화 논변으로 활용되기는 하나, 저작재산권 자체의

---

10) 박준석, "한국 지적재산권법의 과거·현재·미래," 126면.

정당화만을 위하여 등장한 사상적 논변은 아니기 때문에 일정 부분 한계가 있을 수밖에 없다. 그럼에도 불구하고, 이하의 논변들은 무형의 공동체 자산의 일부를 사유화할 때 어떤 조건과 한계가 있어야만 그 배타성이 정당화되는지 기준을 제시한다는 점에서 여전히 유용하다. 급속도로 변화하는 경제구조에서 어떤 경제적 가치 있는 권리가 헌법상 재산권으로 보호받을 만한 것인지에 대한 도전은 끊임없이 이루어지고 있기 때문이다.

2. 자연권론

가. 로크의 노동이론

로크(John Locke)의 이론은 역사적으로 재산권을 강화하고, 저작자의 권리를 이른바 자연법적 권리로서 발전시키는 데 가장 큰 역할을 하였다. 로크의 이론은 블랙스톤(Sir William Blackstone)에게 큰 영향을 끼쳐 영국법 전반에 지대한 영향을 끼쳤음은 물론이고, 동시대 대륙에도 즉각적으로 영향을 끼쳐 그 영향을 받은 피히테는 개인에게 가장 중요하고도 소멸되지 않을 '정신'의 노작이야말로 부동산과 달리 볼 이유가 없다고 주장하기도 하였다.[11]

로크의 명제를 저작재산권을 포함한 지적재산권[12]에 적용하자면 다

---

11) Carla Hesse, "The Rise of Intellectual Property, 700 B.C. - A.D. 2000: An Idea in the Balance Author(s),"Daedalus, Vol. 131, No.2, On Intellectual Property (Spring, 2002) pp.34-35.

12) 이 제2장 제1절 II. 2. 가.에서는 "지적재산권"이라는 단어를 사용하는데, 그 논리는 저작재산권에도 동일하게 적용되기 때문에 "지적재산권"이라는 단어를 사용해도 무방하기 때문이고, 관련 선행연구가 이를 "지적재산권"에 대한 논증 도구로 사용하였기 때문에 "지적재산권"을 일괄적으로 "저작재산권"으로 변경할 경우, 사실상 동일한 내용임에도 불구하고 오히려 이해의 혼선을 빚을 수

음과 같다.[13]

> 전제: 이 대지의 모든 창작물은 모든 사람의 공유물이다.
> 그러나,
> ⓐ 저작자 또는 발명가는 자신의 신체 또는 정신을 보유하고, 그에 따른 노동도 소유한다.
> ⓑ 저작 또는 발명은 신체적 또는 정신적 노동의 산물이다.
> ⓒ 그러므로, 노동을 투여한 자는 자신의 지적 노동에 의한 저작물 또는 발명에 대한 권리를 가진다.
> ⓓ 다만 이러한 지식 노동을 통하여 창출된 그 결과물의 배타적 귀속은 타인에게 현재의 상황보다 해를 끼치지 않는 한 당연히 노동을 투입한 자(발명가·저작자)에게 귀속되며 이는 정당한 것이다.

이러한 로크의 노동이론은 다음과 같은 이유로 지적재산권에 적용할 경우에도 상당한 설득력이 있다.

우선 전제가 되는 "자연계"는 아직 권리가 주장이 되지 않은 추상적 공간이다. 그런 의미에서 로크의 "자연계"라는 개념은 전 세계 거의 모든 토지에 대한 소유나 점유가 이미 확정되어 있는 부동산이나 동산보다는, 아직 아무도 자신의 것임을 주장하지 않았거나 주장할 수 없는 추상적 공공의 영역에서 특정 관념을 구체화하거나 발견할 것을 요구하는 지적재산권에 더욱 부합한다.[14]

있을 것으로 보여 "지적재산권"이라는 용어를 유지한다.

13) 존 로크(이극찬 역), 「시민정부론」, 1970년 초판 인쇄 (연세대학교 대학출판문화원, 2014) 45-46면. 이러한 로크의 관점을 지적재산권보호의 출발로 보는 견해로는, 김종호, "지적재산권 보호의 법적 근거에 관한 해석론으로서 철학적 논거," 홍익법학 제13권 제3호, (홍익대학교 법학연구소, 2012).

14) Robert P. *Merges, Justifying Intellectual Property* (Harvard University Press, 2011) p.32. 다만, 여기서는 "State of Nature"에 대응되는 개념으로 "Origin Story"를 상

한편, 지적재산권에서 창작과 발명은 그 발생요건이지만, 그 요건상 요구되는 창작과 발명의 수준은 반드시 이 세상의 그 어떤 것에도 의존하지 않을 것을 요하지 않는다. 다만 그 노동의 결과가 "창작성" 또는 "신규성" 또는 "식별력"이라는 일응의 요소를 갖추어 특정 영역에 대한 지배를 인정할 만한 성질의 것이면 되는 것이다.[15] 그러므로 부동산이나 동산의 취득에 있어서 반드시 순수하게 자신의 노동만을 투여해서 얻은 재산권만이 정당한 재산권이라고 한정하지 않듯, 온전히 자신의 노력만으로 얻은 창작물 내지 발명 외에도 인류 공동의 자산을 바탕으로 자신의 노동을 일부 결합 내지 부합시켜 발생시키는 지적재산권 또한 같은 논리로 정당화된다.

셋째, 로크는 '노동'을 투여하여 무언가를 소유함에 있어서 타인의 상황을 지금보다 나쁘게 만들어서는 안 된다고 그 소유의 한계를 설정하였다. 지적재산권은 오직 새로운 발명 또는 창작성 있는 표현만을 보호대상으로 할 뿐이어서, 단순히 공유의 영역의 일부를 떼어내어 자신의 지배영역으로 사유화하는 것은 아니다. 오히려 공유의 영역에서 일정 부분 등을 끌어내어 새로운 것을 창출하는 것으로 볼 수 있다.[16]

넷째, 노동에 의해 자연계의 물건을 자신의 소유로 만드는 과정에 있어서 그 물건이 훼손될 수 있는데, 지적재산권은 무형의 자산이기 때문에 그 전유자의 점유에 의해서 훼손되지 않는다.[17] 이는 특히 그 사유화하는 대상 자체의 가치를 감소시키거나 훼손하지 않음으로써 그 것이 타인에게 이전될 때에도 재화로서의 가치를 유지할 것이고 이로부터 개량이 이루어질 뿐이라는 기대에 부합하기도 한다.

정한다.

15) 물론 특허권에서의 요구되는 신규성이나 진보성의 수준은 저작권에서 요구하는 창작성의 수준보다는 높다 할 것이다.

16) Justin Hughes, *Op. Cit.*, p.315.

17) Richard Schlatter, *Private Property: The History of An Idea* (Rutgers University Press, 1951) p.192.

다섯째, 로크에게 노동이란 그 자체로 가치 있는 것이기 보다 가치를 창출하기 위한 수단으로서 의미를 가진다고 할 수 있다.[18] 이런 노동관은 노동이 인간의 자기 인격 또는 개성의 실현이기 때문에 그 자체로 가치 있다고 본 헤겔이나 마르크스의 입장과는 상이하다. 가치창출 수단으로서의 노동과 그리고 이에 기초한 사유재산권의 정당화는 이후 공리주의자들의 입장과 연결될 뿐만 아니라, 지적재산권으로부터 국부를 축적하고 산업의 일종으로 발전시키기 위하여 국민에게 발명과 창작을 독려하는 추세를 잘 설명해주기도 한다.

마지막으로, 이런 노동의 투하에 대한 대가로서 인정되는 권리가 '배타적 소유권'이라는 틀에 따르면, 생산재로서의 토지소유권과 무체재산권의 발생 구조가 기본적으로 같다는 견해도 있다. 즉, 과거 농경에 의한 노무투하와 그 성과 귀속을 보장하기 위해 토지소유권이라는 개념이 발생하였고 그로부터 사회 전체의 농업생산력이 증강되었다는 고전적 설명과 유사하게, 발명과 창작을 위한 투자활동의 과실을 창작자 등에게 보장함으로써 사회 전체의 창작을 활성화하는 것에 무체재산권의 발생의 기초가 있다는 것이다.[19]

앞서 살펴본 바와 같이, 로크의 노동이론은 순수하게 저작자 또는 발명가의 정신적, 물리적 노동이 신규성 또는 창작성이 있는 권리를 정당화한다는 면에서 지적재산권 정당화 논변으로 설득력이 있다.[20] 그 논변의 전제가 되는 "자연계"가 유형물 보다는 무형의 정보에 더 어울린다는 점, 공공의 영역으로부터 새로운 산물을 추가적으로 생산하는 것이라는 점, 그리고 그 사유화 과정에서 공공의 영역을 훼손하지 않는다는 점 등

---

18) 김남두, "소유권에 관한 철학적 성찰: 사유재산권과 삶의 평등한 기회-로크를 중심으로," 철학연구 제27권(철학연구회, 1990) 164면.
19) 加藤雅信(가또마사노부)(김상수 역), 「소유권의 탄생」(법우사, 2005), 181-182면.
20) 로크 조차도 "나는 지식의 길에 놓인 잡다한 것을 좀 치우고 그 지반을 깨끗이 하는 노동자(Labourer)로 수행하고 있다"고 밝혔다고 한다. Robert P. Merges, Op. Cit., p.33.

에서 지적재산권 정당화의 논변으로 일리가 있는 것이다.

그러나 상당한 설득력에도 불구하고 로크의 이론은 한계가 있다. 일차적으로 로크조차도 화폐의 등장으로 인하여 자기가 이용할 수 있는 것 이상의 거대한 소유물과 그것에 대한 권리를 가지는 것이 가능케 되었음을 지적했다는 것이다.[21] 타인의 것을 훼손하거나 감소시키지 않는 선에서 정당화되는 사유화는 결국 화폐의 등장으로 인하여 훼손이나 감소의 위험을 극복하게 되고, 결국 사유화의 한계는 허물어지게 되는 것이다. 심지어 이러한 거대한 소유물은 인류 공동의 재산을 감소시키기보다는 증대시킨다는 점에서도 정당화되기까지 한다.[22]

마찬가지로 자신이 활용할 수 있는 정도의 가치만을 가져야 한다는 한계에도 불구하고, 저작재산권의 경우에는 그 최종 산출물에 대한 경제적 지배를 인정하기 때문에 실제 자신이 투여한 창작적 가치보다 많은 가치를 평가받을 수 있고, 결과적으로 그 산출물은 앞선 인류 공동의 자산까지 포함하는 거대한 소유물로 변형될 수 있다. 단적으로 지적재산이 교환가치 있는 재화로 거래되는 사회에서 저작권은 단순 개인 저작자에게만 머무르지 않고 출판사, 기업, 정부 등 다양한 주체에게 양도 가능하다는 점, 배타적 권능으로서 2차적 저작물을 창작하는 방법으로 파생 가능하다는 점 등으로 인하여 그 권리의 외연을 확장할 수 있다. 또한 저작권 자체는 화폐로 교환되고 나면, 최초 노동을 투하한 저작자에게 부여되는 권리이기 때문에 정당화됐던 환경이 소거된 채 단순 재화로 교환될 뿐이다.

나아가 저작권의 인정으로 인류 공동의 자산이 과연 증대되기만 하는 것인지도 의문이다. 공공의 영역으로부터 일응의 창작성을 가미하여 자신의 것으로 사유화할 때 전유할 양(量; quantity)과 그로부터 증대될 인류 공동의 자산의 양, 그 두 가지를 비교하였을 때 인류 공동의 자산

---

21) 존 로크, 앞의 책, 58-59면.
22) 위의 책, 59면.

의 양이 커야 인류 공동의 자산이 증대되었다고 말할 수 있는데, 사유화
의 정당화 논거로 요구되는 창작성의 수준은 매우 낮아서 과연 그러한
인류 공동의 자산의 물적 증대가 반드시 이루어진다고 볼 수 있는지는
의문[23]인 것이다. 극단적으로 노동을 투하하기만 했다면, 창작성은 수준
이 극히 낮아도 그 물적 증대에의 기여도를 막론하고 강한 배타적 권리
를 인정하고 타인에게 침해를 주장할 수 있게 되는 것이다. 노직(Robert
Nozick)이 지적한 바와 같이 노동이 투여 또는 첨가된 것의 과실이 노동
을 투여한 자에게 귀속되어야 하는데, 그 첨가의 대상 전체의 과실이 첨
가자에게 귀속되는 것이 과연 타당한지 의문이 제기되는 것이 이 지점
이다.[24]

설령 그 창작성이 가미되어 증대된 인류 공동의 자산의 양이 항상 양
수(+)라고 하더라도, 인류 공동의 자산 목록에 새로이 추가된 그 자산이
가용 가능한 것인지, 향후 새로운 창작의 원천이 될 만한 성격의 것인지,
또는 그 자산 증대의 이익이 궁극적으로 동시대 또는 공동체 "모두"의
이익을 돌아가는 지는 별개의 문제이다.

또한 노동이론은 지적재산권의 정당화에 꼭 필요한 것으로 이해되는
지적재산권의 몇 가지 특성을 반영할 수 없다는 비판을 받았다.[25] 노동
만으로 지적재산권이 정당화된다면, 왜 존속기간을 제한해야 하거나 공
정이용을 인정해야 하는지를 설명하기가 제한적이다. 노동으로 저작권
의 보호를 정당화하는 것은, 권리 창설에 있어서의 정당화 논거는 될 수
있을지언정 그 권리가 왜 일정 시간이 지나면 공공의 영역으로 돌아가
야만 정당화되는지를 설명할 수 없고, 왜 타인의 공정이용을 권리자가

---

23) Edwin Hettinger, "Justifying Intellectual Property," *Philosophy & Public Affairs, Vol. 18, No. 1* (Wiley, 1989) p.37.

24) Edwin Hettinger, *Op. Cit.*, pp.38-39.

25) Gregory S. Alexander and Eduardo M. Peñalver, *An Introduction to Property Theory* (Cambridge University Press, 2012) pp.196-197.

수인 해야만 하는지를 설명하는데 한계가 있기 때문[26]이다.

또한 노동만으로 지적재산권이 정당화 된다면, 그 사유화로 인한 폐단에 대한 제한이나 이익의 형량의 범위는 이미 정당화 된 권리에 대한 제한으로 한정될 수밖에 없다. 마지막으로 노동이론에 따르면, 지적재산에 대한 가치 평가는 노동 투하에 비례하여 이루어져야 할 것인데 지적재산의 가치는 노동과 무관하게 평가되는 경우도 많아, 그 창작성이나 시장에서의 평가나 인식에 의하여 가치를 평가하는 실정을 설명할 수 없다는 한계가 있다.

결론적으로 로크의 이론에 따르면, 지적재산권의 한 유형인 저작재산권은 창작자가 무형의 공공영역에서 자신의 아이디어를 '표현'이라는 양식으로 구체화시킨 창작물을 사유화하는 것을 보호하는 제도로서, 이를 타인에게 해를 끼치지 않고 자신이 이용할 수 있는 것만 소유하는 선에서 사유화하고 사용하는 것은 자연적이며 정당한 것으로 이해할 수 있다.

나. 헤겔의 인격이론

헤겔의 인격이론은, 지적재산권, 특히 저작권을 인격의 투영으로 설명하기 때문에 직접적으로 저작인격권의 보호와 확장을 정당화하는 것으로 이해될 수 있다. 실제 헤겔의 이론은 저작권이 자연법적 권리라거나, 그 자체로 진정한 재산권으로서 정당화된다거나, 다른 재산권보다 고양된 보호가 필요하다는 주장의 논거로 이용되었다.[27]

헤겔에 따르면 "특정 아이디어는 창작자에게 귀속되는데, 아이디어는 창작자의 인격 또는 창작자 자체의 표현이기 때문이다."[28] 저작권은 인격

---

26) 한계가 있다고 설명하는 이유는, 현대의 저작권은 그야말로 자유로운 이전가능성을 그 경제적 가치의 핵심으로 점 등이 고려된 것이다.

27) Jeanne L. Schroeder, "Unnatural Rights: Hegel and Intellectual Property," *60 U. Miami L. Rev. 453* (2006), pp.453, 454.

의 발현이자 인격의 발현을 위하여 정당화되는 것이다. 나와 물건의 관계는 나와 물건의 상호작용을 통한 변증법으로 강화되며, 이를 통하여 그 관계는 개인의 사유재산권을 지키는 동시에 공동선을 추구하는 양태로 정당성이 강화된다. 이는 인격의 윤리적 자율에 입각하여 볼 때, 변증법을 거친 소유권은 그 인격의 외적인 자유영역으로 여겨졌기 때문이다.[29]

나아가 헤겔은 제68절 "정신적 소유의 양도: 예술적 생산과 기술적 재생산" 및 제69절 "원저작권: 원저작권의 기초, 정신적 소유의 보호에 대한 요구, 표절과 그 도덕적 차별의 비효율성"에서 직접적으로 예술작품, 기술적 산물, 정신적 노작에 대한 이론을 전개한다. 그는 정신적 생산 활동으로 물건을 만들어 낸 소유자는 사상이나 기술적 발명을 자신의 것으로 만듦으로써 창작품 획득으로부터의 가치를 보유하는 것은 물론, 그 창작품을 중복하여 산출할 보편적 방식 자체를 점유하게 된다고 보았다.[30] 이는 현재의 개념으로 보자면, 창작의 자유와 저작권법상 복제권에 대한 설명이다. 또한 헤겔은 창작물의 소유와 그 복제권의 분리가능성을 인정할 경우, 이는 완전하고도 자유로운 소유를 포기하는 것으로 될 수도 있으나, 복제가능성은 그 자체로 하나의 재산, 즉 지배권(소유권의 의미)이 유보된 재산으로 사용될 수 있다고 보았다.[31]

요약하자면, 창작자의 표현은 그 창작자의 인격의 구현이기 때문에

---

28) G.. W. F. 헤겔(임석진역), 『법철학 L』(지식산업사, 1989) 108면; Gregory S. Alexander and Eduardo M. Peñalver, *Op.Cit.*, p.197.

29) Karl Kroeschell, 양창수 역, "게르만적 소유권개념의 이론에 대하여," 법학 제34권 1호(서울대학교 법학연구소, 1993) 210면.

30) 헤겔, 앞의 책, 142면.

31) 위의 책, 144면. 한편, 이 두 가지가 분리가능한 이유는 정신적 산물은 다른 사람의 이해를 위하여 스스로 배운 것을 다시금 양도할 수 있는 물건이 되도록 외형화하는 독특한 형식을 갖추기 때문이라고 보았다. 그러나 이러한 독특한 형식이 어디까지 당대의 학문적 축적과 스스로의 산물로 구별할 수 있는지의 문제가 여전히 남아있고, 그렇기 때문에 표절과 복제의 구별의 어려움이 있다는 점을 인정하였다(위의 책, 144-146면).

그 표현은 완전한 권리자인 창작자에게 속하게 된다. 창작자의 정신적 노작은 당연히 창작자의 인격을 구성하게 됨으로써 이는 '저작인격권'(moral rights; authors' rights)을 정당화하는 것은 물론, 자연권인 인격권의 성격이 더해진 재산권으로서 저작권을 더욱 정당한 권리로 설명한다. 즉, 헤겔의 인격이론은 저작인격권과 저작재산권을 분리하기보다 저작권의 두 속성을 아우르는 논거를 제시한다. 이런 관점은 저작권을 그 경제적 교환가치보다는 저작자의 (인격적) 권리로 이해하는 대륙법계 지적재산보호 전통으로 이어진다.

이러한 전통의 연장선에서, 헤겔의 이론을 현대적으로 해석한 라딘 (Margaret Radin) 교수는 물건으로부터 단절될 수 없는 인격적 재산이 있음을 주장하였다.[32] 자유시장주의에서는 원칙적으로 교환가치가 있는 모든 것은 교환 또는 매매의 대상이 될 수 있다는 담론은 일반적으로 받아들여지지만, 그러한 시장에서 조차 교환 또는 매매의 대상이 될 수 없는 양도불가한 고도로 인격적 가치가 체화되어 있는 물(物)이 있음을 주장한 것이다.[33] 우리 저작권법상 일신전속적인 권리이자 양도 불가한 인격권의 특수한 형태인 저작인격권은 이에 해당한다고 볼 수 있다. 결론적으로 헤겔과 이에 대한 현대적 이론은 저작인격권을 포함한 단일 개념인 저작권의 정당화 논거를 제시한다.

그러나 인격이론 또한 그대로 수용하기 어려운 한계가 있다. 우선 헤겔은 그러한 지적재산권 보호를 위해 어떤 법적 시스템을 마련해야 하는지 언급을 전혀 하지 않았고,[34] 헤겔의 관점에서는 어떤 형태의 재산권이든 인격의 반영이자 인격에 영향을 끼치는 한 인격과의 관련성은

---

32) 이하 라딘 교수의 주장에 관한 내용은 Margaret Jane Radin, "Property and Person -hood," *34 Stan. L. Rev. 957* (1982) 참조. 경제적 효용으로 설명 불가한 인격적 가치에 주목한 이 관점은 Epstein과 Posner로 대표되는 법경제학적 관점이 주류이던 학계에 유의미한 관점을 제시한다.

33) Margaret Jane Radin, "Market-Inalienability," *100 Harv. L. Rev. 1849* (1987) p.1850.

34) Gregory S. Alexander and Eduardo M. Peñalver, *Op. Cit.*, p.199.

정당화 될 뿐이지 반드시 그것이 무형의 실체인 지적재산권이나 저작권
에 의하여야 하는 것은 아닌 것으로 보인다.[35]

둘째, 인격이론은 개인의 재산, 정신적 노작(勞作)에 규범적 가치를
부여하는 것을 정당화할 수는 있겠지만, 반대로 변증법의 대상이 될 재
산인 정신적 노작이 없는 자는 스스로 인격 내지 그로부터 어떤 권리를
형성, 보유할 수 없다는 것이냐는 반론이 가능하다. 헤겔의 이론에 따르
면 외계의 물(物)과 재산적 관계를 형성해야만 인격적 의지(will)가 확실
히 자리 잡을 수 있기 때문이다.[36] 그러나 인격의 형성은 자신의 물건
내지 저작물로부터만 가능한 것이 아니고, 기존의 저작으로부터도 가능
한 것인데 저작물을 대체불가한 인격적인 성격의 것으로 규정하게 되면
애초에 변증법의 대상이 없는 자 또는 대상을 갖기 어려운 자는 인격 내
지 그로부터 권리를 형성할 수 없는 것이 된다. 이는 표현행위가 어려운
자에 대한 권리의 정당화를 약화시키는 논거로 활용될 수도 있다. 어문
저작물을 예로 들자면, 언어를 읽고 쓸 수 없는 사람은 어문저작물로부

---

35) 이에 대하여 헤겔의 이론은 애초에 자연법적인 것도 아니며 자연법적 재산권
    에 관한 것도 아니라는 것을 강조하는 관점도 있다. 헤겔이 추상적 권리의 범
    위 내에서 지적재산권이 '진정한' 재산권으로 이해될 수 있다고 보았던 것은
    사실이나, 헤겔이 이 이야기를 했던 것은 현대의 해석처럼 저작권이나 지적재
    산권이야말로 진정한 재산권이라고 강조했던 것은 아니라는 것이다. 헤겔의
    진정한 논지는 '저작권은 재산권의 완벽한 예시가 될 수 있는데 그 이유는 극
    단적으로 외재화된 평범함' 때문이라는 것이 이 관점의 요지다. 즉, 그가 저작
    권을 언급한 이유는 첫째, 전통적 재산권 학자들이 '유형물(tangible)'에 대한 지
    배를 소유에 대한 핵심으로 본 데에 대한 비판론으로 '무형물(intangible)'에 대
    한 '관념의 지배'가 가능하다는 것을 보이기 위한 것이었을 뿐이고, 둘째, 그보
    다 앞선 칸트(Kant)나 피히테(Fichte)가 저작권은 그 고유한 '내용적 특성'상 단
    순 재산권으로 이해하는 것은 부적절하다고 보았던 것에 대한 비판론으로 '내
    용'이 아닌 '관념의 지배'의 관점에서 재산권으로 보아도 무방하다고 주장한
    정도에 불과하다는 것이다. Jeanne L. Schroeder, *Op. Cit.*, pp.498, 499.

36) Christopher S. Yoo, "Copyright and Personhood Revisited" *Faculty Scholarship Paper
    423* (2012) p.16.

터 인격을 형성할 수 없어 이러한 성질의 인격이나 권리는 없다는 극단
적인 결론이 도출될 수 있는 것이다.

셋째, 인격이론은 노동이론과 비슷하게 2차적 저작물과 같이 기존의
저작물로부터 기인한 후속 저작물에 대한 정당화와 그 정당화 범위가
모호하다는 한계가 있다. 저작물은 많은 경우 기존의 저작물로부터 영향
을 받아 자신의 것을 투여하는 방식으로 창작되는데, 문제는 어느 선부
터 그 2차적 저작물에 대해 부여된 새로운 형식(form)이 '기여'를 넘어서
자신의 인격의 발현으로 포섭할 수 있는지 그 기준의 설정이 어려운 것
이다.[37]

마지막으로, 인격이론에 따르면 저작인격권은 창작자의 인격을 투영
하고 변증법적인 관계를 통해 창작자의 인격 또한 그 창작물로 인해 변
모한다. 그러나 사실상 저작물은 저작재산권의 양도로 인하여 저작자의
지배로부터 벗어난 뒤에는, 더 이상 저작자의 인격과 어떤 관계를 맺고
있다고 말하기 어려운 정도로 분리되어 있을 수 있다.[38] 이 때는 더 이
상 인격의 반영으로서의 정당화 논거는 기능할 수 없는 것이다.

요약하자면, 인격이론은 저작재산권이 개인적 인격의 발현이기 때문
에 인정되어야 한다는 취지에서는 유의미하지만, 변증법의 한계로 인하
여 저작물 없이 인격의 발전이 불가하다는 결론은 부당한 점, 저작재산
권의 양도가능성과 시장교환가치에 대한 설명을 할 수 없다는 점, 인격
과 노작의 관계에 집중한 나머지 분리 가능성 또는 양도 가능성에 관한
설명이 부족한 점을 한계로 볼 수 있다.

3. 유인이론

공리주의 전통에 따르면, 특정 행위의 결과가 순효용(유용성)을 최대

---

37) *Ibid*, p.21.
38) Justin Hughes, *Op. Cit.*, p.346.

화한다면 이는 정당한 것이고 제도의 설계 및 각종 권리의 보호도 그 제도 또는 권리가 총 경제적 효용을 극대화하도록 디자인되어야 한다.[39] 지적재산권제도[40]는 지적재산권이라고 하는 배타적 지위를 부여함으로서 보다 많은 발명과 창작을 유인·장려하고 종국적으로는 과학·기술 및 문화·예술의 발달 그리고 나아가서 전체적으로 경제의 발전을 도모하기 위한 인센티브를 제공하는 법제도인 것이다.[41] 그 논리는 다음과 같이 정리될 수 있다.[42]

국가가 개인에게 창작과 발명의 유인(誘引; incentive)을 주어 장려한다면,

ⓐ 비록 창작 또는 발명에 시간과 비용이 들더라도 이를 통하여 누릴 경제적 이익이 클 것이라고 예상하고, 그러한 권리가 보호될 것이라고 신뢰할 수 있다

---

39) 공리주의에 따르면 재산은 그 것을 더 잘 활용하여 효용을 증대시킬 사람에게 이전시켜야 한다. 여기서 이론 상 난점 중 하나는 어떻게 특정 재화를 현재의 보유자로부터 상대적으로 더 가치 있게 쓸 자에게 이전시키느냐는 것이다. 대부분의 공리주의자들은 모든 조건이 동일하다면, 이 목적을 달성하기 가장 쉬운 방법은 자발적 시장 거래에 의한 것이라고 동의한다. 예를 들어, 누군가 책을 10달러에 구매할 때 공리주의자들은 그 구매자는 10달러 이상의 무언가(책)를 얻음으로 인하여 효용을 증대시킨다고 설명할 것이다. 책을 판매한 사람은 책보다 더 가치 있는 것(10달러)을 얻으며 자신의 효용을 증대시킨다. 거래의 결과는 재화가 그 것을 더욱 가치 있게 여길 자에게도 이전되며, 전체적 효용을 증대시키는 것이다. 만약 이 패턴이 계속해서 반복된다면, 재화는 그들이 가장 가치 있는 곳에 도착하게 될 것이며, 전체적 효용은 증대될 것이다(Gregory S. Alexander and Eduardo M. Peñalver, *Op. Cit.*, p.106). 문제는 그런 자발적 효용증대의 모델 구성의 어려움이다. 그런 맥락에서 결국 공리주의 전통을 이어간 유인이론은 법적 모델로서 경제적 가치에 기한 자발적 재화의 이전을 촉진하는 지적재산권에 대한 배타적 권리 부여를 정당화해나가는 것이다.

40) 원문에서는 "지식재산권제도"이나 본고에서 용어의 통일을 위해 "지적재산권제도"로 변경하였고, 같은 문장 내의 "지식재산"도 "지적재산"으로 마찬가지로 변경하여 인용하였다.

41) 정상조·박준석, 앞의 책, 13면.

42) Gregory S. Alexander and Eduardo M. Peñalver, *Op. Cit.*, pp.183-185.

면, 그는 창작 또는 발명행위를 하게 될 것이고,[43]

ⓑ 잠재적 창작가 또는 발명가가 배타적 권리로부터 나오는 경제적 이익을 향유 하는 다른 창작자 또는 발명가의 상태를 보고 창작 또는 발명을 할 동력이 되며,

ⓒ 그러한 창작 또는 발명행위를 통하여 창의적, 진보적이고 새로운 정신적 노작 의 효용은 그러한 제도를 보장하지 않았을 때보다 크므로,

지적재산권의 배타적 보호는 정당하다.

이런 유인이론은 다음과 같은 이유에서 특히 지적재산권의 특성에 잘 부합한다.

첫째, 공유지의 비극(The Tragedy of the Commons)의 전제 중 하나는 공유재(共有財)에 대한 경쟁적 소비인데, 정보는 유형물과 달리 경쟁적 으로 소비되는 것이 아니라는 점에서 지식재산권은 공유지의 비극을 극 복할 수 있다[이른바 '비경합성(non-rivalry)'].[44] 이러한 지적재산권의 특 성으로 인하여 여러 주체는 동시에 같은 무형의 재화를 사용할 수 있게 되고, 제퍼슨이 "정보는 과하게 소비될 수가 없는 것"[45]이라고 설명한 바 와 같이 유형적 재산에서 문제되는 공유지의 비극을 극복할 수 있는 것 이다.

둘째, 사회전체적 효용의 총량의 관점에서, 그리고 효용을 장기적으로 촉진시키는 제도적 디자인으로서, 독점권의 부여는 발명가·저작자의 창 작에 따른 공동체 전체의 과학·문화·예술 가치의 총량을 증대시킨다. 이

---

43) Richard A. Posner, "Intellectual Property: The Law and Economics Approach," *19 Journal of economic Perspectives 57* (2005), p.59. 여기서 무임승차자(free-riding)들이 저해되 는 효과도 기대할 수 있다고 본다.

44) Gregory S. Alexander and Eduardo M. Peñalver, Op. Cit., p.183.

45) Thomas Jefferson, Letter from Thomas Jefferson to Isaac McPherson dated August 13, 1813(http://press-pubs.uchicago.edu/founders/documents/a1_8_8s12.html 최종방문: 2017. 7. 15.)

는 반대로 말하면, 막대한 연구자본을 들여도 역설계(reverse-engineering)
나 기타 방법에 의한 복제가 손쉽게 이뤄질 수 있다면, 누구도 연구에 투
자하지 않을 것이고 혁신이 일어나지 않아 사회 발전을 저해한다는 것이
다.[46] 이를 공동체 구성원의 단계에서 보자면, 창작자나 과학자 내지 그
로부터 경제적 이익을 얻고자 하는 투자자를 움직이게 하려면 결국 성공
할 경우 무임승차를 막아 투자자의 경제적 이익을 보장해야 한다[47]는 것
이다. 현실적으로 재무적 관점에서 실패의 위험부담 등을 상쇄하는 인센
티브의 존재는 연구 내지 투자 결정의 핵심적 고려요소이다.

셋째, 창작과 발명이 이루어지고 나면 원 창작자 또는 발명가의 경쟁
자는 그 권리자의 한계비용에 가까운 최소한의 비용으로 그 산물의 이
익을 누릴 수 있다.[48] 일반적인 예시로 복제기술이 대중화된 현대사회에
서, 저작물을 최초 창작하는 데는 많은 비용이 들 수 있지만 그 저작물
을 담은 CD의 복제본의 비용은 공(空)CD 하나의 비용 밖에 들지 않는다.

미국 법원도 그런 견지에서 저작물은 노동에 기한 '자연권'이라는 입
장을 배척하고 공공에 제공되는 창작물을 만들도록 창작자를 유인하는
것으로 지적재산권을 인지하는 공리주의적 입장, 즉 유인이론을 취해왔
다.[49] 단적으로 연방대법원은 1954년 Mazer v. Stein 사건[50]에서 "헌법의
지적재산권 조항에 대한 경제적 철학은 개인적 노력에 대한 보상이 "과
학과 실용예술(useful Arts)"에 있어 저작자와 과학자의 재능을 통해 공공
복리를 증진시키는 최선의 방법이라는 신념"이라고 판시한 바를 토대로,
1985년 *Harper & Row v. Nation Enterprises*[51] 사건에서는 "헌법제정자들은

---

46) William Boyes, *Managerial Economics: Markets and the Firm* (Cengage Learning, 2011) p.273.
47) Richard A. Posner, *Economic analysis of law*, 8th ed. (Aspen Publishers, 2011). p.40.
48) Richard A. Posner, *Op. Cit.*, p.58.
49) Corynne McSherry, *Who Owns Academic Work? - Battling for control of Intellectual Property* (Harvard University Press, 2001) p.93; Robert Merges, *Op. Cit.*, p.156.
50) *Mazer v. Stein*, 347 U.S. 201, 209 (1954)

저작권 자체를 표현의 자유를 위한 수단으로 의도하였다. 표현에 대해
판매 가능한 권리를 확립함으로써, 저작권은 아이디어를 창작하고 전파
할 수 있는 경제적 유인을 제공한다"고 판시하여, 유인이론을 취함을 명
시적으로 밝힌 바 있다.

그러나 유인이론 또한 그 자체만으로 반드시 사회적 효용의 총량을
증대시키기만 하는 기제라고 결론 내리기 어려운 면이 있다. 배타적 권
리의 부여는 필연적으로 공공의 영역을 축소시켜 결국 잠재적 창작자가
창작 행위를 할 기초자료가 되는 공공재로서의 정보의 영역을 잠식시킬
수 있다. 배타적 권리를 설정하게 되면 그에 기한 재화 또는 서비스를
이용하려는 일반 소비자는 물론이고, 새로운 혁신을 이루려는 후속 창작
자 내지 세대 전반은 그에 대한 비용을 지불해야 한다. 이 제도는 그 자
체로 사회적 비용이 많이 드는 기제인 것이다.[52] 그러므로 지속가능한
효용의 증대를 위해서는 소비자와 후대 창작자 모두에게 창작을 할 인
센티브와 지적재산권 제도에 수반되는 비용 간의 균형을 맞추기 위한
한계 설정이 필수적[53]이다. 문제는 사회적 효용을 증대시키는 독점과 공
공이 부담해야 하는 비용을 종합적으로 고려했을 때, 그 최적화 지점의
증명이 어렵다는 것이다.

유인이론에서 그러한 최적화 지점을 찾기 위한 첫 단계가, 사인에게
배타적 권리를 부여할지 여부를 판단하는 기준으로 '창작성'을 요구하는
것이다. 그러나 창작성 요건은 그 창작성의 수준이 낮다는 것 외에도 그

---

51) *Harper & Row v. Nation Enterprises*, 471 U.S. 539, 560 (1985)

52) Gregory S. Alexander and Eduardo M. Peñalver, *Op. Cit.*, p.185.

53) 대표적으로, 창작성, 신규성, 진보성 등의 가치가 있는 정신적 노작에만 배타
    적 권리를 부여하고, 표현과 아이디어의 이분법, 존속기간의 제한, 침해를 구
    성하지 않는 행위요건에 관한 공정이용 법리가 개입하여 사회효용이 극대화되
    는 한계를 설정한다. 이 한계들이 적절히 설정된다면, 공리주의 내지 유인이론
    은 지식재산권의 발생과 그 제한 모두를 비교적 쉽게 설명할 수 있는 장점이
    있다.

자체로 불안정한 요소일 수 있다. 일견 창작성을 갖춘 것으로 보인다고
하더라도 실제 사건으로 비화됐을 때 창작성이 없다는 이유로 저작물성
자체가 부정될 경우가 충분히 있을 수 있는 것이다.[54] 저작권의 정당화
를 위한 이론적 도구인 '아이디어와 표현의 이분법(dichotomy of idea and
expression)' 또한 그 경계의 설정이 불명확하다. 예를 들어, '불시착한 비
행사가 신비한 소년과 만나 대화를 나누다 소년은 사라진다'는 아이디어
에 관해 생떽쥐베리의 어문저작물 '어린왕자'의 대사를 그대로 복제, 표
현하는 경우는 아이디어와 표현의 분리가 가능할 것이다.[55] 그러나 2015
년 터키 해변에서 익사체로 발견된 시리아 난민 소년 아일란의 사진은[56]
그 사진저작물로부터 아이디어와 표현을 어떻게 분리할 수 있는지는 의

---

54) 가령 등록을 요하는 특허의 경우, 특허청 등록 당시 요구되는 신규성과 진보성
의 정도는 저작물에 요구되는 창작성의 정도보다 높다. 특허로서 등록이 되더
라도 신규성 내지 진보성을 이유로 50-70%의 무효율을 보인다는 점에 비추어
보면(정종한 외, 특허사건에 대한 특허심판원의 심판 및 법원의 판결 동향에
관한 통계적 연구, 지식재산연구 제7권제2호 (한국지식재산학회, 2012) 그림2.
표), 하물며 무방식주의로 창작 즉시 창작에 대한 권리는 발생하나 그 창작성
에 관한 심리가 이루어지지 않고 요구되는 창작성의 수준도 낮은 저작물의 경
우 창작성에 기한 효용은 충분히 의문이 제기될 만한 상황인 것이다.
55) 저작권법 및 헌법상 표현의 자유 법리에 관하여 상당한 영향을 미친 멜빌 니
머 교수는 저작권과 표현의 자유의 상충관계는 저작권 내재적 장치에 의하여
해소된다고 설명하면서, 구체적으로 아이디어와 표현의 이분법이 어린왕자와
같은 어문저작물에는 가능할지 몰라도 사진저작물, 예를 들어 당시 베트남 전
쟁 때의 마이라이 학살(My Lai Massacre)의 사진과 같은 경우는 그 어떤 반전
기고문보다 강한 사회적 반향을 불러일으켰음을 지적하면서 사진저작물의 경
우는 아이디어와 표현의 이분법의 기계적 적용이 어려움을 지적하였다.
Melville Nimmer, "Does Copyright Abridge the First Amendment Guarantees of Free
Speech and Press," *17 UCLA L. Rev. 1180* (1969-1970)
56) 본고에서는 니머 교수 논문 상의 '마이라이 학살' 사진의 대체로서 시리아 난
민 소년 아일란의 사진을 예로 삼았다. 사진저작물은 저작권법상 저작권자가
자유이용을 공적으로 선언하였거나 법률에 의해 자유이용, 공정이용 내지 법
정허락이 인정되는 예외적인 경우가 아닌 한 원칙적으로 저작권법상 보호대상
이다.

문이다.

더욱이 저작재산권의 존속기간은 더욱 늘어나는 추세여서 저작권은 저작자 사후 70년까지 보호되어, 빠르게 변화하는 정보사회에 있어 배타적 권리의 이익을 공중이 향유하기까지 시간적 간극이 크다. 보호기간의 연장이 유인효과를 증대시킨다면 그 존속기간의 연장이 정당화될 것인데, 장래 창작될 저작물의 보호기간을 연장해 준다고 해도 장래 저작자에게 창작 유인의 효과는 미미한 것으로 분석되고 있다.[57] 나아가, 자유이용, 공정이용 내지 법정허락 등 저작물의 이용을 가능하게 하는 법적 장치들이 있다고 하더라도, 이들은 어디까지나 항변에 해당하여, 이용자에게 이에 관한 소송법적 부담이 있다.

다른 차원에서도 반론이 가능한데, 우선 반드시 배타적 권리를 부여해야만 연구나 창작이 이루어지지는 않는다는 사실이다. 국가 보조금과 같은 다른 경제적 투자를 통해서도 혁신은 가능하고, 실제로 순수한 연구의욕이나 성취동기 또는 영예감(榮譽感)을 위해 발명 창작하는 경우도 부인할 수 없기 때문이다.[58]

마지막으로 유인이론은 창작물이 공중에 창작자 또는 발명가의 한계비용에 달하는 최소한의 비용만으로 배분이 될 것이라고 상정하는데, 그또한 실은 많은 비용을 수반하는 경우가 많다.[59] 복제가 용이하고 그 비용이 낮더라도, 최초 창작자 또는 발명가에게 배타적 권리의 부여 없이당해 창작물 또는 발명이 그 창작 또는 발명에 투입된 비용을 즉각적으로 회수[60]하여 그 다음의 이용자는 실질적으로 이익을 향수할 수 없는

---

57) 이영록, 앞의 논문, 185면 이하.
58) 정상조·박준석, 앞의 책, 13면.
59) Gregory S. Alexander and Eduardo M. Peñalver, *Op. Cit.*,, p.188. 예를 들어, 물질특허에 대한 배합비율, 방법특허에 대한 구체적 구성요소는 일정 수준의 기술이나 설비 없이는 모방 자체가 어려운 경우가 많다.
60) 이는 실질적으로 우리 법리 상 부정경쟁방지법 상 '부정경쟁'행위로 규율 가능한 분야이고, 실무상 그렇게 운영되고 있는 분야이다. 물론 부정경쟁방지법 제

패션,[61] 뉴스[62]와 같은 분야도 있다.

그럼에도 불구하고, 현대 저작권법에서의 유인이론은 유력한 정당화 논거로 받아들여지고 있다. 유인이론은 국가가 개인에게 창작을 독려하여 창작성 있는 저작물을 생산하도록 하여 문화 및 산업발전을 시키되, 그러한 목적 달성을 위하여 필요한 선에서 이를 제한하는 것 또한 정당화시킬 수 있다. 이는 사실상 노동에 대한 보상 내지 인격의 발현이기 때문에 보호해야 한다는 권리 창설의 정당화를 이미 수용하여, 그 것이 어디까지 정당화될 수 있느냐는 한계 설정의 이론으로서 그 현대적 가치가 두드러지는 것이다. 결국 이용자의 법익도 그 공동체가 창작에 부여하는 가치의 가중치에 따라 이익형량할 성격의 것이기 때문이다.

4. 평가: 저작재산권의 정당화 논거

앞서 살펴본 바와 같이, 노동이론은 창작자에 대한 보상, 인격이론은 인격의 발현으로서 귀속, 유인이론은 동기부여를 통한 창작의 장려와 이를 통한 문화·산업 발전으로 요약될 수 있다. 노동이론은 존속기간이나 공정이용과 같은 한계 등을 설명하는 데 난점이 있는 한편, 인격이론은 저작재산권의 양도 내지 분리가능성 등을 설명하기 어려운 한계가 있다. 유인이론은 가치 있는 창작성 내지 그 경제적 효용의 증명이나 비용 분석 등을 증명하는 데 있어서 어려움이 있다.

그럼에도 불구하고 이들은 주체를 달리하여 저작재산권의 정당화 논변을 제시할 뿐 배타적 관계에 있는 이론은 아니다. 그들의 문제의식과

정 이전에는 일반 민사상 불법행위로 구제를 꾀할 수 있는 사건이긴 하겠으나, 부정경쟁방지법이 있기 때문에 일련의 손해를 야기하는 행위태양을 쉽게 포섭할 수 있어 일응의 권리가 있는 자에게 유리한 것은 분명하다. *Ibid*, p.189.

61) Kal Raustiala and Christopher Sprigman, "The Piracy Paradox," *92 Virginia L. Rev. 1687* (2006) p.1719.

62) *International New Service v. AP*, 248 U.S. 215(1918)

지향은 일응의 보상이 있어야 한다는 점에서 공통점이 있고, 노동이론과 인격이론의 논증과 그 비판론은 유인이론의 적절성을 판단함에 있어 고려요소로 작용한다는 현대적 의미가 더욱 큰 것으로 보인다. 노동이론과 인격이론은 창작물 및 그 경제적 보상이, 바로 공공의 것으로 편입될 것이 아니라, 창작자에게 귀속되어야 한다는 논지의 정당화 논거로서 의미가 있다. 한편, 공동체 입장에서는 창작을 독려하여 문화와 산업 발전을 꾀하고 궁극적으로 국부증대를 하기 위한 제도적 기제의 일환으로 창작자에게 경제적 권리를 부여하도록 선택할 수 있는데, 그 이유는 결국 그러한 기제가 사회의 총효용 증대에 기여하기 때문이라는 것으로 정리될 수 있다.

　요약하자면, 현대적 유인이론은 기존의 노동이론과 인격이론을 망라한 "공익"을 구체화하고, 그러한 공익의 구성요소들(노동에 대한 보상과 인격의 발현으로서 귀속정당성)을 통합적으로 창작자의 "유인"으로 인식한다는 점에서 현대의 저작재산권을 설명하는 데 가장 설득력 있는 사상적 근거로 볼 수 있다. 그럼에도 불구하고, 어느 이론을 택하는지를 막론하고 이러한 이론들은 개인의 개성이 반영된 창의적 결과물을 보호하고 그에 대한 보상을 하여 창작활동을 장려하는 토양을 만드는 것을 지향으로 삼는다는 점에서 유사하다. 다만 유인이론에 따르면 그러한 활동을 장려하는 궁극적인 이유는 공동체의 문화적·산업적 자산을 풍부하게 하려는 것인 한편, 자연권론에 해당하는 노동이론과 인격이론은 그 자체로 저작재산권의 보호가 정당하다는 것이라는 입장의 차이가 있는 것이다. 이러한 이론적 논거들은 창작동기인 경제적 권리 내지 사유재산의 부여는 공공복리를 해하지 않는 선에서, 특히 동일한 지향의 표현의 자유를 해하지 않는 선에서, 정당화된다는 명제로 귀결된다. 이는 반대로 말하면, 공공복리가 보장되지 않는 한 그 권리는 사유화를 정당화 시킬 수 없다는 점에도 동의한다는 것이다. 이러한 사상적 논변은 구체적으로 제3장 입법의 지도원리에 적용하도록 한다.

III. 역사적 형성과 국가별 권리 창설 목적

1. 서설

광의의 지적재산권은 사실상 거래되던 발명과 창작적 소산의 경제적 가치를 공동체 또는 왕실이 제도적으로 인정하면서 발생했다. 지적재산권은 계몽주의 시대 재산권 개념에 편승하면서 더욱 공고한 권리로 거듭났지만, 유형물과 본질적으로 상이한 무형의 실체에 대한 권리가 처음부터 재산적 권리로 인정되지 않은 것은 물론이다. 그럼에도 불구하고 저작권이 활자기술의 보급과 함께 군주에 대한 권리의 형태로 강화되어 발달할 수 있었던 이유는, 저작재산권의 인정근거가 재산권의 인정근거와 상당히 유사하다고 인식되었기 때문이었다. 참고로 이 시기에는 저작인격권이 아닌 복제권과 배포권만이 저작권의 내용을 구성하였다.

입법연혁적으로 저작권이 재산권 또는 소유권 친화적 개념으로 발달한 시점은, 국가가 시혜적으로 창작물의 출판을 허가하는 구조에서 탈피하여 그 권리가 왕실과 제도에 대한 공개적 비판을 할 대(對)국가적 성격으로 재편된 이후이다. 왕실의 사전검열로부터의 자유를 얻기 위해 강력한 재산권으로 발달한 저작권이 현대에 들어서는 오히려 그 재산권적 성격 때문에 공공의 영역을 잠식한다는 것이 저작권의 역사적 아이러니인 것이다. 이렇듯 근대적 저작권은 통치자의 시혜를 탈피하고 표현의 자유를 표상하는 권리로 탄생했기 때문에 그 자체로 사회적 한계가 있는 권리로 탄생했다. 저작권의 양면을 구성하는 사회적 구속성은 권리를 설정한 뒤 이를 제한하는 구조가 아니라, '사회적 구속성이 있지 않은 한 권리 자체가 정당화될 수 없다'는 취지의 사회적 구속성인 것이다.

이하에서는 계몽주의 시대에 이르러 실정화된 재산권으로서 발달한 저작권 역사적 발전 과정을 검토한다. 저작권은 자연권으로 분류되는 대국가적 표현의 자유에 대한 요구가 거세지던 시대에 탄생하여, 학문의

진흥, 언론의 자유 등을 보장하고 국부를 증대시킨다는 명분으로 실정화
되었다. 이러한 서구사회에서 그 개념이 제도화된 역사적 배경을 토대
로, 저작재산권의 내용, 한계, 근거 그리고 합헌적 해석의 기준을 제3장
에서 구체적으로 모색하고자 한다.

2. 근대 이전

가. 그리스·로마 시대

고대 그리스 시인들은 자신의 유희를 위한다거나 창작의 산물인 시를
노래한다고 보지 않고, 신의 언어를 발화한다고 생각하였다.[63] 대표적으
로 천지창조와 신들의 계보에 대해 노래한 고전 중의 고전으로 불리는
헤시오도스의 「신통기 (*Theogony*)」는 "헬리콘 산의 아홉 여신(Heliconian
Muses)이 우리가 노래하도록 하기를"이라고 시작한다. 현대의 창작의 소
산으로 이해되는 어문저작물 내지 그 요체인 지식은 인간의 소산이 아니
라 '신의 선물'로 이해되었고, 인간을 통하여 그것이 공동체에 전달되는
것으로 이해한 것이다. 한편 플라톤은 모든 아이디어는 선대의 영혼들로
부터 이어받아 선험적으로 개인의 정신에 내재되어 있는 것이라고 보았
다. 공동체주의가 강했고 유형물의 경우에도 공유영역이 컸던 고대 그리
스의 사회적 환경에서 지식 그 자체는 소유나 매매의 대상이 아니었
다.[64] 시인이나 사상가들은 그들의 지적 성취로 명성을 얻었을 뿐 그로
부터 배타적 경제적 권리를 보유하거나 행사하지는 않았고, 오히려 소크
라테스는 소피스트들이 배움으로부터 금전적 이익을 취하는 것을 경멸

---

63) 이하 제2장 제2절 III. 2. 가. 고대 그리스에서의 논의는 Carla Hesse, *Op. Cit.*
   p.26의 내용을 번역 내지 정리한 것이다.
64) 가령 필사본은 필사하는 자의 노동에 대한 대가로 매매되었을 뿐이지, 그 필사
   본에 담긴 내용의 가치 때문에 매매되지는 않았다.

하였다. 이 시기 신의 선물은 자유롭게 이전되었다. 도서관이나 교육기관도 매매의 대상이 아니었고 스승의 가장 훌륭한 제자에게 선물로 이어졌을 뿐이었다.

그러나 고대 로마시대에 이르러 테렌티우스(Terentius)[65]와 같은 극작가에 의한 공연권(playright)의 판매가 로마문학에 언급된 경우가 있다.[66] 시인 호라티우스(Horatius)도 자신은 시로 단지 명성을 얻는데 불과한데 그의 출판업자는 황금을 얻는다고 불평하였고, 키케로(Cicero)는 문학재산에 대한 몇 가지 개념과 저작자에게 약간의 보수가 지불되어야 한다는 내용을 적기도 하였다.[67] 마르쿠스 마르티알리스(Marcus Valerius Martialis)는 그의 작품 「에피그램 (Epigram)」의 무단 사용을 꼬집어, 주인으로부터 자유로워진 '풀려난 노예'와 같다고 표현했다.[68] 저작물 횡령을 '인간 도둑'이라는 뜻의 라틴어 '플라기아리우스(plagiārius)'로 칭했는데, 이것이 현재의 '표절'이라는 의미의 영어단어 "plagiarism"의 유래다.[69] 한편, 2세기의 법학자 가이우스(Gaius)도 화가가 백지에 그림을 그렸다면, 그 그림에 대하여서는 그가 가장 우월한 지위를 갖는다고 하였고, 이 견해는 트리보니아누스에 의해 채택이 되었고 유스티니아누스 법전에 포함되었다.[70]

---

65) 피인용 원문에는 영어식 이름 테렌스라고 되어 있었으나, 우리 표기 문화상 라틴어식 본명을 기재하는 것이 저작자 파악에 더 용이한 관계로 라틴어식 본명으로 변경하였다.

66) 민경재, "서양에서의 저작권법 성립 역사에 관한 연구," 법학논총, 제33권 제2호 (전남대학교 법학연구원, 2013) 288면. 이 논문에서는 역사적 고찰에 관한 내용은 주로 Richard Rogers Bowker, *Copyright, Its History and Its Law* (Houghton Mifflin Company, 1912)를 참고한 것으로 보인다.

67) 위의 논문, 288-289면.

68) 한수경, 「유럽에서 저작권과 구글의 투쟁」(커뮤니케이션북스, 2016) 25면.

69) 위의 책.

70) 민경재, 앞의 논문, 289면.

나. 중세시대

초기 기독교에서는 "너희가 거저 받았으니 거저 주어라"는 성경의 구절에 따라 지식의 아이디어는 신의 선물이라고 정당화하였다.[71] 그리하여 중세 신학자들은 교부법에서 "지식은 신의 선물이니 매매될 수 없다 (Scientia Donum Dei Est, Unde Vendi Non Potest)"는 원칙을 세웠고, 그리하여 신의 것을 매매하는 것은 신성모독에 해당했다.[72]

기독교가 지배하는 광범위한 수도원의 필사 문화에서, 최초의 저작권 분쟁이라고 여겨지는 567년 *Finnian v. Columba* 사건이 있었다.[73] 시성되기 전 콜롬바(Columba)는 스승 핀니안(Finnian)의 시편(pslam book)을 몰래 필사하였는데, 후에 핀니안은 이에 이의를 제기하며 다이아메드왕(King Diarmed)의 재판을 구했다. 왕은 콜롬바에게 스승의 책 원본과 필사한 책을 모두 스승 핀니안에게 반환토록 하였다.[74] 이 때 책은 핀니안의 재산으로 보았고 그 소유권은 그로부터 발생한 생산물, 즉 복사본에 미친다고 본 것이다.

그러나 11세기 지식재산의 중심부는 점차 수도원에서 세속의 교육기관으로 옮겨가게 된다. 이로써 '신의 선물'로 간주되던 지식은 '실용품'으로 확산되면서 손으로 쓴 교육 교재를 돈 주고 복제하거나 거래하는 상황까지 발전한다.[75]

---

71) Carla Hesse, *Op. Cit.* p.28.
72) *Ibid.*
73) Finnian v. Columba 사건에 관해서는 Christopher May, *The Global Political Economy of Intellectual Property Rights: The New Enclosures?* (Routledge, 2013) p.129.의 내용을 번역 내지 정리하였다.
74) 이 때 왕은 "To every cow her calf; To every book its copy"라고 판시하여 복사본은 그 원본에 종된 관계라는 취지로 결정한 점에 비추어, 현대적 의미로는 권리자의 복제권의 일종을 인정한 것으로 볼 수 있을 것이다.
75) 한수경, 앞의 책, 25-26면.

3. 근대 국가에서의 권리 창설 목적

근대 재산권 법리의 발전에 맞추어 저작권은 자연권 전통과 공리주의 전통[76]의 두 흐름의 상호작용으로 발전해왔다. 그러나 흔히 재산권으로서의 성격을 강하게 보호하는 방향으로 귀결된다고 설명되는 자연권 또는 자연법적 전통에 의하더라도 저작재산권은 현대적 의미의 '재산권의 상대화'가 주류가 되기 이전, 즉 그 권리의 창설부터 공공의 이익과 공동체의 목표가 반영된 기능적 권리[77]로 발전하였다.

가. 영국: 학문의 진흥

재산권이 개인의 권리라는 근대의 사상적 토양을 바탕으로, 개인의 창작물에 대한 권리 및 과실(果實) 또한 그 개인에게 귀속되어야 한다는 인식은 저작권으로 구체화된다. 이러한 권리의 실정화는 구텐베르크에 의한 사적(私的) 영역[78]에서의 대규모 활자인쇄물의 보급, 문맹률의 하락, 새로운 정치체제에 대한 요구, 그에 대한 활발한 토론, 출판업자의 이해관계 등이 복합적으로 작용한 결과였다. 특히 저작물에 대한 권리를 인정한다는 것은 저작의 결과인 출판물에 대한 '권리'를 인정한다는 의미였기 때문에, 통치집단으로서는 표현에 화체된 아이디어의 유포를 막기 위해서는 저작물에 대한 권리 자체를 인정할 수 없었다.

---

76) 남형두, 앞의 논문, 260면 이하 내용 참조.

77) 특히 미국 헌법의 경우 그 목적이 명시되어 있을 뿐만 아니라 해석상 저작권은 기능적(instrumental) 기제라고 밝힌 유력한 견해가 있었다. Justin Hughes, *Op. Cit.*, p.304.

78) 14-17세기 한국에서는 출판권이 통치자와 종교지도자에 있었고, 국가가 독점적으로 직접 책을 소수 제작하여 무료로 배포한 반면에, 중세유럽의 경우 인쇄는 처음부터 독자적으로 일하는 인쇄업자들의 개인적 노동이었다(슈테판 퓌셀(최경은 옮김), 「구텐베르크와 그의 영향」(연세대학교 대학출판문화원, 2014) 6면.).

보통법(Common law) 전통에서 저작권의 시초는 1476년 캑스턴(Caxton)
이 출판을 시작하면서 이런 혁신적 기술에 대한 영국 왕실의 일련의 조
치들이라고 설명한다.[79] 그 이후 이탈리아 베니스의 '1545년 법'도 논의가
되나,[80] 통설적으로 저작물에 대한 권리를 저작권으로 인정한 최초의 근
대적 저작권법은 재산권의 자연권성과 실정법으로서의 성격에 관한 논의
가 성숙해갈 무렵인 1709년 제정되어 1710년 시행된 소위 앤 여왕법
(Statute of Anne)이다.[81]

문학이 크게 융성[82]하여 그 성취가 로마의 아우구스투스(Augustus) 황
제 때와 닮았다고 하여 흔히 아우구스투스 시대라고 불리는 이 시대[83]
는 어쩌면 근대적 의미의 저작권 개념이 대두하여 창작자의 권리, 구체
적으로 학자, 예술가의 권리를 보호하기에는 꽤나 잘 어울리는 시대적

---

79) Paul Goldstein, International *Copyright: Principles, Law, and Practice* (Oxford University
   Press, 2001) p.5.
80) 앤여왕법 이전 저작권법의 개념 표징을 다 갖춘 법으로서 의의가 있다고 평가
   한 입장으로는 민경재, 앞의 논문 참조.
81) 그 공식명칭은 "제한된 기간 동안 출판서적의 사본에 대한 권리를 저작자 또
   는 그 사본의 매수인에게 귀속시킴으로써 학문의 진흥을 도모하기 위한 법률
   An Act for the Encouragement of learning, by Vesting the Copies of Printed Books
   in the Authors or Purchasers of Such Copies, during the Times therein mentioned"
   (국문번역은 정상조·박준석, 앞의 책, 270면의 기재를 따름)이다. 앤여왕법 제
   정 배경에 관한 내용은, Brad Sherman & Lionel Bently, *The Making of Modern
   Intellectual Property Law: The British Experience,* 1760-1911(Cambridge University
   Press, 2003) pp.9-13.
82) 문학이 융성할 수 있었던 배경에는 소위 구텐베르크 이후 활자인쇄술의 발달
   과 함께 교육의 확대로 인한 문맹률의 감소가 있다. 특히, 교육의 확대로 문자
   해독률이 증가하여 1500년대에는 남자 10%, 여자 1-2%, 1600년대에는 남자 27%,
   여자 8%에 그치던 문자해독률이, 1700년대에 이르러서는 남자 40%, 여자 22%
   에 이르렀고, 이는 1620년대에는 모든 젠틀맨, 장인들의 반, 요먼의 반 이상이
   서명하고 글을 읽을 수 있게 되었으리라고 추정된다(박지향, 「영국사(개정판)」,
   (까치, 2009) 363면.). 따라서, 저작권법은 활자 인쇄물의 대중화가 가능하고 융
   성해진 시기의 산물이다.
83) 나종일·송규범, 「영국의 역사(하)」(한울, 2005) 497면.

배경이었다. 또한 이 시기는 명예혁명이라는 헌정사적 격변기로, 절대왕정에서 공화정으로, 다시 호국경 정치와 군사통치로, 그리고 마침내 다시 왕정으로 되돌아가는 과정에서 갖가지 정치사상과 사회사상이 제시되고 활발하게 논의되던 시기였다.[84] 다양한 집단의 사상이 쏟아져 나오던 17세기의 정치적 환경이 마련되어 있었던 시기였다는 점[85]은 저작권법의 태생 자체가 자유로운 사상의 시장이라는 지향과 배경을 토대로 발생하였음을 방증한다.

앤여왕법이 1710년 제정되었음에도 불구하고, 영국은 그 권리를 반드시 실정권이라고 보지는 않았다. 대표적으로 블랙스톤은 「영국법주석서 *(Commentaries on Laws of England)*」에서 재산은 부동산과 동산 두 가지로 나뉘고 이 두 가지는 모두 원시적으로 최초 수취자(first taker)에 귀속된다고 설명하면서, 취득방법 중 하나인 점유(occupancy)의 구체적 태양으로 저작자가 자신의 개인적 노동이라는 점유방법을 통해 산물에 대하여 재산권을 가지는 것이야말로 가장 적절한 점유의 태양이라고 설명하면서 저작권의 영구적 보호를 주장하기도 하였다.[86] 로크의 사상적 영향을 받아 노동에 큰 가치를 부여한 블랙스톤은 저작권을 자연법적 권리로 보아야 한다는 입장이었으나, 이는 저작권에 과도한 배타성을 부여하고

---

84) 위의 책.
85) 양심의 자유를 강조한 공화국의 수호자 존 구드윈과 같은 독립파, 민주주의를 주창한 릴번과 리처드 오버튼(Overton) 같은 수평파(Levellers), 아레오파기티카 (Areopagitica)(1644)에서 언론의 자유를 주장하면서도 크롬웰의 공화정과 호국경 정치를 끝까지 옹호한 존 밀턴, 농지법(lex agrarian)에 바탕을 둔 이상적인 공화국을 꿈꾼 오세아나(The Commonwealth of Oceana)(1656)의 저자 제임스 해링턴과 같은 공화주의자, 이들과 달리 여전히 왕권신수의 이론을 신봉한 파트리아카(Patriarcha)(1680)의 저자 써 로버트 필머, 그리고 주권의 절대성을 설파한 리바이어선의 저자 토머스 홉스 등 여러 사상가들의 다양한 주장들이 이 시대에 쏟아져 나온 많은 책과 팸플릿의 홍수 속에서 발효하여 다음 시대에 전달되었다. (나종일·송규범, 「영국의 역사(상)」(한울, 2005), 388면.)
86) Ronan Deazley, Origin of the Right to Copy (Hart Publishing, 2004), pp.158-159.

이를 정당화하는 결과로 인하여 많은 비판을 받게 되었다. 이런 블랙스톤의 입장은 현재까지도 보통법계에서 저작권의 강화를 주장하는 입장의 주된 역사적 논거로 활용되고 있다.

당시 사법부 최고기관인 영국 귀족원 또한 항상 저작권을 실정권으로 보지 않았다. 후술하겠으나, 귀족원은 1769년에는 성문법률상 저작권은 소멸하여도 보통법상 저작권은 영구적으로 존속한다고 판단하여, 마치 적어도 보통법상 저작권이라는 것이 있다면 이는 자연권이라고 판단하였다. 그러나 1774년에는 그 판단을 바꾸어 성문법률이 존재하는 한 그 법률에 기하여 발생한 권리는 실정권이라고 판단하여 저작권의 법적 성격을 실정권이라고 확립하였다.

나. 미국: 창작유인의 제공

1787년 미국 헌법 제1조 제8절 제3항은 '의회의 권한' 부분에서 발명가와 창작자에게 그 배타적 권리에 관한 제한적 보호기간을 부여할 것을 규정한다.[87] 이는 지적재산권을 국민의 기본권으로 선언한 것이라기보다는 연방의회의 입법권한의 한계를 설정한 많은 항목 중 지적재산권에 대한 입법권의 한계를 헌법단계에서 규율한 헌법제정자의 의지로 이해할 수 있다.

이 헌법조항에 근거하여 미국은 영국의 독점조례에서부터 앤여왕법, 관련 판례법 등을 참조히여 1790년 저작자와 창작자, 예술가와 산업계의 작품에 관한 재산권을 인정하는 저작권법(Copyright Act of 1790)을 제정

---

87) Article I, Section 8, Clause 8 "The Congress shall have Power ... to Promote the Progress of Science and useful Arts, by securing for limited Times to Authors and Inventors the exclusive Right to their respective Writings and Discoveries."의회는 제한된 기간 동안 저작자와 발명가에게 저작과 발명에 관한 배타적 권리를 보유하게 함으로써 학술과 유용한 기술의 진보를 촉진하는 권한을 가진다.

하였다.[88] 이러한 법 제정에 관한 인식의 단면은 제임스 매디슨(James Madison)이 1788년 「페더럴리스트 페이퍼 (Federalist No. 43)」[89]에서 "저작자의 저작권은 보통법 상 권리가 인정되는 영국에서 적용되어 왔다. 유용한 발명에 대한 권리는 동일한 이유로 발명자에게 귀속되는 것 같다. 공익은 두 경우 모두 개인의 주장과 완전 일치한다"고 주장한 내용을 통해서도 확인할 수 있다. 이는 유인이론의 논지와 일맥상통하는 것으로서 개인의 권리보장이 곧 공익을 달성한다는 것이다.

미국에서도 초반에는 그 권리의 성격에 관해 여러 의견이 혼재되어 있었던 것으로 보인다. 미연방법원은 1913년 "발명에 대한 권리는 특허법에서 유도된 것이 아니라, 이미 존재하였던 권리로서, 법률의 통과에 의해 부여된 것이 아니고; 항상 발명자의 권리였다"[90]고 판시하여, 마치 지적재산권은 자연권이 실정화된 권리인 듯한 표현을 쓰기도 하였다.

그러나 토마스 제퍼슨(Thomas Jefferson)도 "발명에 대한 독점적 권리는 자연법으로서가 아니라 사회의 이익을 위하여 부여된다"[91]고 밝힌 바

---

88) Mark Lemley, Peter Menell & Robert Merges, *Intellectual Property in the New Technological Age* (Rev. 4th ed.) (Aspen Publishers, 2007) p.385; Carla Hesse, *Op. Cit.*, p.38; 한지영, "중세 이후 특허법제사에 관한 연구," 산업재산권, 제25호(한국지식재산학회, 2008) 13면 등 참조.

89) Wednesday, January 23, 1788 [James Madison]

To the People of the State of New York:

The utility of this power will scarcely be questioned. The copyright of authors has been solemnly adjudged, in Great Britain, to be a right of common law. The right to useful inventions seems with equal reason to belong to the inventors. The public good fully coincides in both cases with the claims of individuals.

(http://www.constitution.org/fed/federa43.htm 최종방문: 2017. 7. 15.)

90) Bauer & Cie. V. O'Donnell, 229 U.S. 1

The right to make, use, and sell an invented article is not derived from the patent law. This right existed before and without the passage of the law, and was always the right of an inventor. (https://www.law.cornell.edu/supremecourt/text/229/1 최종방문: 2017. 7. 15.)

91) Thomas Jefferson, Letter from Thomas Jefferson to Isaac McPherson dated August 13,

와 같이, 미국 헌법상 지적재산권은 명백히 실정권에 해당하고 그 한계 또한 헌법에 구체적으로 명시되어 있다. 이를 근거로 1790년 제정된 미국 저작권법 또한 저작권이 자연권이 아닌 성문법상의 권리라는 정신 하에 제정되었는데, 이는 사실상 국익을 위하여 영국의 저작물을 미국 내에서 보호하지 않겠다는 입법자의 의지 표현이라고도 볼 수 있는[92]여지가 충분히 있을 정도로 저작권 수입국의 이익을 대변하는 조문의 구조로 제정되기도 했다.

실제로 한동안 미국은 저작권을 거의 보호하지 않음으로써 영국과의 관계에서 혜택을 보기도 하였다. 미국이 수입국이던 시절 영국에서는 2 달러50센트에 상응하는 찰스 디킨스의 「크리스마스 캐롤(A Christmas Carol)」이 미국에서는 6센트에 팔리기도 했다.[93] 이 시기에는 미국 의회에서는 "지식의 강의 흐름을 막기 위한 댐을 과연 지을 것인가?"[94]라며 영국 저작의 해적본이 싼 값에 미국에서 유통되는 것을 막지 말라는 발언도 있을 정도였다. 그러나 1880년경 동부의 출판사들이 중부 내지 서부 개척지역 출판사들과의 경쟁에서 자신의 저작물을 보호받을 이익이 더 크다는 판단을 하면서 분위기는 저작권의 보호를 요구하는 쪽으로 흘러갔고, 이윽고 미국도 1886년에 베른협약에 가입하게 되었다. 그리하여 20세기 초 즈음 미국은 지적재산권 경쟁에 적극적으로 나섰고 지적재산권의 완전한 순수출국에 이르렀다.[95]

1813, "The exclusive right to invention is given not of natural right, but for the benefit of society."

(http://press-pubs.uchicago.edu/founders/documents/a1_8_8s12.html 최종방문: 2017. 7. 15

92) 남형두, 앞의 논문, 260면 참조.

93) Carla Hesse, *Op. Cit.*, p.41.

94) *Ibid.*

95) *Ibid.* p.42.

다. 프랑스·독일: 저작자의 제한적 권리 보호

프랑스에서도 비슷한 상황에서 저작권에 대한 근대적 개념이 태동하기 시작하였다. 파리서적조합(Paris Book Guild)은 왕실과의 관계에 있어 영국 출판조합과 비슷한 특권을 누렸었다. 그러나 프랑스왕은 1777년 영구적이고 상속불가한 "저작자의 특권(privilèges d'auteur)"을 인정하였지만, 이 특권은 출판사에게 이전되는 순간 출판사의 권리는 10년의 존속기간이 설정되어 있었고 한 번만 갱신할 수 있는 것[96]으로 정하였다. 이에 대해 파리서적조합은 1789년 프랑스대혁명까지 반대를 지속하다가, 대혁명에서 "언론 내지 표현의 자유"가 선언되면서 문학재산에 대한 특권은 폐지되었다.

프랑스 맥락에서 특기할 만한 것은 공익에 관한 일련의 주장이다. 1776년 콩도르세(Condorcet)는 로크의 노동이론을 비판하면서 저작자에게 재산적 권리를 부여하는 것에 반대하였고, 그것을 인정할 경우에 고려되어야 할 것으로서 "사회적 공리(social utilitarianism)"을 주장하였다.[97] 그는 아이디어는 개인의 창작의 소산이나 신의 선물이 아니라, 그 자체로 자연적인 것이고 모두가 공평하게 접근할 수 있는 것이라고 주장하며 아이디어에 대한 배타적 독점권의 부여는 그 자체로 문제적이라고 주장하였다. 나아가 개인에게 독점권을 부여하는 것에 대한 사회적 가치에도 의문을 제기하며, 특정 스타일 내지 표현에 어떤 경제적 가중치를 부여할 논거는 희박하다고 보았다. 마지막으로 아이디어가 사회적 기제로서 굳이 재산권의 일종으로 이해될 것이라면, 이는 개인의 자연적 권

---

96) Carla Hesse, *Op. Cit.*, p.38.
97) 세 가지 논거에 관한 주된 내용은 Carla Hesse, *Op. Cit.*, pp.35-36; *Fragments on the Freedom of the Press, Paris* (Fragments sur la liberté de la presse) (1776), Primary Sources on Copyright (1450-1900), eds L. Bently & M. Kretschmer, (*www.copyrighthistory.org* 최종방문: 2017. 7. 15.)

리가 아닌 사회적 효용에 의할 것이라고 주장하였다.

이런 배경에 힘입어, 1791년 시에예스(Sieyès)는 콩도르세의 조력을 주로 받아 저작자의 권리를 보호하는 "언론의 자유에 관한 법(Law on the Freedom of Press)"에 관한 법안을 헌법위원회에 제출하였다.[98] 이 1791년 법은 영국의 저작권법과 비슷하게 창작으로 인한 문학의 특정 형태를 저작자 등의 권리, 즉 배타적 권리으로 인정하고 법적 보호를 제공하는 동시에,[99] 콩도르세의 "공익(public interest)"에 대한 관점을 반영하여 그 독점권을 저작자 사후 10년까지만으로 제한하였다. 그 이래로 프랑스는 저작자의 권리를 중시하면서도 자유로운 표현 내지 언론의 자유에 관한 공익을 중시하는 전통을 갖게 되었다.[100]

한편 1870년까지 통일된 국가의 형태로 존재하지 않던 독일에서도 각 지역의 사상가들의 위주로 저작권법에 관한 토양이 형성되고 있었다. 대표적으로 헤겔과 피히테 등이 저작자의 권리가 저작자에게 귀속되어야

---

98) Carla Hesse, *Op. Cit.*, p.38-39. *Sieyès' report, Paris (1790), Primary Sources on Copyright (1450-1900)*, eds L. Bently & M. Kretschmer, (www.copyrighthistory.org 최종방문: 2017. 7. 15.)

99) Paul Goldstein, *Op. Cit.*, p.16.

100) 프랑스가 공익을 중시하기는 하지만, 이는 반드시 공익에 의해 저작자의 권리가 희생된다는 뜻이 아니라, 오히려 양자를 조화시켜야 한다는 요청으로 구체화된다. 재산권은 문학적 또는 예술적 재산에 대한 권리, 그리고 상표, 특허 등의 산업적 재산에 대한 권리로 확대되어, 상업적 재산(propriété commerciale)과 문화적 재산(propriété culturale)이라는 표현도 나타났으며, 채권(droits personnels) 또한 재산권의 개념에 포함되었다. 프랑스 헌법재판소는 i) "상표의 소유자가 법률 및 국제협약에 따라 정해진 범주 내에서 상표를 사용하고, 보호하는 권리"로서의 산업적 상업적 재산(Décision n°90-283 DC du 08 janvier 1991; Décision n°91-303 DC du 15 janvier 1992), ii) 지적 재산권과 특히 저작권과 저작인접권(droit voisins)과 같은 문화적 재산(Décision n° 2006-540 DC du 27 juillet 2006; Décision n°2009-580 DC du 10 juin 2009)도 재산권으로 인정하기에 이르렀다(헌법재판소 헌법재판연구원(한동훈), 「프랑스 헌법상 재산권」(헌법재판소 헌법재판연구원, 2015) 51면).

하는 정당성에 관하여 논하는 등 독일에서도 학문의 진흥이나 유인의 제공과는 달리, '저작자의 권리'로서 권리가 부여되어야 할 당위에 관한 논의를 전개하였다.

그리하여 통일 국가의 형태가 갖추어지기 이전에는 각 지역별로 나름의 저작자의 권리 보호 기제를 두었는데, 가령 프러시아(Prussia)는 1794년 출판가의 특권을 확인하는 일반 조항을 수정하면서 이를 저작자에게 확대하였다. 1813년 바바리아(Bavaria)에서는 저작인격권에 해당하는 용어(Rechten de Urhebers; authors' rights)가 처음 사용되었다고 전해진다.[101] 특히 바이마르헌법의 전신으로 알려진 1849년 파울교회 헌법(Paulskirchenverfassung; 내지 프랑크푸르트 헌법)은 제164조에서 "지적재산권은 제국입법을 통해서 보호된다"고 규정하기도 하였다.[102] 바이마르 헌법에 상당한 영향을 미친 것으로 알려진 파울교회 헌법의 헌법사적 가치에 비추어, 이러한 규정은 바이마르 헌법 제158조 "정신적 노작과 저작자, 발명가 및 예술가의 권리는 독일국의 보호를 받는다"는 규정으로도 이어진 것으로 보인다. 이 바이마르 헌법 제158조가 우리 제헌헌법 검토 단계부터 함께 고려되었던 사료적 근거가 있음에 비추어, 이러한 서구 사회에서의 저작재산권 발달 근거나 인정 환경을 우리 헌법적 해석에 있어서도 고려해야 할 공익에 대한 시사점이 있다.

4. '학문의 진흥'을 위해 탄생한 근대적 저작권법

가. 시대적 배경

앤 여왕법 제정 이전, 서적의 출판과 유통은 출판물에 대한 규제를

---

101) Carla Hesse, *Op. Cit.*, p.39.
102) 파울교회 헌법 (http://www.documentarchiv.de/nzjh/verfdr1848.htm 최종방문: 2017. 7. 15.)

의미했고 출판조합[103] (Stationers' Company)은 그 내용에 기하여 출판을
하지 않을 권한과 그 경제적 가치에 대한 광범위한 독점권을 보유했다.
이러한 왕실 또는 의회가 지정한 집단인 출판조합의 사전 검열은 특정
집단에 의한 정보의 지배를 의미했다. 본 연구는 그 영국출판 역사에 관
한 것은 아니므로, 논지와 관련되는 부분에 제한하여 그 역사를 간략히
살펴본다.

검열과 독점은 1557년 메리 여왕 시절 출판조합칙허(The Royal Charter of
the Company of Stationers; 약칭 Stationers' Charter)에 의해 실정법적으로 시
작되었고, 1643년 출판허가령(An Ordinance for the Regulating of Printing
1643; 약칭 The Licensing Order of 1643)에 의해 엄격한 검열, 출판물의 등
록, 반정부 서적의 압수 및 소각, 반정부 저자, 출판·인쇄업자의 체포의
형태로 강화되었다. 당시 왕실은 출판업자에게 경제적 이익을 보장하여
그 세수(稅收)와 정치적 지지를 보장받고, 한편 단일화된 출판경로를 통
한 출판물의 사전검열을 가능케 하는 기제를 선택한 것이었다. 그 결과
개별 인쇄업자들은 특정 작업물의 출판에 대한 영구적인 독점권을 사실
상 보유하게 되었고, 이에 따라 음란하거나, 비종교적이거나, 이단이라고
여겨지거나 반대되는 정치적 세력의 출판물은 출판될 수가 없었다. 이른
바 '수평파(the Levellers)'로 불리는 릴번(Lilburne) 또한 1638년 첫 번째 투
옥의 원인이 출판조합의 독점을 비판한 유인물이었다.[104]

이들은 단순 검열권을 보유한 것이 아니라, 등록허가권에 대한 독점
권까지 보유하였다. 이에 대하여 「실락원 (Paradise Lost)」의 저자이자 언
론의 자유에서 고전적 '자유로운 사상의 시장'이라는 용법에서도 자주
언급되는 존 밀턴(John Milton)은 1644년 "아레오파기티카: 검열되지 않는

---

103) 권영준, "저작권과 소유권의 상호관계: 독점과 공유의 측면에서," 경제규제와
    법, 제3권 제1호(서울대학교 공익산업법센터, 2010) 163면 각주 8번에서의 용
    어 정리를 따른 것이다.
104) 이승영, 「17세기 영국의 수평파운동」(민연, 2001) 195면.

출판의 자유를 위한 호소(*Areopagitica, a Speech of Mr. John Milton for the Liberty of Unlicensed Printing, to the Parliament of England*)"를 통하여 이러한 왕실특허 폐지의 필요성과 검열로부터의 자유를 호소하기도 하였다.[105]

출판허가령(The Licensing Order of 1643)은 1694년 갱신 여부에 관한 표결에 부쳐졌는데, 상원은 이를 갱신하였으나 하원은 이를 부결하였다. 이 때 존 로크는 당시 하원 의원이었던 에드워드 클락(Edward Clarke)에게 당시 출판허가령을 비판하는 내용의 메모랜덤을 작성해주었고, 에드워드 클락(Edward Clarke)은 동 법을 부결시키는데 이 메모랜덤을 이용했다고 한다.[106] 당시 존 로크의 비판은 크게 세 가지로 나뉘었다.[107] 첫째, 사전 검열은 권력자의 자의에 따라 언론을 근본적으로 통제할 수 있으므로 타당하지 않고, 저자는 사후에 법을 어길 경우 책임을 지면 된다. 둘째, 출판조합에게 출판 독점권을 부여하는 것은 서적의 질을 낮추고 가격을 높여 공중에 해가 되고, 학문활동을 해치므로 출판업자에게만 이익이 갈 뿐이다. 셋째, 출판업자에게 독점권을 줄 근거는 없고, 고전의 경우는 더욱 그러하다는 것이다. 이런 비판론에 힘을 얻어 1695년 출판허가령(Licensing Act)은 폐기되었다. 그러나 이 때의 움직임은 진정한 표현의 자유를 보호하기 위한 것이기 보다는, 특정 집단의 독점권이나 학

---

105) 밀턴이 이를 출판한데에는 개인적인 이유가 있었다. 밀턴은 1643년 자신의 아내와의 이혼문제로 「이혼론 the Doctrine and Discipline of Divorce」을 출판하려 했으나, 이는 사전검열을 받지 않았고 등록 출판물도 아니라는 이유로 문제가 되었다. 밀턴은 이에 반발하여 무검열, 무등록한 상태로 이 아레오파기티카를 출판했던 것이다. 밀턴은 여기서 그 유명한, "나에게 자유를 달라. 양심에 따라 자유롭게 알고, 자유롭게 말하고, 자유롭게 추론(推論)할 수 있는 자유를, 다른 모든 자유 이상으로 달라"고 기술하였다. (두산백과 표제어: 아레오파기티카)

106) Justin Hughes, "Locke's 1694 Memorandum (and more incomplete copyright historiographies)," *27 CARDZ. Art & Ent. L.J. 555 (2010)*, pp. 555-556

107) 요약은 윤권순, "구텐베르크 활판인쇄기술 발명에 대한 영국사회의 법적 대응," 과학기술과 법, 제6권 제2호(충북대학교 법학연구소, 2015). 194-195면 참조.

문활동에 미치는 해악에 대한 비판에 의한 결과였다[108]고도 평가된다.

출판허가령의 폐기에 따라 검열 기능을 박탈당한 서적상 조합은 독점을 정당화할 수 있는 다른 명분이 필요했고 그 명분을 '학문의 진흥'에서 찾았다.[109] 앤여왕법은 서적상조합이 '학문의 진흥'을 위해 '문학의 소유권'을 법정화해달라는 청원의 결과로 탄생한 것이다. 한편, 출판허가령의 폐기는 검열을 제거하는 분수령이 되어, 시사 문제에 대한 토론과 비평이 활발해지고, 다양한 신문과 잡지들이 출현하여 정치적 공론의 장이 더욱 활성화되었다. 1702년 런던에서 세계 최초의 일간신문이 등장한 것도 이 시대이다.[110] 토리와 휘그가 각각 출판물을 통하여 여론에 영향력을 행사하기 위해 노력을 기울였고, 영국은 이런 치열한 지상 논쟁을 통해 격렬한 정치적 투쟁을 완화시키는 정당 교체 제도를 향해 한 걸음 한 걸음 나아가고 있었다.[111]

나. 주요 내용[112]

11개 조문으로 구성된 앤여왕법은 우선 그 제정목적을 인쇄업자, 서적상 등 저작자나 권리자가 아닌 자들이 권한 없이 문예저작물을 출판,

---

108) Ronan Deazley, *Op. Cit.*, p.4.
109) 윤권순, 앞의 논문, 196면.
110) 휘그인 리처드 스틸(Steele)과 조시프 애디슨(Addison)은 일간지 〈태틀러(The Tatler)〉와 〈스펙테이터(The Spectator)〉를 공동 발간하고 거기에 많은 글을 실었다. 이들과 달리 조너선 스위프트는 토리와 국교회를 변호했는데, 널리 알려진 〈걸리버 여행기(Gulliver's Traverls)〉(1726)와 같은 작품에는 그의 풍자와 아이러니가 넘쳐났다. 로빈슨 크루소로 잘 알려진 대니얼 디포우(Daniel Defoe)도 〈리뷰(The Review)〉지 등을 통해 온건한 평론을 발표한 것도 이 시대의 일이었다. 나종일·송규범, 「영국의 역사(하)」, 497-498면.
111) 나종일·송규범, 「영국의 역사(하)」, 498면.
112) 이하 앤여왕법의 인용의 출처 및 원문 전문은 이하 링크 참조: http://avalon.law.yale.edu/18th_century/anne_1710.asp 최종방문: 2017. 7. 15.

발행되도록 하는 자유의 남용을 막고, 지식인의 유용한 서적 창작을 장려하기 위함이라고 밝힌다(Article I). 보호범위는 크게 두 가지 방식으로 정해지는데, 먼저 법 시행일인 1710년 4월 10일 이전의 저작물에 대해서는 시행일로부터 21년간의 보호기간이 부여되고, 시행일 이후 창작된 저작물에 대해서는 최초 발행일로부터 14년간 보호된다(Article II). 그리고 서적에 대한 복제권은 출판조합(the company of stationers)에 등록해야 하고, 등록요건을 구비하지 않은 경우에는 침해를 주장할 수 없다. 저작자나 권리자의 동의 없이 서적을 출판, 재간 또는 수입하거나, 또는 권한 없이 출판, 재간 또는 수입되도록 하는 경우 등 권한 없는 서적임을 알면서 당해 서적을 판매, 발행하거나 판매를 위해 전시하는 경우에는 당해 서적은 몰수·폐기된다(Article II). 그리고 납본의무자는 9개의 복제물을 지정 도서관에 납본하기 위하여 출판조합에 이를 제출하도록 하는 제도가 있어(Article V), 이러한 요소들은 현대 저작권법과 큰 틀을 같이 한다.

특징적인 것은 가격남용에 대한 시정 조치와 소송비용의 부담 및 시효이다. 서적상이나 인쇄업자가 너무 높거나 비합리적인 저작권 사용료를 책정했다 여겨질 경우, 누구나 이에 관하여 캔터베리 대주교, 대법관, 국새상서보유관(Lord Keeper of the Great Seal of Great Britain), 런던주교, 왕립법원·민사법원·재무법원의 수석재판관, 옥스퍼드·케임브리지 대학의 부총장 등에게 신고(complaint)할 수 있었다. 이들은 관련자들을 소환, 심문할 권한이 있었고, 필요에 따라 가격을 교정할 권한을 보유하고 있었다(Article VI).[113] 모든 법 위반에 기한 소제기, 신고, 기소는 그 위반행

---

113) 자세한 내용은 김윤명, "앤(Anne)女王法에 관한 著作權法制史的 意義," 산업재산권, 제20호(한국산업재산권법학회, 2006) 171면 참조. 이는 마치 부당공동행위에 대한 공정거래위원회의 행정적 제재를 떠올리는데, 일반법으로서 독점거래에 대한 규제를 적용하기 보다 개별법 단계에서 사법기관, 종교기관 또는 대학기관을 통하여 이들에게 행정적 제재의 권한을 부여하여 가격 조정을 가능케 한 것이다. 이는 독점의 남용이라는 입법 취지를 실현하기 위한 직접

위가 발생한 날로부터 3개월 이내에만 가능하여 민사, 행정, 형사 전반에 적용되는 일종의 제척기간을 두어(Article X), 법적안정성을 도모하는 한편 3개월 동안 권리 구제가 이루어지지 않는 경우 그 공공영역에 대한 자유로운 사용을 허용하였다.

다. 권리의 한계에 관한 판례법의 형성

앤여왕법이 최초의 근대적 저작권법이라고는 하지만, 입법만으로 저작권이 완전히 자리잡은 것은 아니었다. 영국 귀족원은 1769년 Millar v. Taylor 사건((1769) 4 Burr. 2303)에서 저작권은 보통법 상 재산권의 연장선에 있는 것으로서 앤여왕법이 정한 존속기간이 도과 했더라도 보통법 상 재산권인 저작권은 소멸하지 않는다는 판결을 내렸다. 이 판결에서 영국 귀족원은 로크의 노동이론에 근거하여 앤여왕법에 기한 저작권은 소멸했어도, 보통법 법리에 의한 재산권으로서 저작권은 영구적인 것이라고 판시하였다. 특히 Aston 판사는 사람은 자연법에 따라 자신의 신체, 생명, 명예, 노동에 대하여 재산권을 가지며, 이와 같은 이유로 작가는 자신의 노동을 통해 생산한 작품에 대하여 자연권적인 재산권을 가진다고 판결하였다.[114]

그러나 이런 판결은 제한된 기간 동안만 배타적 권리를 보호하고 그 기간 도과 후에는 자유로운 이용을 보장하려는 성문법의 취지를 잠탈한 것이었고, 영국 귀족원은 1774년 Donaldson v. Beckett 사건 (1774) 1 Eng. Rep. 837)[115]에서 이와 달리 판단하였다. "모든 사람들에게 자유롭게 인정되어야 하는 보통법적 권리가 한 실체에 한정되면 공동체의 나머지는

적 방법을 구체화한 것으로 볼 수 있다.

114) 이하 번역은 신미연, "저작권은 자연권인가 성문법상 권리인가," 원광법학, 제27권 제1호(원광대학교 법학연구소, 2011) 275면 참조.

115) 이하 판결문 인용부분은 위의 논문, 282면 참조.

자신들의 자연적 자유를 빼앗기는 고통을 겪게 된다. 그리고 한 사람을 위해, 대다수의 자유를 억압하는 것은 당연한 정의(natural justice)에 의해서 결코 정당화될 수 없다"는 것이 그 요지였다. '공공의 영역(the public domain)'을 보장해야 한다는 논거로 법정 보호기간인 21년이 지난 저작물은 공공의 영역에 들어와 만인의 공유재산으로 인정되어야 할 당위를 지적한 것이다. 나아가 앤여왕법은 그 입법 목적이 "학문을 장려하기 위해 제정된 것이며 이러한 문제를 해결하기 위한 독창적 노력"이 가미된 것으로서, "영속적 특권과 독점은 서적판매상으로부터 기인한 것으로, 이들은 문학에 봉사하는 체하며 다양한 이유를 들고 있으나, 사실은 명석하게도 이익을 영원히 취하려 하고 있는 것"에 불과하다고 판시하기도 하였다. 이 때부터 존속기간은 저작재산권의 핵심적 요소가 되어 현재에 이르고 있다.

이 판결로 출판계에는 변화가 일어나 앤여왕법 이전의 고전의 책에 대한 인쇄출판이 자유로워진 덕분에 고전을 다시 간행하는 사업이 대두했고, 그것이 오랫동안 출판계를 떠받쳐주었다. 또한, 신인이나 신작에 대한 투자가 활발해졌는데, 이는 출판사가 보호기간이 소진된 후의 사업성의 유지를 위해 신인을 키워 작품을 만들어내는데 노력을 기울였기 때문이었다. 이러한 제도적 토양을 18세기 말부터 영문학이 융성하게 된 이유 중 하나로 보는 견해도 있다.[116]

마지막으로, 이 시기의 의미 있는 발전 중 하나는 작가들이 생업으로서 창작활동을 영위할 수 있었다는 점이다. 그 전까지만 해도 집필활동을 하거나 예술적 창작활동을 할 수 있는 사람은, 경제적 여유가 있는 자의 후원을 받는 자이거나 그 자신이 스스로 생업을 걱정하지 않아도 되는 자이거나 최소생활을 영위하기 위한 다른 업(業)을 가진 자여야 했다. 그러나 출판독자가 급증한 시대적 흐름에 힘입어 앤여왕법 이후 작

---

116) 윤권순, 앞의 논문, 198면.

가들은 자신의 집필활동의 결과로 경제적으로 이익을 내고 생활을 영위
할 수 있게 되었다.[117] 이는 자신을 경제적으로 후원하는 자로부터 자유
로운 창작활동으로 생존이 가능하게 되었음을 의미하고, 진정한 의미에
서 작가의 경제적 독립을 의미했다. 이들은 원고를 출판사에 매도하기
보다는 "권리"를 매매하였고 적극적으로 자신의 원고에 대한 권리를 주
장하였는데, 단적인 예로 영국의 다니엘 디포(Daniel Defoe)는 1710년 "서
적은 저자의 재산이고, 그의 창작의 소산"이라고 강조하며 "작가가 자신
의 권리(Property)를 매도하면, 매수인의 권리(Property)가 되는 것"이라고
주장하기도 하였다.[118]

5. 시사점: 저작재산권 창설 시 고려된 법익

역사적으로 저작재산권을 신의 선물로 지식의 소산을 이해하였던 시
대를 탈피한 이후, 저작재산권은 인간의 정신적 노작의 소산으로 이해되
었다. 그리하여 계몽주의 시민계급의 재산권 강화 추세에 힘입어, 저작
재산권은 그 지적 활동에 대한 결과물로서 정당화되는 동시에 국가적
문화 및 산업 발전을 위한 동인(動因)으로 기능하기 위하여 탄생하였다.
서구사회에서 저작재산권 보호에 관한 근대적 담론은 영국, 미국, 프랑
스, 독일 각 국가의 사상적 배경이나 정치적 환경에 따라 전개되었다.
이들은 공통적으로 초기 입헌주의가 발달하던 시기에 시민적 권리로서
저작물에 관한 권리를 보호하는 동시에 공익을 위한다는 공동의 목표를
논하였고 이를 헌법 내지 법률로 보호하였다. 그러한 공통적 경험에 비
추어 보면, 입헌주의 초기, 저작자 등의 권리 보호에 관한 필요성은 서구
주요 정치공동체에서 공감하였던 것으로 보인다.

그러나 그러한 공통점에도 불구하고 저작재산권은 영국에서는 격변

---

117) Carla Hesse, *Op. Cit.* p.32.
118) *Ibid.*

하는 헌정체제를 가능케 한 대(對)국가적 권리로 시작된 한편, 미국에서는 유한한 기능적 권리로 문화·산업 발전을 위한 기제(機制)로 헌법에 규정되었다. 특히 최초의 근대적 저작권법인 앤여왕법은 '학문의 진흥'을 위하여 제한된 기간 동안 배타적 경제적 권리를 설정하는 것으로 제정되었고, 그러한 목적 달성을 위하여 영구적으로 존속할 수 없는 권리로 자리잡았다. 프랑스는 "저작자의 권리"를 보호하는 법제를 취하면서도 대혁명의 영향으로 "언론의 자유"가 중요한 공익으로 고려되었고, 독일도 통일 국가의 등장이 늦었던 관계로 단일 법제는 없었음에도 불구하고 당대의 사상적 논의를 수용하여 대표적으로 바이마르헌법에도 영향을 미치게 되는 파울교회헌법에서도 저작자의 권리를 규정하였다.

국가별로 중점적 가치는 달랐을지라도, 근대 서구 공동체는 공통적으로 공동체의 자유로운 정보 이용을 요체로 하는 학문의 진흥 내지 언론의 자유를 위한 공익이 반드시 고려되어야 하는 요소라고 인식하였다. 실제로 그러한 공동체적 요청이 반영되어 저작재산권은 기능적 재산권으로 창설되었고, 헌법 내지 관련 법에 그 근거를 두고 보호를 받기 시작하였다. 후술하겠지만, 현행 제22조 제2항과 그 실질이 동일한 제헌헌법은 직접적으로 바이마르헌법과 미국 헌법을 참조하였다는 점을 종합적으로 고려하건대, 서구사회에서의 저작권 개념의 발달은 우리 헌법과 무관하지 않다.

요약하자면, 저작재산권의 역사는 결국 문화·산업 발전을 위해 잠재적 창작자들에게 유인책을 제공하기 위한 공동체적 기제(mechanism)와 그 기제가 공공의 자유로운 정보이용을 훼손하지 않는 데 그치지 않고 공익을 달성하기 위해 작동할 것을 요하는 제도적 디자인의 탐색 과정이었다. 그리고 저작재산권 보호의 공익은 영국과 프랑스가 "학문의 진흥" 내지 "언론의 자유"라고 선언한 바와 같이, 학문의 발전과 언론의 자유와 그에 상응하는 사상이 자유롭게 이용되고 발전될 이용자의 법익이다.

Ⅳ. 정리: 저작재산권의 사상적·역사적 창설 배경

저작재산권은 창작자에 대한 보상에 주안점을 둔 로크의 노동이론, 인격과 외계의 물(物)인 저작물과의 상호작용에 기인한 당위에 주목한 헤겔의 인격이론, 창작동기 부여를 통하여 전반적 문화자산과 국부증대의 효용에 주목한 유인이론을 사상적 토대로 삼는다. 노동이론과 인격이론은 저작자 내지 창작자의 권리를 보호한다는 면에서 정당화 논거로서 의의가 있는 한편, 유인이론은 공동체의 관점에서 그 정당화 논거이자 한계로서 기능하므로, 이 사상적 논거들을 기계적으로 분류하여 단순 배타적 관계에 있다고 평가하기는 어렵다. 그런 맥락에서 유인이론은 노동에 대한 보상과 인격에 대한 보호 모두를 창작의 유인책으로 포섭하는 동시에, 효용을 추구하는 공동체의 경제적 목표에 관한 사회적 구속성에 의한 한계가 반드시 내재되어야 한다는 점을 모두 설명할 수 있다는 점에서 현대적 저작재산권의 사상적 논변으로 적합하다.

저작재산권의 역사적 형성 내지 발전 과정을 보아도 적어도 신의 선물로 지식의 소산을 이해하였던 시대를 탈피한 이후, 입헌주의 초기부터 서구 주요 국가에서는 저작자 내지 창작자에게 주어지는 권리로서 저작재산권이 인정되어야 한다는 공감대가 형성되어 있었던 것으로 보인다. 이러한 공동체적 공감대의 형성은 당대의 사상가들의 정당화 논변에 힘입어 경제적 권리의 향유를 정당화하는 동시에 한계가 있는 경제적 권리로 제도적 형태를 갖추어 나갔다. 결국 각 국가에서의 담론은 어느 선까지 그 권리를 인정하고 보호하느냐는 문제로 치환되었다. 헌법에서 저작자 등의 권리를 보호한 국가로는 미국과 독일이 있었는데, 이들은 공통적으로 사회적 한계가 있는 권리로서 저작재산권을 공동체 최고규범에 규정하였고 이러한 역사는 우리 헌법규정과 헌정사에도 상당부분 반영되었다. 이러한 서구사회의 발달과정을 감안한 사회적 한계에 관한 고려는 제3장과 제4장에서 구체적으로 다시 살피기로 한다.

제2절 헌법상 근거

Ⅰ. 서설

'저작자 등의 권리'의 보호 필요성은 입헌주의 초기부터 언급되어왔고, 그 구체적 입법은 우리나라를 비롯한 많은 국가에서 규정하고 있으며, 그러한 추세는 베른협약으로 대표되는 단일화된 규범의 통일추세로도 확인할 수 있다. 그러나 헌법의 단계에서 보면, 헌법 자체에 저작자 등의 권리에 관해 규정하는 나라는 많지 않다. 미국 연방헌법 제1조 제8항은 의회의 권한으로 저작자 등의 배타적 권리를 보호할 입법권이 있다고 규정하고 있는 한편, 독일은 바이마르 헌법에서 두고 있던 지적재산권 조항을 삭제하고[1] 현재 기본법에서는 저작자 등의 권리에 관한 근거 조항을 두지 않은 채 재산권 규정을 그 근거로 보고 있으며, 이는 일본의 경우도 마찬가지다.

이런 비교법적 이해를 토대로, 우리 헌법이 저작자 등의 권리를 헌법 단계에서 규정한 것은 적어도 헌법적 관점에서는 미국과 비슷한 수준으로 저작자 등의 경제적 권리를 강하게 보호하는 법제라고 이해할 수 있다. 그러나 헌법 제22조 제2항의 '저작자 등의 권리'가 저작재산권의 근거라고 해석할 수 있다고 해도, '저작자 등의 권리'가 반드시 저작재산권을 의미하는지 그리고 바로 그 자체로 헌법상 '기본권'[2]에 해당하는지는

---

1) 독일에서 처음 지적재산권에 관한 규범을 정한 것은 1849년으로 알려져 있다. 1849년 프랑크푸르트제국헌법 제164조는 "지적재산권은 제국입법을 통해서 보호된다"고 규정하였는데, 이러한 별도의 규정을 둔 이유는 지적재산권의 보호를 통하여 국내 산업을 육성하고자 하는 목표였다고 설명된다(육종수, 앞의 논문, 139면).

2) 우리 헌법은 '기본권'이라는 용어 자체를 규정하고 있지 아니하나, 강학상 기본

또 다른 문제이다. 그 권리가 인정되더라도 그 성격에 관한 과제도 남아 있다. 통설적으로 기본권의 개념은 '실정헌법에 보장된 권리'의 의미를 규명하는 것이라는 관점에서, 헌법 제22조 제2항의 규정을 중심으로 그 규정의 의의, 성격, 그리고 도입과정 등을 종합적으로 고려하여 그 헌법상 창설된 권리로서 재산권의 일종인 저작재산권의 헌법상 근거를 살펴본다.

II. 헌법 제22조 제2항

1. 헌법 제22조 제2항의 규정

헌법 제22조 제1항은 "모든 국민은 학문과 예술의 자유를 가진다"고 규정하고, 제2항은 "저작자·발명가·과학기술자와 예술가의 권리는 법률로써 보호한다"고 규정한다. 헌법 제22조 제2항은 제1항이 정신적 자유권으로서 학문과 예술의 자유를 자유권으로 보호하는 것에 더하여, 제2항에 이르러 이를 실질적으로 보장하기 위한 저작자·발명가·과학기술자와 예술가의 권리를 헌법상 창설하여 법률로써 보호할 것을 규정한다.

한편 헌법 제22조 제2항은 미국 연방헌법 제1조 제8항 (8)[3]와 같이 "학술 및 유용한 기술의 발전을 촉진하기 위하여"라는 당해 헌법 조항 제정의 목적을 명시하지는 않았으나, 국가가 저작자·발명가·과학기술자와 예술가의 권리를 헌법 단계에서 보호하는 이유는 헌법 전문을 통하

권은 헌법 제2장의 국민의 권리와 의무, 헌법 제10조의 '기본적 인권', 제37조 제2항의 '권리와 의무'를 종합적으로 고려한 개념으로서, '실정헌법에 보장된 권리'를 의미한다.

3) To promote the Progress of Science and useful Arts, by securing for limited Times to Authors and Inventors the exclusive Right to their respective Writings and Discoveries.

여 확인할 수 있는 바와 같이 유구한 역사와 전통에 기한 문화창달이자 이를 통한 산업의 발전인 것으로 이해할 수 있다.

그 외에도 헌법 제9조는 국가는 전통문화의 계승·발전과 민족문화의 창달에 노력하여야 한다고 규정하고 있고, 제69조 대통령 취임선서[4]에서도 "민족문화의 창달에 노력한다"고 규정한 내용을 종합적으로 고려하건대 헌법 제22조 제2항의 규정 취지도 이와 유사한 맥락에서 이해할 수 있다. 헌법재판소 또한 우리나라는 문화국가(Kulturstaat)를 지향하고 있으며 헌법은 이 문화국가원리에 따른 국가의 의무[5]를 인정하고 있는데, 여기서 말하는 이른바 문화국가원리는 모든 국가기관과 국민에게 적용되는 헌법 제9조 문화국가이념의 발로라고 설명된다. 가령 현대 문화국가에 있어서는 공연장 등의 이용은 특정한 국민에게만 허용되는 것이 아니라는 점[6]을 설시한 헌법재판소 결정에서 볼 수 있듯이, 이러한 문화 발전에 대한 지향은 특정 집단에게만 국한된 것이 아니라 국민 전체에 관한 것으로 이해할 수 있다. 그리하여 저작자 등의 권리를 보호하는 것은 학문과 예술을 발전·진흥시키고 문화국가를 실현하기 위하여 불가결할 뿐 아니라, 이들 저작자 등의 산업재산권을 보호한다는 의미도 함께 가지고 있다.[7]

앞서 살펴본 일련의 조문들은 사상적 분류에 따르면 유인이론적 설명에 부합한다. 즉, 특정 집단이 아닌 일반 국민 전체를 잠재적 창작자로 보아, 저작권에 기한 경제적 성공을 기대하면서 창작행위를 하고 그러한 창작자 내지 창작물에 투자 결정 등을 하도록 하여, 사회 전반의 창작을 증대시켜 문화국가를 이룩하고 산업을 발전시키는 것이다. 한편,

---

4) "나는 헌법을 준수하고 국가를 보위하며 조국의 평화적 통일과 국민의 자유와 복리의 증진 및 민족문화의 창달에 노력하여 대통령으로서의 직책을 성실히 수행할 것을 국민 앞에 엄숙히 선서합니다"

5) 헌재 2003. 12. 18. 2002헌가2, 판례집 15-2하, 367 [위헌]

6) 헌재 2003. 12. 18. 2002헌가2, 판례집 15-2하, 367, 380 [위헌]

7) 헌재 2002. 4. 25. 2001헌마200, 판례집 14-1, 382, 387 [기각]

이들은 문화발전이라는 목표에 봉사해야 하기 때문에, 일정한 존속기간
이 도과한 후에는 공공의 영역으로 환원되어 모두가 자유롭게 이용할
수 있는 공공재로서 디자인되어야 한다는 측면도 고루 설명할 수 있는
구조로 되어 있다.

2. 헌법 제22조 제2항의 성격

가. 자유권으로서의 성격

제22조 제2항은 분명 국민의 기본권에 편제되어 제1항 학문·예술의
자유와 함께 규율되어 있기 때문에, 제23조의 재산권과는 구별되는 자유
권의 일종이라고 볼 수 있다. 실제로 저작자·발명가·과학기술자와 예술
가의 자유는 학문·예술의 자유 외의 것도 있을 수 있기 때문에, 학문·예
술에 해당하지 않는 저작자·발명가·과학기술자와 예술가의 작업산출물
에 대해서는 제2항이 이를 자유권으로 보호하는 것으로 볼 수도 있다.
이와 관련하여, 제22조 제2항은 제23조 재산권 규정과 분리되어 있고, 학
문·예술의 자유와 함께 규정되어 있다는 체계적 관점에서 볼 때 이를 비
재산권으로서 자유권으로서 보는 것이 타당하다는 주장도 있다.[8]

그러나 제22조 제2항은 '보호한다'고 규정한 문언의 표현 상, 일반적
자유권과는 달리 이해하는 것이 타당할 것으로 사료된다. 일반적인 자유
권, 가령 헌법 제12조 신체의 자유, 제14조 거주이전의 자유, 제15조 직업
선택의 자유, 제19조 양심의 자유, 제20조 종교의 자유, 제21조 언론·출

---

8) 김주영, 앞의 논문, 75면.
　　이 견해는 저작권자의 권리는 형성적 권리이고, 현대사회에서 정보의 가치가
　　중대한 사정에 비추어 저작권자의 권리는 자유권적 기본권과 함께 편제되어
　　있어, 제22조 제1항 또한 학문·예술의 자유를 규정하므로 문언적 해석에 의하
　　더라도 자유권의 일종으로 보는 것이 타당하다는 것이다.

판의 자유와 집회·결사의 자유, 제22조 학문·예술의 자유는 모두 "~의 자유를 가진다"는 구조로 규정되어 있다. 물론 "~의 자유를 가진다"는 문구를 적용하지 않았다고 해서 학문 또는 예술적 가치를 인정받지 못한 저작자·발명가·과학기술자와 예술가의 자유권으로서 권리는 보호받지 못한다는 의미는 아니다. 그러나 원칙적으로 자유권은 국가의 간섭으로부터 자유로울 권리이기 때문에, 이것이 자유권이었다면 특별히 국가가 다른 자유권과 달리 대상이 되는 권리를 국가가 적극적으로 보호한다고 규정할 필요가 있었을 지는 의문이다.

제22조 제2항은 제1항의 학문·예술의 자유와 함께 규정되어 있다는 면에서 제1항과의 관계를 고려하지 않을 수 없다. 즉, 제22조 제2항은 제1항의 자유를 실질적으로 보호하기 위하여 저작자 등에게 실효적이고도 구체적 권리를 부여한 것이라고 해석하는 것이 타당할 것이다.[9] 여타 자유권과 마찬가지로 학문·예술의 자유는 선언적 규정만으로 보호되는 것이 아니라 이를 실질적으로 보호하기 위한 일응의 법적 기제가 필요하다. 그렇기 때문에 우리 헌법은 그 학문·예술의 자유 실현을 위한 구체적, 보조적 권리로서 저작자 등의 경제적 권리를 제2항에서 보호하고 있다고 보는 것이 타당할 것이다. 따라서 헌법 제22조 제2항은 제1항을 실

---

9) 현행 헌법 제22조 제2항은 학문·예술의 자유와 함께 기본권으로서 위치에 편재되어 있다. 본래 제헌헌법에서는 따로 항을 분리하여 규정하지 않았었고, 학문·예술의 자유와 함께 규정되어 있는 점에 비추어, 제2항은 적어도 학문·예술의 자유와 밀접한 권리로 해석되어야 하고 제1항의 권리를 저해해서는 안 된다는 취지로 이해해야 할 것이다. 가사 제2항에 따른 저작재산권을 재산권의 일종으로 본다고 하더라도, 제22조 제2항은 일차적으로 제1항의 학문·예술의 자유와 제21조의 표현의 자유를 실질적으로 보장하기 위하여 인정되는 권리로써의 한계가 설정되어야 하고, 나아가 재산권으로서의 사회적 구속성도 인정되어야 헌법상 기본권으로 정당화된다고 볼 것이다. 그렇기 때문에 현재의 위치는 저작권의 한계로서 학문·예술의 자유를 뒷받침하는 권리이자, 재산권적 성격을 가지는 권리라는 중간적 성격을 잘 반영하고 있다. 논거는 다소 다르나 위치의 적절성에 관한 동지의 견해로는 이규홍·정필운, 앞의 논문 참조.

현하기 위하여 창설된 권리이고, 그렇기 때문에 제22조 제2항은 제1항의 권리를 침해하거나 저해하는 방식으로 구체화되어서는 안 된다.

그리하여 제22조 제2항에서 특별히 저작자 등의 권리를 "보호한다"고 규정한 취지는 저작자 등의 권리를 자유권으로 보아 국가의 간섭을 배제하는 것에서 나아가 국가의 보호를 받을 권리에 더 가깝다고 이해할 수 있는 동시에, 그 국가의 보호는 제22조 제1항의 학문·예술의 자유를 실질적으로 보장하기 위하여 인정되는 보조적 기능을 수행하기 위한 것이라고 사료된다.

나. 사회적 기본권으로서의 성격

목적이 되는 권리를 "보호한다"고 규정하여 보장이 아닌 보호의 대상으로 삼은 것이 제22조 제2항의 특징인 바, 그런 관점에서 제22조 제2항은 사회적 기본권과의 유사성이 있다고도 볼 수도 있다.[10] 이와 관련하여 제22조의 권리는 성질상 자유권 그 자체는 아니지만 문화국가의 책무로 문화적 창작을 장려하기 위해 보호하는 것이라고 보는 관점[11]도 있다.

헌법의 규정 상 그 객체를 "보호"의 대상이 되는 것으로는 명시한 경우는 많지 않다. 일반적으로 사회적 기본권에 관해 사용하는 표현인 "보호한다"고 규정된 것으로는[12] 제32조 여자의 근로(제4항), 연소자의 근로

---

10) 헌법 제22조 제2항의 성격을 자유권적 성격이 공존하는 사회권적 성격이라고 보는 견해로는 박성호, "지적재산권에 관한 헌법 제22조 제2항의 의미와 내용"이 있었다.

11) 김철수, 「헌법학개론」(박영사, 2007) 828면.

12) 헌법 상 '보호'한다는 표현을 사용한 규정으로서 사회적 기본권이 아닌 경우까지 모두 망라하자면, 위에서 언급한 제32, 34, 36조 소정의 경우 외에 헌법 제2조 재외국민, 제8조 정당, 제120조 국토와 자원, 제123조 농업 및 어업(제1항), 중소기업(제3항) 정도가 있다. 이 중에는 소위 프로그램적 규정 내지 국가의 특정 목표를 선언하고 이를 달성하기 위하여 그 객체가 되는 것을 규정한 경우도 있어, 그런 경우까지 "보호"의 기제를 단순하게 적용하는 것은 부적절할

(제5항), 제34조 신체장애자 및 질병·노령 기타의 사유로 생활능력이 없는 국민(제5항), 제36조 모성(제2항), 보건(제3항) 정도가 있다. 이들은 사회적 약자에 대한 국가의 적극적 보호 요청을 반영한 조문으로서, 복지국가를 실현하기 위하여 국가의 적극적인 개입이 요구되는 성격의 것들이다.

그러나 지적재산권의 '보호'는 일반적 의미의 사회적 기본권과는 다를 수밖에 없다. 헌법이 복지국가의 실현을 위하여 사회적 기본권으로서 헌법 단계에서 '보호'하는 대상은 특별히 국가가 법률로 보호해야만 하는 사회적 약자로 범주화 되는 집단이다. 그리고 지적재산권을 보호한다는 취지는 저작자 등의 권리를 법률로 인정하고 관련 법률효과를 법률로써 보장하는 한 충분히 달성된다. 굳이 지적재산권이 국가의 보호를 받는다고 이해하려면 이는 오히려 국토와 자원, 농어업, 중소기업에 관한 규정과 같이 목표 달성을 위한 기능에 초점을 맞춘 성격으로 이해하는 것이 적절할 것이다.

참고로 지적재산권을 '보호'의 대상으로 규정한 유사한 입법례로 유럽연합기본권헌장(Charter of Fundamental Rights of the European Union; 2000. 12. 7.) 제17조 제2항 "지적재산권은 보호된다(Intellectual property shall be protected)"[13]는 규정이 있다. 그러나 이로부터 저작자 등의 권리를 법률로 보호하고 일정한 법률효과를 인정할 것 이상으로, 사회적 약자에 관한 사회적 기본권과 유사한 것으로까지 보기에는 어려울 것으로 사료된다.

것이다.

13) 참고로, 1948년 세계인권선언 제27조 제2항은 모든 사람은 자신이 창조한 모든 과학적, 문학적, 예술적 창작물에서 생기는 정신적, 물질적 이익을 보호받을 권리를 가진다고 선언하였다.

다. 재산권으로서의 성격

1) 재산권적 성격

전술한 바와 같이, 저작재산권은 사상적으로 재산권으로 형성되었을 뿐만 아니라 역사적으로도 그 재산적 가치의 보호 필요성이 역설되었던 권리로 형성되었다. 저작자 등에게 경제적 가치 있는 권리를 부여한다는 취지는 제헌헌법에 관한 사료(제2장 제2절 III. 2.)를 통하여서도 확인할 수 있다. 물론 제22조 제2항의 권리는 자연권적 권리라고 불리는 전통적 재산권과는 성격이 다르다. 그러나 제23조의 재산권을 떠올리게 하는 일반적 의미의 재산권이 역사적으로 자연권적 권리로 발전했다고 하더라도,[14] 재산권 자체가 우리 실정 헌법상 보호되는 권리이자 기본권 형성적 법률유보에 따라 그 권리가 법률 단계에서 구체화되는 권리인 이상 지적재산권의 재산권적 성격을 규범적으로나 형식적으로나 부인할 실익은 많지 않아 보인다.

저작재산권이 재산권의 일종이라는 해석으로 저작권 내지 저작재산권의 법적 성격이 천부인권으로 격상되는 것은 아니기 때문이다. "창작물에 대하여 경제적 보상을 보장해주고 수익 및 특권을 부여해주는 것은 너무나 당연한 것이며 또한 이러한 권리를 보장해줌으로써 이들의 창작활동에 활력을 불어넣어 줄 수 있다"[15]는 관점에서 재산권으로 보는 견해가 지배적[16]이라고 본 견해도 그러한 맥락으로 이해된다.

---

14) 사상적 논의에 따르면, 저작재산권이 자연권적 성격을 가진다고 해도 그 권리는 절대적이지 않고 공동체에서 인정되는 사유재산인 이상 공동체적으로 부여되는 내재적 한계가 있는 권리라는 점은 일반 재산권 이론에서 그러하듯 마찬가지로 인정된다.

15) 육종수, 앞의 논문, 136면.

16) 이형하, "언론 출판의 자유와 저작권의 상충과 조정," 헌법논총 2집 (헌법재판소, 1991) 267면. 지적재산권(내지 지식재산권)도 당연히 재산권이라고 설명하고 있는 견해로는 대표적으로 성낙인, 「헌법학」 제16판(법문사, 2016) 1290면 ;

실제로 재산권 조항조차도 제23조 제2항에서 "그 내용과 한계는 법률로 정한다"고 규정하여 그 권리는 기본권형성적 법률유보라는 점에서 제22조 제2항과 제23조 제1항 2문은 결국 법률의 구체화 없이는 구체적 범위와 한계가 설정될 수 없다는 점에서 유사한 면도 있다. 결국 재산권이라는 개념 자체가 그 자체로 추상적이고 광범위한 권리를 지칭하는 것이기 때문에, 저작권 내지 저작재산권을 법률 단계에서 그 외연이 형성되는 재산권의 일종으로 본다고 해서 재산권성이 부정되는 것은 아닌 것이다.

참고로 헌법 제22조 제2항에 직접 영향을 준 것으로 기록되어 있는 바이마르 헌법 제142조는 제4절 교육과 학교편에서 예술, 과학, 학문은 자유이고 국가는 이를 보호하고 육성한다고 규정한 한편, 저작권 그 자체는 절을 분리하여 제5절 경제생활편 제158조에서 "정신적 노작과 저작자, 발명가 및 예술가의 권리는 독일국의 보호를 받는다"고 규정하였던 점에 비추어, 이를 완전히 사회적 구속성이 있는 권리에 편재하였음을 알 수 있다. 이 때 인정되는 저작권은 공공복리, 선량한 풍속, 공공선 등에 의하여 제한될 수 있음은 물론이다.[17]

결국 제22조 제2항은 "저작자·발명가·과학기술자와 예술가의 권리"라는 규정 자체에 대한 해석으로 그 실질이 구체화될 수밖에 없다. 이들의 "권리"는 결국 자기 노동의 산물을 자신이 처분하고 사용·수익할 수 있을 것을 핵심으로 하고, 경제적 가치 있는 재화로서 그 창작물로부터 수익을 얻는 것이 그 요체이다. 그러한 사실은 역사적, 사상적으로도 지적재산권은 재산권에 친화적인 개념으로 발전하여 재산권으로 형성된 권

정종섭, 「헌법과 기본권」(박영사, 2010) 345, 467면 ; 허영, 「한국헌법론」(박영사, 2017) 513, 524면 ; 한수웅, 「헌법학」 제6판(법문사, 2016) 849면 등이 있다. 이와 관련하여, 지적재산권의 성질은 재산권이나 그 근거규정은 제22조로 설명하고 있는 경우도 있었다(허영, 「한국헌법론」 513면).

17) 송석윤, "바이마르헌법과 경제민주화," 헌법학연구, 제19권 제2호(한국헌법학회, 2013), 47면.

리라는 점에서도 더욱 그러하다.

그러므로 전통적 재산권을 천부인권적 자연권으로 이해하는 데 반해 지적재산권은 천부인권적 자연권이 아니라고 이해하더라도, 지적재산권 또한 마찬가지로 그 경제적 가치의 소유와 그로부터의 수익이라는 본질을 갖는 한 여전히 재산권으로 인정할 수 있다. 지적재산권도 재산권으로 포섭한 이상 내재적으로 당연히 공동체의 이익을 해하지 않는 선에서만 인정된다는 것은 물론이다. 다만 제23조 재산권 조항이 있는데도 제22조 제2항이 재산권적 권리를 보호하는 취지라는 의미는, 그 사회적 구속성을 해석함에 있어 제23조 제2항의 사회적 구속성을 당연히 반영하는 것은 물론 이에 나아가 제22조 제1항의 학문과 예술의 자유를 실현하기 위한 사회적 구속성도 고려하여 이를 법률로써 보호하라는 취지로 새기는 것이 헌법 질서에 비춘 적절한 해석일 것이다.

이와 관련하여, 독일기본법은 바이마르헌법과 달리 일반재산권조항만 있고 지적재산권에 관한 조항은 없는데, 그럼에도 불구하고 독일에서 지적재산권을 보호하는 헌법적 근거는 헌법 제14조 제1항 재산권 규정이라는 것이 일반적인 견해이다.[18]

한편 미국에서는 "property"라는 용어 자체가 가지는 강한 의미 때문에 "intellectual property"라는 용어 자체의 정당성에 관한 의문이 제기되기도 한다.[19] 특히 레식(Lawrence Lessig) 교수는 그러한 입장에서 미국 헌

---

18) 다만 독일 연방헌법재판소는 그 창작적 소산에 인정되는 성격은 민법상 물권적 재산권과는 다르다고 판시한 바 있다. BVerfGE 31, 229 (239) ; 이규홍·정필운, "헌법 제22조 제2항 관련 개헌론에 관한 소고," 법조, 제59권 제11호 (법조협회, 2010) 94면; 이부하, "사법(私法)에 있어서 헌법합치적 재산권질서," 토지공법연구 제48집 (한국토지공법학회, 2010) 558면.
19) 대표적인 지적재산법계의 학자인 렘리 교수도 물권적 성격의 "property"로 설명하는 것에 대한 흐름에 관한 문제의식을 표현한 바 있다. Mark A. Lemley, "Property, Intellectual Property, and Free Riding," *83 Tex L. Rev. 1031* (2004-2005) pp.1033-1034; 1058-1059.

법 중 소위 "Copyright Clause," "Intellectual Property Clause" 내지 "IP Clause"
라고도 불리는 조항(Article I, Section 8, Clause 8)을 그 헌법 문언에 직접적
으로 표현된 "to promote progress"라는 문구에 주안점을 두어 "진보조항
(Progress Clause)"이라고 지칭[20]하기도 한다. 다만, 미국법제에서 "property"
는 물(物)에 대한 지배를 의미하는 관계로 우리의 번역어로는 오히려 물
권 내지 소유권이 적합할 것이다. 우리 법제에서의 "재산권"은 "민법상의
소유권보다 넓은 개념으로 경제적 가치 있는 모든 공·사법상의 권리를
뜻하며 사적 유용성 및 그에 대한 원칙적인 처분권을 내포하는 재산가
치 있는 구체적 권리"[21]라고 정의된다. 그러한 용어의 차이를 감안한다
면, 미국에서 논의되는 "Intellectual Property"에 관한 논의[22]와 우리 헌법
상 재산권의 논의는 다소 맥락을 달리한다는 것은 명확하다. 물론 지적
재산권이 소유권에 친화적인 권리로 발달한 것은 사실이나, 그렇다고 물
권에 관한 이론을 그보다 광의인 우리 재산권 논의에 그대로 끌어올 수
는 없다. 그러므로 이에 관해서는 미국의 논의를 그대로 차용하는 것은
부적절할 수 있다.

2) 헌법 제22조 제2항과 제23조의 관계에 관한 학설

헌법 제23조 제1항은 "모든 국민의 재산권은 보장된다. 그 내용과 한
계는 법률로 정한다"고 규정하고, 제2항은 "재산권의 행사는 공공복리에
적합하도록 하여야 한다"고 규정한다.

제22조 제2항은 특허권, 저작권, 실용신안권, 상표권과 같은 권리를
언급하지 않은 채로, "저작자·발명가·과학기술자와 예술가의 권리는 법

---

20) Lawrence Lessig, *Free Culture: The Nature and Future of Creativity* (1st pub. in 2004)
(Petter Reinholdtsen, 2015) p.106.
21) 헌재 1997. 11. 27. 97헌바10, 판례집 9-2, 651 [합헌]; 2007. 5. 31. 2006헌바49, 판
례집 19-1, 600 [합헌] 등 다수
22) 미국의 표현인 "Intellectual Property"는 우리 법제의 용어로는 사실상 "지적물권"
내지 "지적소유권"에 가까운 개념을 표상한다고 볼 수 있다.

률로써 보호한다"고만 규정한다. 그러한 표현이 제23조 재산권 조항이 "모든 국민의 재산권은 보장된다"고 규정한 것과는 상이하다는 점에 착안하여, 제22조 제2항의 "권리"는 제23조 제1항의 "재산권"과 본질이 같지 않다고 보는 견해[23]도 있다. 이 견해는 제22조 제2항의 권리는 실정권이기 때문에 제23조 재산권의 천부인권성과 그 본질을 달리하는 관계로, 일반적인 의미의 제23조 재산권으로는 보기 어렵다는 취지로 이해된다. 다만 이 견해는 재산권성을 부정할 뿐이므로, 저작권이 자유권으로서 비재산권이라고 본 견해와는 그 논지를 달리한다. 이렇듯 재산권성을 부정하는 견해에 따르면, 헌법 제22조 제2항과 제23조와의 관계를 논의할 필요가 없다.

한편 헌법 제22조 제2항의 지적재산권 내지 저작재산권을 재산권으로 포섭할 경우 재산권을 직접 규정한 헌법 제23조와의 관계가 문제된다. 통설적 견해는 중첩적 보장설을 취하여 지적재산권은 헌법 제23조의 재산권에 해당하고, 제22조는 이를 중첩적으로 보장하는 것이라고 본다. 헌법재판소도 실용신안제도는 헌법 제22조 제2항에 근거하여 실용신안권이라는 독점권을 부여하는 것을 그 핵심적인 내용으로 하는 것으로서, 이는 고안의 경제적 가치를 보호하여 권리자의 재산적 이익을 만족시키는 것으로 헌법 제23조에 의하여 보장되는 재산적 가치 있는 권리라고 판단하여, 중첩적 보호설을 취한 바 있다(헌법재판소 2002. 4. 25. 선고 2001헌마200).

이에 반하여, 제23조 제1항이 이미 광의의 재산권을 모두 포섭하므로 저작자·발명가·과학기술자와 예술가의 권리는 이미 그 성격이 재산권에

---

23) 이인호, "지적재산권의 헌법적 한계," 12면; 동 저자의 글로, 제22조 제2항의 규정은 천부인권성을 전제로 하지 않아 재산권과 본질이 같지 않다고 보면서 "지적재산권"이라는 용어 자체가 헌법의 문언 상 "저작자 등의 권리"라고 규정한 바를 적절히 반영하고 있지 못하다고 지적하며, 그 권리를 법률에 의해 비로소 형성되는 권리라고 보기도 한다(이인호, 「정보통신기술의 발전과 기본권에 관한 연구」 245면).

해당하는 이상 재산권으로서 제22조 제2항은 불필요하며, 제22조 제1항
과의 관계에 있어서도 학문과 예술의 자유에 있어 예술가를 법적 의미
로 확정하는 것은 타당하지 않다는 측면에서, 굳이 제22조를 따로 두어
이를 규율할 필요가 없다는 중첩적보호불요설[24]이 있다.

한편, 무체재산권을 더 적극적으로 보호함으로써 더 큰 국가적 실익
을 얻기 위하여 지적재산권의 보호를 제22조에 규정하는 것이므로, 재산
권성은 인정하되 자연권적 성격으로의 확대적용은 자제해야 한다고 보
는 견해도 있다.[25]

3) 헌법재판소 결정

헌법재판소도 헌법 제22조 제2항은 저작자·발명가·과학기술자와 예술
가의 권리는 법률로써 보호한다고 규정함으로써 과학기술자의 특별보호
를 명시하고 있으나 이는 과학·기술의 자유롭고 창조적인 연구개발을 촉
진하여 이론과 실제 양면에 있어서 그 연구와 소산(所産)을 보호함으로써
문화창달을 제고하려는 데 그 목적이 있는 것[26]이라고 보아, 일반적인 자
유권과는 달리 과학기술자에 대한 "특별보호"를 명시한 규정으로써 "이들
저작자 등의 산업재산권을 보호한다는 의미도 함께 가지고 있다"고 설시
하여, 헌법 제22조 제2항의 재산권적 성격을 해석한 바 있다.[27]

구체적 사건에서 헌법재판소는 식품이나 식품의 용기·포장에 "음주

---

24) 정종섭, 「헌법과 기본권」345, 467면; 김형성, "재산권," 헌법재판연구, 제6권 (헌
   법재판소, 1995) 394-395면.
25) 육종수, 앞의 논문, 143면.
26) 헌재 1993. 11. 25. 92헌마87, 판례집 5-2, 468 [기각]
27) 예술이나 과학의 기반이 미약한 사회에서는 이를 독려하고 강조하기 위하여
   선언적 의미로 헌법에서 정할 수도 있으나, 헌법이 실효성을 가지는 법규범임
   에 비추어 보면, 예술가이든 과학자이든 저작자이든 일반 국민이든 그의 지적
   재산권이 동일하게 보호되는 상황에서는 예술가나 과학자 등의 권리가 보호된
   다는 것은 명시할 필요가 없다는 의견도 있다. 정종섭, 「헌법학원론」제9판(박
   영사, 2014) 594면.

전후" 또는 "숙취해소"라고 표시하는 것을 금지하는 것은 청구인의 특허실시권에 내재된 요소인 '특허발명의 방법에 의하여 생산한 물건에 발명의 명칭과 내용을 표시할 권리'를 제한하는 것으로서 재산권의 제한으로 보았다.[28] 또한 실용신안권 등록료 납부 기한에 유예기간을 두고 이 기간 내에 등록료 납부 의무를 이행하지 않을 경우 실용신안권을 소멸케 하는 제도가 재산권 침해가 아니라고 본 사건도, 결국 실용신안권이 재산권임을 전제한 사건[29]이었다. 그리고 출원상표의 식별력 구비 여부 판단 시점을 등록사정시나 심결시로 한 것은 합리적이라고 본 결정[30] 또한 당해 상표법 규정을 재산권의 형성으로 보아 판단한 것이라고 볼 수 있다.[31] 마지막으로 저작권법상 특수한 유형의 온라인 서비스제공자에게 권리자의 요청이 있는 경우 불법적인 전송을 차단하는 기술적 조치를 취할 의무를 부과하고 이를 이행하지 않을 경우 과태료에 처하는 것은 직업수행의 자유를 침해하지 않는다고 본 사건에서도, 저작권이 재산권임을 전제로 하고 있다.[32]

4) 소결: 사회적 관련성이 강한 재산권

헌법 제22조는 지적재산권의 헌법적 보호의 이유나 구체적 권리를 규정하지 않아, 그 보호목적과 구체적 권리의 범위와 그 한계는 해석의 영역에 맡겨져 있다. 이런 규정 방식은 제22조에만 특유한 것은 아니고, 헌법의 정치규범성, 즉 유동성, 추상성, 개방성, 미완성성에 비추어 개방적인 성격[33]의 반영일 뿐이다. 그러므로 제22조는 제23조의 재산권이 "모든 국민의 재산권은 보장된다. 그 내용과 한계는 법률로 정한다"고 규정

---

28) 헌재 2000. 3. 30. 99헌마143, 판례집 12-1, 404, [위헌]
29) 헌재 2002. 4. 25. 2001헌마200, 판례집 14-1, 382, [합헌]
30) 헌재 2003. 7. 24. 2002헌바31, 판례집 15-2 상, 94, [합헌]
31) 전종익, "재산권의 보호영역," 헌법논총, 16집 (헌법재판소, 2005) 437면.
32) 헌재 2011. 2. 24. 2009헌바13 등, 판례집 23-1상, 53 [합헌]
33) 허영, 「헌법이론과 헌법」(박영사, 2006) 23-32면.

한 것과 마찬가지로 기본권형성적 법률유보로 이해하되, 앞서 살펴본 경제적 가치 있는 재산권적 특성에 비추어 특별히 저작자·발명가·과학기술자와 예술가의 권리를 보호하는 중첩적 보호설로 이해하는 것이 타당할 것이다.

저작재산권은 무형의 실체에 배타적 권리를 설정하여 주는 것이고, 그 권리의 행사는 관념적 지배인 '이용' 내지 '사용'으로 이루어진다는 점에서 공동체 구성원의 일상적 정보 이용과 밀접한 관련을 맺고 있어, 상당히 높은 수준의 사회적 관련성이 있다고 볼 수 있다. 이와 유사한 사회성 내지 공공성을 가진 전통적 재산권으로는 토지재산권을 떠올릴 수 있다. 비록 저작재산권은 토지재산권과는 많은 면에서 상이하여 그 비유에 있어 한계가 있음은 자명하나, 적어도 고도의 사회적 관련성을 가진 권리라는 점으로 한정하여 보건대, 토지재산권 또한 헌법 제23조와는 별도로 제120조 내지 제126조를 두고 있다는 점에 주목할 수 있다. 이들이 단순한 중복규정이 아니라 의도적 중복규정이라고 해석한다면, 예컨대 토지재산권에 대해서는 사회적 구속성을 다른 재산권에 비해 더 강하게 인정해야 한다는 결론에 도달할 수밖에 없다. 즉, 토지재산권의 강한 사회성에 비추어 다른 재산권에 비하여 강한 제한과 의무가 부과될 수 있는 것이라면, 마찬가지로 학문과 예술의 자유를 보호해야 하는 한편 자유로운 정보의 이용을 보호할 이용자의 보호 실익이 있는 저작재산권과 같은 강한 사회적 관련성이 있는 재산권에도 제23조 제2항의 사회적 구속성은 물론 특별한 사회적 구속성을 추가적으로 반영해야 한다고 볼 것이다.

위의 사실을 종합하건대 헌법 제22조 제2항과 제23조는 그 해석 원리가 달라야 한다기보다, 제22조 제2항의 권리를 검토함에 있어 제23조의 기능적 고려요소를 감안해야 한다는 취지로 이해하는 것이 타당할 것이다. 그리하여 제23조 제2항이 "재산권의 행사는 공공복리에 적합하도록 하여야 한다"고 규정한 내용은, 지적재산권을 재산권으로 포섭한 이상

당연히 적용되어야 할 것이다.[34]

　사회적 관련성이 두드러지는 배타적 성격이 강한 경제적 권리에 대하여 그 재산권성을 부정하기 보다는, 오히려 그 재산권성을 인정하여 제23조 재산권에 인정되는 사회적 구속성에 관한 재산권의 한계를 적용하는 것이 헌법 질서 전반에 비추어 타당한 권리의 외연을 설정하는 데 기여할 수 있을 것이다.

3. 평가: 재산권의 일종

　헌법 제22조 제2항은 제1항 학문·예술의 자유와 함께 규정되어 있는 동시에, 저작자·발명가·과학기술자와 예술가의 권리를 법률유보를 통하여 구체화하고 '보호한다'는 방식으로 기본권을 규정한다. 이에 대하여 그 성격에 관해 자유권으로 보거나 사회적 기본권의 성격을 겸유했다고 해석할 여지가 있다. 그러나 저작재산권에 대한 보호는 대국가적 방어권인 자유권과는 성질을 다소 달리하고 이는 제1항 학문·예술의 자유와의 관계에서 더욱 그러하다. 한편 저작자 등이 사회적 약자라고 볼 사정이 없을 뿐만 아니라, 복지국가 원리의 실현으로 인정되는 사회적 기본권과 유사성은 '보호'한다는 문구 외에 찾기 어려운 관계로 저작재산권의 사회적 기본권적 성격을 인정하기에는 다소 어려움이 있다.

　이를 종합적으로 고려해 보건대, 제22조 제2항은 오히려 바로 그 다음 조문인 제23조 제1항이 "모든 국민의 재산권은 보장된다. 그 내용과 한계는 법률로 정한다"고 규정한 것과는 유사하다. 사상적으로, 역사적으로도 지적재산권은 경제적 가치 있는 권리이기 때문에 별개로 보호할

---

34) 사유인 지적재산권은 아이디어를 취득할 방법을 제한하고(영업비밀의 경우), 아이디어의 사용을 제한하고(특허권의 경우), 아이디어의 표현을 제한하는데(저작권의 경우), 이는 여러 이유로 다른 정당화 논거가 있지 않는 한 바람직하지 않다(Edwin Hettinger, *Op. Cit.*, p.35).

실익이 있어서 창설된 권리이고, 실제로 그 정당화 논거 또한 그 경제적
가치로부터 기인한 것이므로 재산권의 일종으로 보는 것이 타당하다. 물
론 재산권의 일종인 이상 재산권의 사회적 구속성에 따라 그 범위는 공
익을 위하여 제한 받을 수밖에 없다.

Ⅲ. '저작자 등의 권리' 도입 과정

1. 제헌헌법 이전

제헌헌법 이전에 저작재산권의 근거로 볼 만한 헌법적 문서는 많지
않다. 다만 1882년 지석영이 상소(上疏)를 통하여, '부국강병을 위해서는
타국의 새로운 기기들을 구입한 뒤 따로 선발한 젊은이들에게 과학기술
교육을 시키는 한편, 이런 기기를 만들거나 발명하는 자에게 전매 특허권
(專賣特許權)을 부여하며, 서적을 저작간행한 자에게는 출판권을 주자.'는
주장을 펼치고 이에 고종이 의정부에 시행토록 영을 내린 일[35]이 있었다.
그 이후 1908년(융희 2년) "한국, 청국에서의 발명, 의장, 상표 및 저작권
의 보호에 관한 일미조약"[36]이 체결됨에 따라, 칙령 제200호 한국저작권
령이 특허령, 의장령 등과 함께 최초로 성문화되어 국내에 이식되었다.[37]
그러나 상소는 그 자체로 헌법적 문서라 할 수는 없고, 일미조약에 의해
강제된 저작권법은 우리의 자생적 헌법적 문서라 보기엔 어렵다.

---

35) 특허청, 「한국특허제도사」(특허청, 1988) 103면을 인용한 박준석, "한국 지적재
　　산권법의 과거·현재·미래," 142면.
36) 서울대학교 규장각 (http://e-kyujanggak.snu.ac.kr/_Print/HEJ/HEJ_NODEVIEW.jsp?l
　　class=01&subtype=gh&sclass=A1601&ntype=hj&type=HEJ&ptype=list&cn=GK23536_00&
　　mclass=A16&savetype=save&savesize= 최종방문: 2017. 7. 15.)
37) 한국저작권위원회 (https://www.copyright.or.kr/information-materials/common-sense
　　/basic-knowledge/index.do 최종방문: 2017. 7. 15.)

자주적 성격의 헌법적 문서 중에서 "저작"에 관한 권리에 관한 단초(端初)로 이해될 만한 것을 살펴본다면, 대한민국 임시헌장(1919)[38] 정도가 간접적으로나마 의의가 있다고 보았다. 상해 임시정부는 1919. 4. 11. 과 4. 12. 이틀에 걸쳐 상하이 프랑스 조계(租界)에서 조소앙,[39] 신익희 등 27명이 참석한 가운데 제1차 대한민국 임시의정원 회의를 소집하였다. 이 회의에서 국호는 대한민국으로 가결되었고, 관제와 국무원에 관한 문제가 토의되어 국무원 선거가 실시되었다.[40] 이는 임시정부의 첫 헌법적

---

38) 현행 헌법 [시행 1988.2.25.] [헌법 제10호, 1987.10.29. 전부개정] 전문은 "우리 대한국민은 3·1운동으로 건립된 대한민국임시정부의 법통과 불의에 항거한 4·19 민주이념을 계승"한다고 선언하고 있다. 따라서, 우리 국가공동체는 대한민국 임시정부의 법적 정통성을 계승하는 것임을 전제로 하여, 대한민국임시정부의 헌법적 문서에 해당하는 대한민국 임시헌장부터 그 연혁을 검토하기로 한다. 물론, 대한민국 임시헌장이 헌법적 문서냐는 점에 관해서는 상해 임시정부의 대표성에서부터 의문이 제기될 수 있다. 그러나 헌법적 성격을 가진 임시헌장이나 약법이 결국 상해 임시정부로 통합되었다는 점, 1919년의 대한민국 임시헌장이 대폭 보완되어 전문, 8장 57개조로 구성된 1944년 임시정부헌법을 구성하게 된다는 점, 일련의 헌법적 문서를 작성하고 수정하는 경험들이 근대적 성문헌법의 전통을 구성한다는 점에 비추어, 그 헌법적 의의는 분명하다 할 것이다(이영록, 「우리 헌법의 탄생-헌법으로 본 대한민국 건국사」(서해문집, 2006) 57-59면).

39) 기존 건국헌법에 관한 논의에 있어서는 유진오의 영향력이 높게 평가되었지만, 해방 정국 이전 일제강점기를 포함한 시기부터 조소앙의 역할을 재평가하는 입장도 유력하다. 한국 헌법의 원형헌법이라 불리는 "대한민국임시정부의 헌법"은 "대한민국임시헌장(1944)"의 체계와 내용을 거의 그대로 가져왔고, 이들은 대한민국임시헌장(1919), 대한민국임시약헌(1940), 대한민국건국강령(1941)을 근간으로 하며, 조소앙은 이 모든 헌법적 문서의 구성, 작성, 공표에 있어 근대헌법의 기틀을 놓았다고 재평가되고 있다(이하 자세한 내용은 서희경, 「대한민국 헌법의 탄생」(창비, 2012) 37-249면). 조소앙의 기여와 대한민국 임시헌장(1919)의 건국헌법의 원형으로서의 평가에 대해서는 한인섭, "대한민국 임시헌장(1919. 4.11) 제정의 역사적 의의," 법학, 제50권 제3호(서울대학교 법학연구소, 2009) 참고.

40) doopedia 두산백과, "표제어: 대한민국임시헌장"

문서로서 한국역사상 '민주공화제'를 명시적으로 헌법에 최초로 규정한 것으로서,[41] 그 이후 대한민국임시약헌(1940), 대한민국건국강령(1941), 대한민국임시헌장(1944; 97-104) 등 다수의 헌법적 문서의 원형이 된다.

　그 대한민국 임시헌장[42]은 대한민국의 민주공화제이고(제1조), 대한민국은 입법의 결의에 의하여 통치되며(제2조), 대한민국의 인민은 평등한 주체로서(제3조), 제4조에 열거된 자유의 주체가 되며, 선거권과 피선거권을 보유하며(제5조), 제6조에 열거된 의무의 주체가 된다는 간략하

---

41) 서희경, 앞의 책, 114면.
42) 대한민국 임시헌장의 내용은 이하와 같다. 원문은 국한문이 혼용되어 있고, 띄어쓰기가 되어 있지 않으나, 여기서는 읽기에 편하게 국문으로 띄어쓰기 하였다. 급(及)은 현대적 의미로 "및"과 같은 의미로 이해하면 될 것이다.

　대한민국 임시헌장
　제1조 대한민국은 민주공화제(民主共和制)로 함
　제2조 대한민국은 임시정부가 임시의정원의 결의에 의하야 차(此)를 통치함
　제3조 대한민국의 인민은 남녀 귀천급(貴賤及) 빈부(貧富)의 계급(階級)이 무(無)하고 일절(一切) 평등임
　제4조 대한민국의 인민은 신교(信敎), 언론(言論), 저작(著作), 출판(出版), 결사(結社), 집회(集會), 신서(信書), 주소(住所), 이전(移轉), 신체급(身體及) 소유(所有)의 자유를 향유함
　제5조 대한민국의 인민으로 공민 자격이 유(有)한 자는 선거권급(選擧權及) 피선거권(被選擧權)이 유(有)함
　제6조 대한민국의 인민은 교육(敎育) 납세급(納稅及) 병역(兵役)의 의무가 有함
　제7조 대한민국은 신의 의사에 의하야 건국한 정신을 세계에 발휘하며 진(進)하야 인류의 문화급(文化及) 평화(平和)에 공헌하기 위하야 국제연맹에 가입함
　제8조 대한민국은 구황실을 우대함
　제9조 생명형(生命刑) 신체형급(身體刑及) 공창제(公娼制)를 전폐(全廢)함
　제10조 임시정부난 국토회복후 만일개년(滿一個年)내에 국회를 소집함
　대한민국 원년 四月 日
　국사편찬위원회, 대한민국 임시 헌장 : 『대한민국임시정부자료집』1(국사편찬위원회, 2005), 「대한민국임시헌장선포문」, 사료로 본 한국사, 우리역사넷 (http://contents.history.go.kr/front/hm/view.do?treeId=010701&tabId=01&levelId=hm_123_0060 최종방문: 2017. 7. 15.)

면서도 근대적 헌법의 요체가 되는 헌법적 원칙, 정부형태, 법치주의, 국민의 평등권과 자유권을 포함하는 기본권, 의무 등을 규정하고 있다.[43]

특기할 만한 점은, 임시헌장 제4조는 "대한민국의 인민은 신교(信敎), 언론(言論), 저작(著作), 출판(出版), 결사(結社), 집회(集會), 신서(信書), 주소(住所), 이전(移轉), 신체급 소유(身體及 所有)의 자유를 가진다"고 규정한 점이다. 근대적 자유권적 기본권의 분류로 파악하건대, 종교의 자유, 신체의 자유, 주소이전의 자유, 소유의 자유(재산권), 언론·출판·결사·집회의 자유로 대표되는 표현의 자유 외에 "저작의 자유"가 기본권으로 명시되어 있는 것이다.

이때 "저작의 자유"는 함께 열거된 "언론, 출판, 결사, 집회의 자유"와의 관계를 비추어 보건대, 현대적 의미의 "저작권"을 직접 규정한 것이기보다는 여전히 광의의 표현의 자유로서 "저작활동을 할 자유"를 보호하기 위하여 규정된 것으로 보인다. 일제강점기에 임시정부가 저항적 독립운동을 이어가며 장래 대한민국의 지향과 원칙을 선언한 문헌에 현대적 의미의 "저작권"과 같이 구체적인 목표지향적 권리를 기본권으로 포함시켰을 것이라고 보기는 어렵다. 그렇기 때문에 여기서 "저작"이라는 단어는 권리의 주체의 관점에서 신문으로 대표되는 언론기관(언론의 자유), 사상적 서적을 발간할 출판기관(출판의 자유), 그리고 시민의 자발적 결사(결사의 자유)와 그 집회(집회의 자유)와 별개로, 일반 국민이 자유롭게 저작할 '자유'를 갖는다는 취지로 넣었다고 보는 것이 타당할 것이다. 더욱이 이 제4조가 양심의 자유와 같은 정신적 자유를 따로 규율 하지 않았다는 점을 감안하면, 정신적 자유를 외부에 표현할 자유의 구체적 행위 태양 중 하나로서 "저작"을 열거한 것이라고 해석하는 것이 타당할 것이다.

그럼에도 불구하고 "저작"이라는 단어의 등장은 특기할 만한 가치가

---

43) 정종섭, 「한국헌법사문류」(박영사, 2002) 30-32면.

있다. 그 자체로 헌법사적 근거로 보기에는 부족한 면이 있겠으나, 지석영의 상소에서도 볼 수 있듯 개화기부터 외국 선진 학문과 기술을 익힐 현실적 필요가 실재했던 점,[44] 미국에서 귀국한 서재필이 깊이 관여한 것으로 알려진 독립협회 발행 「독립신문」은 영문과 국문으로 발행되어 세계 각국의 다양한 정치사상과 기술적 진보에 관한 글을 실었던 점,[45] 1908년에 이미 대한제국 칙령 제200호로 저작권령이 공포, 시행되었던 점 등에 비추어 당시에도 이미 저작권법 일반이나 미국 헌법에 대한 기초적 이해가 있었던 것으로 넉넉히 추정된다.

그런 의미에서 임시정부의 임시헌장에서 국민의 기본권으로서 광의의 표현의 자유를 규정하는 구체적 단어 중 '저작'이라는 단어가 최초로 등장했다는 점은 사료적 의미가 있다. 또한 그 등장 맥락이 국부의 증대를 위한 저작권의 보호로 인한 유인의 제공과 같은 관점이 아니라, 기본권으로서 언론, 출판, 결사, 집회와 같은 맥락인 "표현의 자유"의 맥락에서 '저작'의 '자유'는 보장된다고 규정한 점에서, 우리 헌법상 저작권 보호의 목표는 결국 "자유로운 표현"에 기여해야 한다는 점을 시사한다고

---

44) 예를 들어, 홍범 14조(1895)는 총명하고 재주 있는 젊은이를 널리 파견하여 외국의 학문과 기술을 전습 받고 익힌다(제11조)는 규정을 두었다. 개항 이후 외국의 선진문물에 의해 자주 통치의 어려움을 겪은 당시 상황에 비추어, 단 14조의 불과한 군주의 선언적 문서에서 외국 선진문물을 전습할 것을 규정할 정도로 절실했다는 것을 확인할 수 있다. 물론 이로부터 지적재산권 일반에 대한 직접적 근거를 찾을 수 있는 것은 아니고, 이 때의 목표는 엄밀히 말하면 저작권을 장려하기 위한 것이라기보다는 과학기술의 장려에 있었다고 보는 것이 타당한 해석일 것이다. 그럼에도 불구하고 창작을 장려할 국가적 목표가 상당히 오래 전부터 실재하였음을 알 수 있다.

45) 국사편찬위원회, 독립협회서, 사료로 본 한국사, 우리역사넷 "세계의 문자로 간행된 책들을 한문 혹은 국문으로 간행하여 읽기에 편하도록 하며, 농학·의학·군사학·수학·화학·기상학·역학·천문학·지리학·기계학·격치학(格致學)·정치학 등의 제반 학문의 서적을 들고 보는 대로 수집하여 차례대로 참고한다." (http://contents.history.go.kr/front/hm/view.do?treeId=010701&tabId=01&levelId=hm_1 20_0010 최종방문: 2017. 7. 15.)

볼 수 있다.

2. 제헌헌법

가. 제1수정안 및 헌법제정회의록

헌법기초위원회가 제헌국회에 보고한 문구는 "모든 국민은 학문과 예술의 자유를 가진다. 저작자, 발명가와 예술가의 권리는 법률로써 보호한다"고 규정되어 있었는데, 이에 대하여 1948. 7. 2. 헌법안 제2독회(국회제23차회의; 제헌국회)에서는 총 3개의 수정안에 대한 토의가 이루어졌다.[46]

제1수정안(이진수의원외 17인 제안)은 "모든 국민은 학문과 예술의 자유를 가진다. 과학 기타 유용한 기술의 진보를 조성하기 위하여 저작자, 발명가와 예술가에 대하여 일정한 기간 그 저작물, 발명품을 전용하는 권리를 법률로써 차(此)를 보호한다"고 제안하였다.[47] 그 이유는 우리는 유교와 사대주의의 유물로 과학자, 발명가를 너무 등한시했다는 사실을 지적하면서, 선진국가는 부국강병 및 국리민복 추구를 위하여 과학, 발명과 저작의 권리에 대한 것을 제정하고 국가가 보호하며 장려한 까닭에 산업이 발전하고 세계를 정복하였으므로, 신국가는 경제확립의 요소인 과학을 국법으로서 보호하고 장려하는 조치를 헌법에 뚜렷하게 규정하여야 할 필요가 있다는 것이었다.[48] 제1수정안이 원안과 다른 점은 "과학 기타 유용한 기술의 진보를 조성하기 위하여"라는 목적이 추가된 점, "일정한 기간"을 추가하여 보호기간을 설정한 점, 그리고 "그 저작물,

---

46) 국회도서관 입법조사국, 「헌법제정회의록: 제헌국회」(국회도서관 입법조사국, 1967), 426-433면 제14조에 관한 토의내용이 있다.

47) 위의 책, 429면.

48) 위의 책, 427-429면.

발명품을 전용하는 권리"를 보호대상으로 하였다는 점이다. 이는 실제로 독일, 이탈리아, 미국 헌법을 언급한 바와 같이, 미국 헌법의 표현이 상당 부분 반영된 수정안이었던 것으로 보인다.

제2수정안은 원안의 전단에 학문과 예술 외에 "직업선택"을 추가하고, 후단에는 공공복리 또는 선량한 미풍양속을 해하지 않는 자유를 갖는 것으로 한계규정을 추가할 것을 제안하였다. 또한, 우리나라는 반만년의 문화가 있고 전통적으로 내려오는 양풍미속이 세계에 시범될 것이 많이 있음에도 그것이 상실되고 외래문화에 맹속하는 경향이 있다는 점을 지적하기도 하였다.[49) 그리고 제3수정안은 제1수정안과 실질은 동일하고 표현을 좀 더 간소화하는 것에 그치는 것이었다.[50)

이러한 원안 및 수정안에 대한 토의에 나선 의원들은, 이미 제헌헌법 제27조에서 "국민의 모든 자유와 권리를 헌법에 열거되지 아니한 이유로써 경시되지는 아니한다"고 규정하고 있고 제5조[51)에도 그런 취지가 담겨있으므로, 굳이 목적, 보호기간, 보호대상을 다 헌법에 규정하지 않아도 특허권과 같은 것을 전 세계에서 승인하는 이상 구체적 내용은 법률제정 시에 넣자는 의견이 있었다. 유사한 논지로, 저작자, 발명가와 예술가의 권리를 특히 법률로써 보호한다고 헌법에 규정한 이상, 이는 당연히 과학을 장려하고 발명가를 양성하려는 의도에서 나온 것이므로 원안이상의 구체적 내용은 가감할 필요가 없다는 의견도 있었다.[52) 한편, B29와 같은 일본 본토 공격에 쓰인 전투기를 언급하며 그 이상의 진보성을 가진 것도 만드는 기술력을 갖기 위해서는, 그러한 의미를 제14조에

---

49) 위의 책, 429면.
50) 위의 책, 429-430면.
51) 제헌헌법 제5조
   대한민국은 정치, 경제, 사회, 문화의 모든 영역에 있어서 각인의 자유, 평등과 창의를 존중하고 보장하며, 공공복리의 향상을 위해 이를 보호하고 조정하는 의무를 진다.
52) 위의 책, 431면.

문자표시하기 위해서 수정안과 같은 상세한 표현에 찬성하는 의원도 있었다.[53)]

각 수정안은 토론·표결에 부쳐진 뒤, 원안이 재석의원 152명에, 원안 찬성 123, 반대 8로 통과되었다.[54)]

이러한 제헌헌법의 원안과 수정안에 관한 논의에 비추어 보건대, 당시 제헌헌법에 현행 헌법 제22조가 들어간 이유는 창작자의 인격적 권리 보호보다는, 국부를 증대시키고 다른 나라에 비해 진보성을 갖춘 과학, 발명과 저작의 권리를 국가 차원에서 보호하고 장려하여 경제발전을 위한다는 목적이 뚜렷하다. 수정안 제안 발표 시에도 과학기술발전과 문화 보호 및 발전이라는 목표를 더욱 명확히 드러내려는 노력이 보였음은 물론이고, 이런 저작자, 발명가와 예술가의 권리보호를 하는 이유를 굳이 문언으로 명시하지 않는다고 하더라도 과학기술을 발전시키고 국가가 장려하기 위함이라는 사실을 당연히 전제하고 있다. 즉, 제정헌법 당시 현행 헌법 제22조를 도입한 취지는 표현의 자유의 일환이나, 자연권적으로 저작의 인격적 측면을 보호한다기는 입장보다는 그 실정권이 국부를 늘리고 당시 표현으로 미풍양속에 반하지 않는 한, 국가가 보호하겠다는 것으로 이해할 수 있다.

나. 제정 이유에 관한 사료

제헌헌법은 대한민국 임시정부 시절부터 그 연원을 찾을 수 있고 그 제정 과정에 있어서도 어느 개인의 기여도나 특정 정치 집단의 기여도에 대해서는 여전히 그 평가가 나뉘고 있다. 그러나 일반적으로 사료가 남아 있고 제헌헌법의 기초를 놓아 상당한 기여를 한 학자로서는 유진오 교수[55)]가 꼽힌다. 유진오 교수는 "제14조 후문을 "저작자, 발명가, 예

---

53) 위의 책, 432면.
54) 위의 책, 433면.

술가의 권리를 국가가 특히 보호한다는 규정을 헌법에 설치한 것은 각
국에 그 예가 많지 아니하나(와이말헌법 제백사십이조,[56] 미국 헌법 제1
조 제8절[57] 참조), 우리나라 헌법은 그 중요성을 특히 인식하고, 과학, 예
술, 기술의 발달을 조장하기 위하여 본조를 설치한 것이다"라고 설명하
고 있다.[58] 우리 헌법 제22조 제2항은 바이마르 헌법 제142조 제1항과
유사하게 "보호한다"는 문구가 일치한다.

　재산권 조항에 관하여서도 "독일 바이마르헌법은 제153조에 (중략) 소
유권은 절대불가침한 것이 아니고 그 내용과 한계는 법률로 정해지는 것
이며 또 소유권을 가진 자는 공공복리를 위하여 그를 이용할 의무가 있
는 것을 천명하였다. 이는 18,9세기의 소유권 신성불가침의 사상으로 볼
때에는 획기적 변천이라 할 수 있으며 우리나라 헌법의 규정은 바이마르
헌법 제153조에 유사한 내용을 가진 것이라 할 것이다"[59]라고 유진오 교

---

55) 이영록, "유진오 헌법사상의 형성과 전개," 박사학위논문 (서울대학교 대학원,
　　2000). 나아가, 유진오 교수의 역할에 관한 논의로는 김수용, "해방 후 헌법논
　　의와 1948년 헌법제정에 관한 연구," 박사학위논문 (서울대학교 대학원, 2007),
　　137면 참조.
56) 유진오 교수는 제142조를 참조했다고 회고하였으나 바이마르 헌법 중 제142조
　　는 제4절 교육과 학교편에 위치하여 "예술, 과학, 학문은 자유이고 국가는 이
　　를 보호하고 장려한다"는 자유권에 포커스가 맞추어져 있는 한편, 제158조는
　　제5절 경제생활편에 위치한 규정으로서, 구체적으로 정신적 노작과 저작자, 발
　　명가 및 예술가의 권리를 명시하고 있다. 이런 면에서 유진오 교수는 자유권
　　으로서 학문과 예술의 자유를 국가가 특별히 보호할 필요성을 강조하였던 것
　　으로 이해할 수 있다. 바이마르 헌법 제158조는 다음과 같다.
　　바이마르 헌법 제158조 제1항 정신적 노작과 저작자, 발명가 및 예술가의 권리
　　는 독일국의 보호를 받는다.
　　제2항 독일의 학술 및 예술의 창작물은 국가간의 합의에 따라 외국에서도 유
　　효하게 보호되어야 한다.
57) 의회는 제한된 기간 동안 저작자와 발명가에게 저작과 발명에 관한 배타적 권리
　　를 보유하게 함으로써 학술과 유용한 기술의 진보를 촉진하는 권한을 가진다.
58) 유진오, 「(新稿)憲法解義」(일조각, 단기4286[1953]), 76-77면.
59) 위의 책, 78면.

수가 밝힌 바와 같이, 재산권 자체가 사회적 구속성이 요구되는 권리임에 비추어 지적재산권 또한 사회적 구속성을 당연히 내재화해야 한다.

3. 헌법 개정사

이렇듯 헌법 제22조 제2항 '저작자 등의 권리'는 제헌헌법부터 '제2장 국민의 권리와 의무'에 항상 규정되어 있었다. 제헌헌법 제14조 "모든 국민은 학문과 예술의 자유를 가진다. 저작자·발명가와 예술가의 권리는 법률로써 보호한다"는 규정은 약 70년 동안의 9번의 헌법개정에도 그 요체가 변함없이 남아 현재에 이르고 있다.

이후 형식적으로 1962년 개정(헌법 제6호, 1962. 12. 26., 전부개정)에 이르러서는, 전문과 후문이 당시 제19조 제1항과 제2항으로 분리되어 제19조 제1항은 '모든 국민은 학문과 예술의 자유를 가진다' 그리고 후문은 '저작자·발명가와 예술가의 권리는 법률로써 보호한다' 고 규정하였다. 전문과 후문의 분리에도 불구하고 그 내용에는 아무런 변화가 없었다.

1987년 개정(헌법 제10호, 1987. 10. 29., 전부개정) 시에는 '과학기술자'라는 문구가 추가되어 그 대상을 확장하였다. 기존의 저작자·발명가와 예술가 외에도, 발명을 반드시 수반하지 않는 연구와 개발에 종사하는 '과학기술자'의 경우에도 과학·기술의 자유롭고 창조적인 연구개발을 촉진하여 이론과 실제 양면에 있어서 그 연구와 소산을 보호하여 문화창달을 이루고자 그 저변을 확대한 것이다.

이러한 헌법 개정사에 대해서 헌법 제22조는 수동적으로 존치되어 온 것이 아니라, 그 적극적 기능과 가치가 깊이 인식되어 그 개선을 위한 노력이 존재하였다고 보아, 우리 헌법은 지적재산권 보호의 중요성을 깊이 인식하였다고 평가[60]하는 견해가 있으며, 이로부터 우리 헌법은 지적

---

60) 그러한 평가로는 육종수, 앞의 논문 참조.

재산권의 보호를 학문과 예술의 자유의 보호를 위한 필수불가결한 수단
으로 인정하고 있다고 평가하는 견해도 있다.[61]

4. 시사점: 문화·산업 발전을 위한 저작재산권

우리 헌정사에 있어 근대적 재산권의 보호는 19세기 후반에 들어서야
실정화되었고, 임시정부에서도 국민의 기본권을 언급하면서 처음으로
'저작'이란 단어가 대한민국임시헌장에 등장하기는 하였으나, 이는 현대
적 의미의 저작권이라기보다 광의의 표현의 자유의 일환으로 사용된 것
으로 보여 저작활동의 본원적 기능인 자유로운 정치적 담론의 기여 기
능이 투영된 것으로 보인다. 그러나 구체적 저작재산의 보호는 제헌헌법
에 이르러서 비로소 그 논의가 분명히 드러났고, 이 때의 도입취지는 문
화·산업 발전을 통한 국부증대에 있었다. 그러므로 역사적으로 우리 헌
법상 저작재산권은 국부증대라는 공익에 봉사해야만 하는 권리로 해석
할 수 있고, 그러한 경험은 서구 사회가 역사적으로 저작재산권이라는
개념을 창설한 배경과 크게 다르지 않다.

Ⅳ. 소결: 헌법상 창설된 재산권의 일종

저작재산권의 헌법상 근거로는 헌법 제22조 제2항이 있고, 그러한 규
정의 성격은 크게 비재산권설과 재산권설로 나눌 수 있다. 비재산권설은
자유권으로 보는 견해, 사회적 기본권 성격을 겸유했다고 보는 견해, 헌
법상 창설된 특수한 권리이나 재산권은 아니라고 보는 견해로 나눌 수
있다. 재산권설은 제22조 제2항은 제23조와의 관계에 있어 중첩적으로

---

61) 이규홍·정필운, 앞의 논문, 90면.

보호된다는 견해, 중첩적으로 보호할 필요가 없다는 견해, 재산권이기는
하나 자연권적 해석은 불가하다는 견해 등이 있었다. 저작재산권은 사상
적, 역사적으로 경제적 가치를 보호하기 위하여 발달한 권리인 관계로
권리의 재산권성은 그 자체로 인정되고, 제헌헌법에서의 논의부터 현재
에 이르기까지 그러한 경제적 가치를 보호하기 위해 인정되었다는 점에
서 더욱 그러하다고 볼 수 있다. 그렇기 때문에 저작재산권은 재산권의
일종으로 볼 것이고, 저작자 등에 관한 특별한 권리를 인정하는 것이므
로 통설인 중첩적 보호설이 타당한 것으로 보인다. 그리하여 일반적 재
산권에 적용되는 사회적 구속성에 더하여, 저작재산권의 특수성을 반영
한 사회적 구속성을 통하여 그 내재적 한계를 설정할 수 있다. 이는 단
순히 권리자의 보호에 치우친 것이 아니라, 일반 국민의 자유로운 저작
물의 이용을 내재화시킬 수 있다는 점에서 더 큰 의미가 있을 것이다.

제3절 저작재산권의 구체화 입법

Ⅰ. 저작권법의 제정과 연혁

앞서 살펴본 바와 같이[1] 한국에서 지적재산권에 관한 최초의 언급은 1882년 지석영이 고종에게 상소를 올리며 부국강병을 위해 전매 특허권을 부여하고, 서적을 저작간행한 자에게는 출판권을 주자는 주장을 했고 그러한 내용이 받아들여졌던 사건이었다.

그 이후 1908년 "한국, 청국에서의 발명, 의장, 상표 및 저작권의 보호에 관한 일미조약"이 체결됨에 따라, 한국저작권령이 최초 성문 저작권법으로 국내에 이식되었다. 그 내용은 한국, 청국을 그 조약의 지역적 대상으로 삼고 있음에도 불구하고 한국, 청국이 당사자가 아니다. 그러나 한편으로는 한국인과 일본인은 효력발생에 있어서 동등하다.

일제 식민통치시기인 1910년에는 '저작권법을 조선에 시행하는 건'이 일제 칙령 제338호로 발효되어 일본 저작권법이 직접 적용되기에 이른다.[2] 그 이후로 미군정에 이르도록 일본 저작권법의 적용을 폐기하는 법이 없었던 관계로 일본 저작권법은 계속 의용되다가 1957년에 이르러 최초의 저작권법이 발족되었다.[3] 그 이후로 1986년 한국을 상대로 '부적절한 지재권 보호'를 명분으로 이른바 '수퍼 301조'가 발동되면서, 1986. 7. 21. 통상협상이 일괄타결 되었고 1986. 12. 31. 저작권은 물론 특허법, 실용신안법, 의장법(현 디자인보호법), 상표법 등 지적재산권법 전 분야의 개정이 이루어졌다.[4]

---

1) 본고 제2장 제2절 Ⅲ. 1. 참고.
2) 박준석, "한국 지적재산권법의 과거·현재·미래," 142면.
3) 앞의 논문, 147-148면.

1986. 12. 31. 법률 제3916호로 전부개정이 이루어진 이후, 2017. 3. 21. 일부개정된 현행 저작권법(법률 제14634호)에 이르기까지 저작권법은 27번의 개정을 거쳤다. 그 중 큰 변화는 주로 '대한민국과 미합중국 간의 자유무역협정'(이하 '한·미 FTA') (2011. 12. 2. 법률 제11110호로 개정)와 '대한민국과 유럽연합 및 그 회원국 간의 자유무역협정'(이하 '한·EU FTA') (2011. 6. 30. 법률 제10807호로 개정)을 거치며 이루어졌다.

II. 저작권의 보호목적

우리 저작권법 제1조는 "저작자의 권리와 이에 인접하는 권리를 보호하고 저작물의 공정한 이용을 도모함으로써 문화 및 관련 산업의 향상발전에 이바지함을 목적으로 한다."[5] 이는 우리 저작권 보호의 목적이 권리자의 관점에서는 저작자의 권리와 저작인접권을 보호하고, 이용자의 관점에서는 그 공정한 이용을 도모하여, 궁극적으로는 국가적 목표로서 문화 및 관련 산업의 향상발전을 지향함을 규정한 것이다. 한편 제명상 지적재산 일반의 '기본법'[6]에 해당하는 지식재산기본법 제1조도 "지식재산의 창출·보호 및 활용을 촉진하여 우리 사회에서 지식재산의 가치가 최대한 발휘될 수 있도록 함으로써 국가의 경제·사회 및 문화 등의 발전과 국민의 삶의 질 향상에 이바지하는 것을 목적으로 한다"고 그 기능적 보호목적을 밝히고 있다.

---

4) 앞의 논문, 129-130면.
5) 상표법 제1조는 상표 사용자의 업무상 신용 유지를 도모하여 산업발전에 이바지하고 수요자의 이익을 보호함을 목적으로 함을 규정한다.
6) 이러한 '기본법'은 일반적으로 국가정책의 방향제시와 그 추진, 제도 정책의 체계화 및 종합화, 정책의 계속성 일관성 확보, 행정의 통제기능, 국민에 대한 정책메시지 발신기능, 지방분권의 추진기능을 수행한다고 설명된다(박영도, 「기본법의 입법모델연구」(한국법제연구원, 2006) 24-34면).

비교법적으로, 우리나라 저작권법은 저작인격권의 인정, 무방식주의의 채택 등의 점에서 처음부터 기본적으로 대륙법계에 근접한 접근방식을 취하였다고 할 수 있다.[7] 그렇다면 우리의 저작권은 대륙의 영향을 받았기 때문에 자연권적 성격이 있다고 보아야 하는가. 그렇지는 않다. 우리 저작권법 제1조는 저작자 등의 권리와 공정한 이용의 도모를 병렬적으로 규정하고 있고, 그 두 가치의 조화로운 실현을 통하여 궁극적으로는 문화 및 관련 산업의 향상발전에 이바지함을 목적으로 한다. 즉, 문화 및 관련 산업의 향상 발전의 유인(incentive)으로서 저작권이 인정된다는 면에서 영미법적 전통에 의한 목적적 권리의 성격이 강하다고 볼 수 있다.

저작권법은 분명 권리자 보호 외에, 이용자의 법익 보호를 위한 최소한의 기제로써 '공정한 이용'을 권리자 보호와 대등한 보호목적으로 삼는다. 이런 공익적 고려는 저작물은 인류 공동의 자산으로 축적된 아이디어와 문화적 토양을 근간으로 창작된다는 사실에서 기인한다. 세상에 단 한 번도 존재한 적 없었던 새로운 창작물을 고안할 수도 있겠지만, 모든 창작물은 실은 일정 부분 모방과 인류의 문화적 자산에 기인하는 경우가 많다. 그런 경우 그 창작물에 대한 권리를 어디까지 인정할지도 문제가 되겠지만, 더 우선적으로는 세상에 없던 완전히 새로운 창작물에 대한 저작권이 존재하더라도 그러한 창작물을 학문, 보도, 교육 등과 같은 공익적 목적으로 이용하는 경우에는 법정요건을 구비하는 한 애초에 침해를 구성하지 않도록, 이용자의 법익을 고려해야 한다는 것이다. 이는 권리자의 관점에서는 권리 행사의 제한일 수 있겠으나, 모든 권리자는 잠재적 이용자이고 잠재적 이용자 또한 언제든 권리자가 될 수 있다

---

7) 이해완, 「저작권법」 제3판 (박영사, 2015) 4면. 그럼에도 불구하고, 저작자 등의 보호가 저작권법의 1차적인 중요 목적이자 문화창달을 위해 꼭 필요하다고 지적한 점에 비추어, 기본적으로 '자연권론'에 의한다는 것이 저작자 등의 권리에만 치우칠 것을 의미하는 것은 아니다.

는 점에서 저작권법이 달성하고자 하는 문화자산의 증대라는 목표를 위한 효용을 극대화하는 장치인 동시에, 이용자의 학문과 예술의 자유 그리고 언론의 자유를 비롯한 표현의 자유를 보호하는 수단인 것이다.

저작권은 상기의 모든 관점을 조화롭게 고려하여, 궁극적으로는 문화 및 관련 산업의 향상발전에 이바지할 것을 목표로 한다. 이는 배타적 권리가 강화될수록 공공의 이용 영역이 줄어들 수 있고, 반면 이에 대한 보호가 부족할 경우에는 창작적 행위를 할 유인 자체가 줄어 들 것이므로, 저작자와 이용자의 이익을 조화롭게 하여 궁극적으로는 문화적으로 경제적으로 풍부한 환경을 구현할 것을 목표로 하는 것이다.

Ⅲ. 저작권의 내용

1. 저작권의 주체

저작권법은 '저작권'이라는 개념 자체를 정의하지 않고, 저작자가 가지는 저작권법 제11조 내지 제13조의 규정에 따른 권리(이하 "저작인격권"이라 한다)와 제16조 내지 제22조의 규정에 따른 권리(이하 "저작재산권"이라 한다)를 저작권이라고 규정한다(저작권법 제10조 제1항). 여기서 저작권은 저작물을 창작한 때부터 발생하며 어떠한 절차나 형식의 이행을 필요로 하지 아니하므로(저작권법 제10조 제2항), 저작자는 저작물을 창작한 때부터 저작권의 주체가 된다.

저작물은 인간의 사상 또는 감정을 표현한 창작물(저작권법 제2조 제1호)을 의미하는 관계로, 저작권은 창작의 차원에서는 인간에 의하여 창작되는 것을 의미한다. 그러므로 창작한 때부터 발생하는 저작권은 창작행위를 한 인간에게 귀속된다. 다만 사용관계에 있는 업무종사자가 업무상 작성하는 저작물의 경우에는 다른 정함이 없는 때에는 저작자가 그 사용자인 법인이 된다. 주의할 점은 저작권 자체가 발생과 동시에 그 저작자를 법인으로 의제한다는 것이다.

2. 저작권의 종류

가. 저작권

저작권법 제2조는 저작물을 "인간의 사상 또는 감정을 표현한 창작물"이라 정의하고, 저작자는 저작물을 창작한 자를 말한다. 그러나 이는 그 자체로 정의되기는 어려운 개념으로서 많은 학설과 판례가 그 성립요건에 관하여 축적되어 왔다. 이에 관한 가장 일반적 설명에 의하자면, 저작물은 (i) 창작성, (ii) 인간의 사상이나 감정을 표현한 것일 것을 요건으로 한다.[8]

우선 창작성이란 그 저작물이 기존의 다른 저작물을 베끼지 않았다는 것 또는 저작물의 작성이 개인적인 정신활동의 결과라는 것을 의미한다.[9] 이런 창작성은 특허나 실용신안에서의 신규성과는 상이하고, 특허의 진보성과도 다르고, 일반적 의미의 예술성과도 다르다. 비전문가의 수채화는 이 세상에 없던 최초의 것도 아니고, 특별한 기술적 진보를 이룬 것도 아니고, 예술적 가치를 인정받을 성질의 것은 아니지만, 창작성이 인정되는 저작물일 수 있는 것이다.

우리 대법원[10]도 "저작물로서 보호를 받기 위한 창작성이란 완전한 의미의 독창성을 말하는 것은 아니며 단지 어떠한 작품이 남의 것을 단순히 모방한 것이 아니고 작자 자신의 독자적인 사상 또는 감정의 표현을 담고 있음을 의미"한다고 보아 저작권법상 보호받는 저작물의 창작

---

8) 오승종, 앞의 책, 44면.
9) 위의 책, 45면.
10) 대법원 2005. 1. 27. 선고 2002도965 판결.

성은 수준이 낮아도 된다는 점을 확인하였다. 그럼에도 불구하고 최소한
의 창작성을 요구하여 "누가 하더라도 같거나 비슷할 수밖에 없는 표현,
즉 저작물 작성자의 창조적 개성이 드러나지 않는 표현을 담고 있는 것
은 창작성이 있는 저작물이라고 할 수 없다"고 판시하여, 최소한의 창작
성이 가미된 것이어야 보호받을 수 있는 저작물에 해당할 수 있다고 보
았다. 즉, 노동에 대한 보상으로 저작물에 대한 권리가 인정된다거나 인
격의 발현이기 때문에 인정되는 것이 아니라, 적어도 그 창작의 대가로
일응의 경제적 지위를 누리려면 최소한의 창작성은 있어야 한다는 취지
로 유인이론에 가깝게 저작물에서의 창작성을 설명한 바 있다. 저작권법
의 목적이 분명 문화와 산업의 향상발전을 지향하고 있고, 저작물에 해
당하는 순간 권한 없이 이를 이용한 자에 대하여 형사처벌까지 가능한
점을 고려하면 최소한의 창작성을 요구하는 것은 타당하다고 생각한다.

한편, 사상 또는 감정의 표현이라 함은 철학이나 심리학적인 개념이
아니라 단순한 생각이나 기분 정도까지 포함하는 넓은 의미로 새긴다.[11]
여기서 객관적 사실 그 자체, 저작권법 제7조에 따라 보호받지 못하는
저작물인 법률, 판결, 결정, 국가가 작성한 편집물 등은 제외된다.

구체적인 저작물의 유형으로, 저작권법 제4조는 그 예시로 소설·시·
논문·강연·연설·각본 그 밖의 어문저작물, 음악저작물, 연극 및 무용·무
언극 그 밖의 연극저작물, 회화·서예·조각·판화·공예·응용미술저작물
그 밖의 미술저작물, 건축물·건축을 위한 모형 및 설계도서 그 밖의 건
축저작물, 사진저작물(이와 유사한 방법으로 제작된 것을 포함한다), 영
상저작물, 지도·도표·설계도·약도·모형 그 밖의 도형저작물, 컴퓨터프로
그램저작물을 제시한다. 그 중 컴퓨터프로그램저작물은 별개 법률로 '컴
퓨터프로그램보호법'의 규율을 받았으나 2009. 4. 22. 저작권법 일부개정
으로 모두 저작권법에 포섭되게 되었다.[12] 위와 같은 예시규정은 저작물

---

11) 오승종, 앞의 책, 68면.
12) 이런 지적재산권의 영역 확장 추세는 상표법의 경우도 마찬가지다.

을 그 표현수단에 따라서 분류한 것이고, 이러한 분류는 서로 배타적인 것이 아니므로, 어느 저작물이 서로 다른 분류의 저작물에 중첩적으로 해당될 수도 있다.[13]

한편, 저작권법의 규율을 받는 이질적 객체로서는 데이터베이스가 있다. 데이터베이스는 편집저작물에 대한 보호필요성으로 법적 보호를 받게 되었지만, 창작성을 요하지 않는 것을 가장 큰 특징으로 한다. 창작적 소산을 보호하는 저작권법에 있는 것에 대한 학계의 의문이 제기되고 있는 분야이고, 이에 대해서는 후술한다.

나. 저작인접권

저작권법은 저작자만이 아니라 저작물을 전달하는 주체들에게 저작권과 유사한 권리의 다발인 저작인접권을 부여하고 있다(저작권법 제3장의 제64조 내지 제90조). 여기서 저작인접권(Neighboring rights; verwandte Schutzrechte; droit voisins)이란 실연자, 음반제작자 및 방송사업자에게 부여되는 저작권에 인접한 권리를 말한다. 이들은 엄밀한 의미의 저작자는 아니지만 저작물의 해석자 내지 전달자로서 창작에 준하는 활동을 통해 저작자와 일반 공중 사이를 매개하여 저작물을 전달, 유통시키는 역할을 하므로 저작권법이 저작권에 인정하는 권리로서 보호하고 있는데 그것

상표라 함은 자기의 상품(지리적 표시가 사용되는 상품의 경우를 제외하고는 서비스 또는 서비스의 제공에 관련된 물건을 포함한다. 이하 같다)과 타인의 상품을 식별하기 위하여 사용하는 표장(標章)(상표법 제2조 제1항 제1호)을 말한다. 상표법 제2호가 규정하는 "표장"이란 기호, 문자, 도형, 소리, 냄새, 입체적 형상, 홀로그램·동작 또는 색채 등으로서 그 구성이나 표현방식에 상관없이 상품의 출처(出處)를 나타내기 위하여 사용하는 모든 표시를 말한다. 입법 연혁적으로 상표법 상 상표는 문자와 도형으로 열거적으로 한정되었으나, 2007년 개정 및 2011년 개정을 거치며 상표의 표시 유형은 확대되어 왔고 현재 예시적 방식을 취하고 있다.
13) 오승종, 앞의 책, 103면.

이 바로 저작인접권이다.[14]

실연자는 연기, 무용, 연주, 가창, 구연, 낭독 등을 하는 자로서 고도의 예술적 기술과 창의성을 발휘하는 자들이고 그러한 실연의 생산물은 저작물에 준하여 보호하는 것이 마땅하다는 인식이 높아졌다.[15] 또 가수나 연주자와 같은 실연자가 타인의 노래를 부르거나 연주할 때 새로운 저작물을 창작하는 것은 아니어서 저작권법의 보호를 받지는 못하지만, 대중에게 이를 전달하면서 문화창달과 산업발전에 이바지한다는 점에서 보호받는 측면도 있다.

음반제작자와 방송사업자 역시 마찬가지로 기술의 발전으로 그 컨텐츠 제작 및 전달의 중요한 역할을 하게 되었다. 이에 따라 1961년 로마협약이 체결되어 저작인접권의 개념이 확립되고 국제적 보호를 받게 되었다. 로마협약과 별개로 1994년 WTO/TRIPs 협정과 2002년 체결된 WIPO 실연, 음반조약(WPPT)이 뒤이어 성립하면서 저작인접권은 광범위하게 받아들여지게 되었다. 우리나라는 1995. 1. 1. WTO/TRIPs에, 2008. 12. 18. 로마협약과 WPPT에 가입하였다.

저작권법 제65조는 "이 장 각 조의 규정은 저작권에 영향을 미치는 것으로 해석되어서는 아니 된다"고 규정하여, 저작인접권자가 있다고 해서 저작물의 이용에 대한 저작재산권자의 허락이 필요하다는 점이 달라지지는 않는다고 규정하여 이용자 입장에서는 저작인접권자와 저작재산권자의 동의를 모두 받아야 하는 결과가 된다.

다. 데이터베이스

데이터베이스는 소재를 체계적으로 배열 또는 구성한 편집물로서 개별적으로 그 소재에 접근하거나 그 소재를 검색할 수 있도록 한 것을 말

---

14) 이해완, 앞의 책, 833면.
15) 위의 책.

한다(저작권법 제2조 제19호). 여기서 편집물은 저작물이나 부호·문자·
음·영상 그 밖의 형태의 자료(이하 "소재"라 한다)의 집합물을 말하며,
데이터베이스를 포함한다(저작권법 제2조 제17호). 기존에는 편집저작물
로서 창작성 요건을 갖춘 데이터베이스만 저작권법의 보호를 받을 수
있었다. 그러나 이러한 보호에는 첫째 창작성을 결한 경우에는 아무리
많은 투자를 한 경우에도 전혀 보호를 받지 못한다는 문제가 있었고, 둘
째 소재의 선택, 배열, 구성 등의 편집행위에 있어서의 창작성이 보호의
근거이므로 그러한 창작성이 있는 편집 부분을 이용한 경우만 침해가
되고 그 구성부분으로서의 개별 소재는 아무리 많이 이용해도 편집저작
권의 침해에 해당하지 않는다는 문제가 있었다.[16] 그리하여 유럽연합 국
가들을 비롯한 세계 40여 개 국가에서 이를 입법화하여 시행하였고, 이
에 영향을 받아 우리나라 2003년 저작권법도 데이터베이스를 '저작인접
권에 유사한 권리'로서 보호하게 되었다.[17]

3. 저작재산권의 내용

저작권법상 저작재산권은 복제권, 공연권, 공중송신권, 전시권, 배포
권, 대여권, 2차적저작물작성권을 지칭한다(저작권법 제16 내지 22조).
저작인격권과 대별되는 저작재산권은, 저작권법에서 금지하거나 제한하
지 않는 한, 저작권법에서 열거하는 행위태양으로 구체화되는 일련의 지
위를 독점적으로 보유, 행사하는 경제적 가치 있는 권리의 다발을 지칭

---

16) 이해완, 앞의 책, 894면.
17) 박성호, 「저작권법」, 398면. 이러한 창작성 없는 데이터베이스 보호 입법에 관
　　한 비판적 의견으로 같은 면 각주 79에서 정상조, "우리나라의 데이터베이스
　　보호," 세계의 언론법제 제19호 (한국언론재단, 2006) 24면; 한지영, "데이터베이
　　스의 법적 보호에 관한 연구," 법학박사 학위논문 (서울대학교 대학원, 2005);
　　박성호, "지적재산권에 관한 헌법 제22조 제2항의 의미와 내용" 112면을 제시하
　　였다.

한다.

7가지 저작재산권에 관한 내용은 앞서 제2장 제1절 1. 에서 살펴본 바와 같다. 그러한 저작재산권은 저작자 등의 권리로 선험적으로 존재하는 것이 아니라, 저작권, 저작인접권, 데이터베이스 등 그 저작권의 종류에 따라 인정범위를 달리할 뿐만 아니라, 그 기술의 발달과 권리의 외연과 내용에 따라 구체적 권리가 그 권리의 다발 안에 포함될 수도 있고 오히려 배제될 수도 있다. 그런 의미에서 저작권법상 저작재산권의 목록은 가변적이다.

IV. 저작권 침해 시 법률효과

타인의 저작권을 침해한 경우 이는 민형사상 조치에 처해질 수 있다. 권리의 밀도나 강도를 판단하는 데 있어서는, 그 권리자에게 인정되는 구제수단을 살펴보는 것이 의미 있는 바 그 법률효과를 검토한다. 실무상 저작권법과 관련하여 문제가 되는 것은 결국 침해사건이고, 민사법적으로 저작권의 가장 실효적 구제수단은 금지청구일 것이다. 실무상 저작권법의 의미는 저작권법이 없었더라면 법적 구제를 포기했을 만한 경우라도 저작권법에 기한 금지청구에 의한 구제를 모색할 만한 사건성을 준다는 데 있을 것이다. 이는 반대로 말하면, 저작권법상 구제수단으로서 금지청구는 강력한 구제수단으로써 일반적으로는 물권에 인정될 만한 구제수단이라는 점에서 남용의 위험이 있다는 점을 방증한다.

금지를 구하는 저작권 침해 사건에 있어 여러 쟁점이 다투어질 수 있겠으나, 결국 핵심은 원고의 저작물이 과연 저작권법상 저작물에 해당하느냐는 문제(저작권성)와 피고의 저작물이 원고의 저작물의 권리범위에 속하여(소위 실질적 유사성) 이를 침해했냐는 두 가지이다. 그리하여 궁극적으로 저작권 침해의 요건은 (i) 저작권성, (ii) 의거성, (iii) 실질적 유

사성 정도로 나눌 수 있다.[18]

저작권법상 저작권은 복제권, 공연권, 공중송신권, 전시권, 배포권, 대여권, 2차적저작물작성권(이하 저작재산권), 공표권, 성명표시권, 동일성유지권(이하 저작인격권)으로 구성되고, 침해는 이들 중 하나 또는 다수를 침해했다는 사실을 원고가 주장, 증명해야 성립한다.[19] 침해에 관한 법리와 판례는 상당히 많이 축적되어 있으나, 이 책에서는 저작권법상 침해의 구제수단으로 권리자가 주장할 수 있는 것 그리고 관점을 달리하면, 이용자 입장에서 법적 책임을 지게 되는 것에 대해서 검토한다.

1. 민사상 구제수단

가. 침해에 대한 금지청구

저작권법 상 보호되는 권리를 침해한 경우, 권리자는 침해자에 대해서 침해의 정지를 청구할 수 있고, 그 권리를 침해할 우려가 있는 자에 대하여 침해의 예방 또는 손해배상의 담보를 청구할 수 있다(저작권법 제123조). 이런 금지청구권은 소유권 또는 점유권과 같은 물권적 권리에

---

18) 실무상 저작권법의 민사법적 구제수단은 저작권법을 실질적으로 보호하는 유효한 법률적 근거로서 기능한다. 우선 저작권법상 예방적 금지청구가 없는 한, 법원으로서는 예방적 금지청구를 인정하는데 소극적일 수밖에 없을 것이다. 또한 손해배상의 인정에 있어서도 일반 민사 손해배상 수준의 인과관계를 증명할 것을 요구하는 이상, 저작권자는 실질적으로 침해에 대한 구제를 포기하게 될 것이다. 저작자 등의 창작의 소산에 대한 침해에 대한 실효적 구제수단을 제공한다는 면에서라도, 저작권법은 실무상 존재 이유가 충분한 면이 있다.

19) 가령, 패러디는 풍자, 희화, 만평 등과 같이 원작품의 모방을 전제로 풍자, 희화, 만평 등을 통하여 사회적 현상 또는 권력의 부조리 등을 신랄하게 풍자하고 비방하는 기능을 수행해왔다. 그러나 패러디는 원작의 변형을 필수적 요소로 하기 때문에 바로 저작권법상 2차적 저작물 작성권 침해의 문제 등이 대두될 수 있다(함석천, 앞의 논문. 참조).

인정되는 구제수단으로서, 방해배제청구권 및 방해예방청구권과 같이 권리의 실현에 방해를 받고 있거나 방해 받을 염려가 있을 경우 인정되는 침해정지청구권 및 예방청구권이다.

한편, 침해정지청구권에서 보상금청구권에 관한 부분은 제외되어야 하는데, 이는 물권적 성질이기 보다는 특정인에게 금전을 청구할 수 있는 권리로서 채권적 성질을 가진다(저작권법 제25, 31, 76, 76조의2, 83조의2).

나. 손해배상청구

저작권자는 권리 자체의 교환가치 하락이나 저작물 판매량의 감소, 저작물 가격의 저하, 신용훼손 등으로 재산적 정신적 손해를 입게 되고, 저작인격권의 침해에 의해 정신적 손해를 입는다.[20] 이에 따라 손해배상청구권이 인정되는데, 이는 일반 민사적 손해배상청구의 특칙으로 인정되는 저작권법에 의한 손해배상청구권이다. 그러나 현실적으로 손해액 산정에 있어서 무체재산권의 그 침해시점과 침해태양을 쉽게 인지하기 어렵고, 저작권 침해와 인과관계 있는 손해액의 범위를 특정하기가 어렵다는 문제가 있다.

이에 대하여 저작권법은 특칙을 두어 손해액의 증명을 용이하게 하는 장치를 두고 있다. 구체적으로 저작권법 제125조 제1항에 따르면 침해자의 이익액, 제2항은 통상적으로 받을 수 있는 사용료, 제126조의 변론취지 및 증거조사의 결과에 의한 손해배상액의 인정을 명문화하여 일반 민사사건에 보다 용이하게 손해배상을 꾀할 수 있는 수단을 두고 있다. 그러나 현실적으로 제1항과 제2항에 기한 증명 또한 쉽지 않은 것으로 보이는 바, 여전히 권리자와 침해자 둘 다 승복할 만한 손해액 산정의 명확한 기준의 제시는 어려운 것으로 보인다.[21]

---

20) 오승종, 앞의 책, 1568면.
21) 이러한 경향은 특허권 및 상표권 침해소송에서도 마찬가지인 것으로 보인다.

그럼에도 불구하고, 저작권법은 고의 또는 과실로 권리를 침해한 자에 대하여 사실심의 변론이 종결되기 전에는 실제 손해액이나 제125조 또는 제126조에 따라 정하여지는 손해액을 갈음하여 침해된 각 저작물 등마다 1천만원(영리를 목적으로 고의로 침해한 경우에는 5천만원) 이하의 범위에서 상당한 금액의 배상을 청구할 수 있다(저작권법 제126조의2 제1항)고 정하여 '법정손해배상'을 인정하고 있다. 다만 법정손해배상을 청구하기 위해서는 무방식주의인 우리 저작권법제에도 불구하고 등록을 요건으로 한다(동조 제3항).

다. 부당이득반환청구

그 외에도 저작자 등 권리자는 일반 민법상 부당이득반환청구권을 행사할 수 있다. 구 저작권법(1957년 저작권법) 제63조에서는 부당이득 반환청구권에 관한 규정을 두고 있었으나 현행 저작권법에서는 이는 삭제되고 없다. 그러나 지적재산권 침해의 경우 과실에 대한 일반적인 추정규정이 없고, 그 손해배상청구권이 시효에 걸리기 쉽다는 점을 고려하면 손해배상청구권과는 별도로 부당이득반환청구권을 인정할 실익은 분명히 있다[22]고 보는 것이 일반적 견해인 것으로 보인다.

이 경우 민법 제741조 이하의 일반적 부당이득반환청구권의 법리에 따라, 법률상 원인 없이 타인의 재산 또는 노무로 인하여 이익을 얻고, 이로 인하여 타인에게 손해를 가한 자는 그 이익을 반환하여야 한다.

특히 무형적 손해에 관한 손해배상은 실질적으로 미비하다는 것이 권리자들의 공통적인 태도인 것으로 보인다.
22) 오승종, 앞의 책, 1611면; 이해완, 앞의 책, 1141면.

라. 소송법적 수단

저작권법은 저작권, 그 밖에 저작권법에 따라 보호되는 권리의 침해에 관한 소송에서 법원이 당사자의 신청에 따라 증거를 수집하기 위하여 필요하다고 인정되는 경우에는 다른 당사자가 보유하고 있는 정보의 제공을 명할 수 있도록 규정하고 있다(제129조의2 제1항). 이는 미국 민사절차 규칙 제26조의 증거개시(discovery) 관련 규정을 참고한 규정으로서, 우리 민사소송법상의 문서제출명령제도에 대한 관계에서는 저작권 분야의 특칙으로서 성격을 가지고 있다고 볼 수 있다.[23]

그 외에도 법원은 저작권, 그 밖에 저작권법에 따라 보호되는 권리의 침해에 관한 소송에서 소송 당사자가 준비서면 등에 영업비밀이 포함되어 있음을 소명한 경우 결정으로 당사자, 소송대리인, 그 밖에 소송으로 인하여 영업비밀을 알게 된 자에게 소송의 계속적인 수행 외의 목적으로 사용을 금지하는 명령을 할 수 있다(제129조의3 제1항). 예를 들어 컴퓨터프로그램저작물에 관한 침해소송이 제기되었을 경우, 소송 계속 중 그 프로그램의 원시코드 등을 비롯한 영업비밀이 법원을 통해 다른 당사자에게 제공될 가능성이 있는데,[24] 변론 및 증명을 위하여 제공된 영업비밀이 그 목적 범위를 벗어나 사용될 경우 단순 저작권 침해보다 더 큰 손해를 야기할 가능성이 있으므로 '비밀유지명령'을 통하여 이를 보호하고자 하는 것이다.

2. 형사처벌

저작권법 위반에 대한 형사처벌은 크게 세 가지 종류, 저작권의 침해(저작권법 제136조 제1, 2항), 부정발행의 죄(저작권법 제137조), 출처명

---

23) 이해완, 앞의 책, 1144면.
24) 위의 책, 1146면.

시위반죄(저작권법 제138조)가 있다. 여기서 저작권의 침해는 다시 저작
재산권의 침해(저작권법 제136조 제1항), 저작인격권의 침해(저작권법
제136조 제2항)로 나뉜다.

가. 저작권 침해의 죄

저작재산권의 침해의 경우는 5년 이하의 징역 또는 5천만 원 이하의
벌금, 저작인격권의 침해는 3년 이하의 징역 또는 3천만 원 이하의 벌금
에 처한다.

저작재산권 그 밖의 이 법에 의하여 보호되는 재산권 권리를 복제·공
연·공중·송신·전시·배포·대여·2차적저작물 작성의 방법으로 침해한 자
는 5년 이하의 징역 또는 5천만 원 이하의 벌금에 처하거나 이를 병과할
수 있다(저작권법 제136조 제1항). 이 때 권리의 침해 요건은 앞에서 살
펴본 바와 같으나, 이 때는 권리침해의 고의가 요구된다.

저작인격권의 침해는 저작권법 제136조 제2항의 각 호, 즉 저작인격
권 또는 실연자의 인격권을 침해하여 저작자 또는 실연자의 명예를 훼
손한 자, 제53조 및 제54조의 등록을 거짓으로 한 자, 제93조에 의해 보
호되는 데이터베이스제작자의 권리를 무단으로 침해한 자, 복제·전송자
에 관한 정보제공명령 위반자, 업으로 또는 영리를 목적으로 제104조의3
제1항을 위반한 자, 제124조 제1항의 규정에 따른 침해행위로 보는 행위
를 한 자를 지칭하는 것으로, 이들은 3년 이하의 징역 또는 3천만 원 이
하의 벌금에 처하거나 이를 병과할 수 있다.

참고로, 1957년 저작권법은 저작재산권의 침해에 대해서는 징역형이
나 벌금형이 없이, 저작인격권의 침해에 대해서만 징역 6월 또는 10만
원 이하의 벌금에 처하는 것으로 규정하고 있었다. 이는 현행 저작권법
이 저작재산권 침해의 죄를 가장 높은 법정형으로 의율하고 있는 것과
는 상반된 규정으로서, 저작권 보호에 대한 인식이 높아지고, 물가가 상

승하며, 조직적 저작권 침해의 범죄가 실시간으로 대규모로 이루어지는 경우 이를 의율하기 위한 개정으로 보인다.

한편, 저작권법 위반의 죄는 기본적으로는 친고죄이다. 따라서 저작권자 등의 고소가 없이는 공소제기가 불가하고, 고소는 형사소송법 제236조에 따라 범인을 알게 된 날로부터 6개월 이내에 해야 한다. 그러나 한미 FTA 협정은 저작권침해를 이유로 한 형사 처벌과 관련하여 고의에 의한 상업적 규모의 저작재산권침해죄에 대하여는, 당사국은 권리자 기타 관계자의 고소 또는 고발 없이도 직권으로 형사절차를 개시하여야 한다고 규정하고 있다.[25] 이에 따라, 저작권법 위반의 죄 중 (1) 영리를 목적으로 또는 상습적으로 제136조 제1항 제1호, 제136조 제2항 제3호 및 제4호; (2) 제136조 제2항 제2호 및 제3호의2부터 7까지, 제137조 제1항 제1호부터 제4호까지, 제6호 및 제7호와 제138조 제5호의 경우는 비친고죄가 되었다.

나. 부정발행 등의 죄

저작권법 제137조의 각호, 즉 저작자 아닌 자를 저작자로 하여 실명·이명을 표시하여 저작물을 공표한 자, 실연자 아닌 자를 실연자로 하여 실명·이명을 표시하여 실연을 공연 또는 공중·송신하거나 복제물을 배포한 자 등 9개 호에 해당하는 자는 1년 이하의 징역 또는 1천만 원 이하의 벌금에 처한다.

다. 출처명시 위반의 죄

저작권법 제138조는 저작권법 제35조 제4항의 규정에 위반한 자, 저

---

25) 오승종, 앞의 책, 1648면.

작권법 제37조의 규정에 위반하여 출처를 명시하지 아니한 자, 제58조
제3항의 규정에 위반하여 복제권자의 표지를 하지 아니한 자, 제58조의2
제2항의 규정에 위반한 자, 제105조 제1항 단서의 규정에 의한 신고를
하지 아니하고 저작권대리중개업을 하거나　제109조 제2항의 규정에 의
한 영업의 폐쇄명령을 받고 계속 영업을 한 자는 500만 원 이하의 벌금
에 처한다.

3. 행정적 구제수단

　행정적 구제수단으로는 불법 복제물의 수거·폐기 및 삭제(저작권법
제133조), 정보통신망을 통한 불법복제물등의 삭제명령 등(저작권법 제
133조의2), 시정권고(저작권법 제133조의3)가 있다.

　그 중 특기할 만한 것은, 온라인상 불법복제물의 효과적 근절을 위하
여 문화체육관광부장관이 온라인서비스제공자에게 '불법복제물 전송자
의 계정 정지' 및 '불법복제물 유통 게시판에 대한 서비스 정지' 명령을
할 수 있도록 규정할 것이다. 이는 단계적 대응으로 이루어진다.

　우선, 문화체육부장관은 저작권이나 그 밖에 이 법에 따라 보호되는
권리를 침해하는 복제물 또는 정보, 기술적 보호조치를 무력하게 하는
프로그램 또는 정보(이하 '불법복제물')가 전송되는 경우에 심의위원회
의 심의를 거쳐 대통령령으로 정하는 바에 따라 온라인 서비스제공자에
게 경고 내지 삭제 또는 전송중단을 명할 수 있다(저작권법 제133조의2
제1항).

　반복적으로 불법복제물에 의한 침해가 있는 경우, 문화체육관광부장
관은 계정의 정지를 명할 수 있다. 제1항의 경고를 3회 이상 받은 자가
불법복제물을 전송한 경우 심의위원회의 심의를 거쳐 대통령령으로 정
하는 바에 따라 온라인서비스제공자에게 6개월의 기간을 정하여 해당
복제·전송자의 계정을 정지할 것을 명할 수 있다(동조 제2항).

이러한 조치는 게시판에 대해서도 취하여 질 수 있는데, 상업적 이익이나 이용편의를 제공하는 게시판이 불법복제물을 반복적으로 게시할 경우 문화체육관광부 장관은 한국저작권위원회의 심의를 거쳐 불법복제물의 삭제 또는 전송중단 명령이 3회 이상 내려진 게시판으로서, 저작권 등의 이용질서를 심각하게 훼손한다고 판단하는 경우, 문화체육관광부 장관은 온라인서비스제공자에게 6개월 이내의 기간을 정하여 해당 게시판의 전부 또는 일부의 서비스 정지를 명할 수 있다(동조 제4항).

V. 평가: 헌법상 창설된 권리의 구체화

저작권법의 제정과 그 연혁, 보호목적을 토대로 저작재산권은 "저작자 등의 권리 보호"라는 사익과 그러한 유인을 통한 문화·산업을 발전을 공익으로 삼는 동시에, "저작물의 공정한 이용을 도모함으로써 문화 및 관련 산업의 향상발전에 이바지함을 목적"으로 하는 공익을 동시에 달성해야 하는 권리로 이해할 수 있다.

그러한 저작자 등의 경제적 권리를 보호하기 위하여 저작권법은 저작권을 크게 저작권, 저작인접권, 데이터베이스로 나누어 보호하고 저작재산권 7가지를 규정하여 이를 객체가 되는 권리의 성격에 따라 달리 부여하고 있다. 현행 저작권법은 반드시 창작성 있는 저작물만을 대상으로 삼지 않는다는 점에서 그 권리의 외연은 다소 확장되어 있다. 한편, 그러한 권리를 침해한 경우 민사상 소유권방해배제청구권에 상응하는 강한 구제수단이 인정되고 있고 일반 민사상 손해배상과 유사하나, 그 손해의 증명이 어려운 관계로 손해액에 관하여 쉽게 인정할 수 있는 근거를 두고 있다. 동시에 침해행위에 대하여 형사처벌도 가능한 관계로, 단순 소유권 침해 시 인정되는 것보다 강한 법률효과를 인정하여 저작재산권을 강하게 보호하고 있음을 알 수 있다.

제4절 이 장의 결론

저작재산권은 사상적으로 자연권론과 유인이론의 상호작용으로 발전하여, 현대에 이르러 양 이론이 같은 바를 지향하였듯 사익과 공익의 최적화지점을 사회적 효용으로 정당화하는 현대적 의미의 유인이론을 그 토대로 한다. 그러한 권리는 역사적으로 근대에 이르러 검열로부터의 자유를 경제적 권리를 통하여 실질적으로 보호하려고 하였던 취지를 반영하여 실정권으로 자리잡았다. 헌법 제22조 제2항도 그러한 취지로 학문·예술의 자유를 실질적으로 보호하기 위한 저작자 등의 권리를 보호한다는 문구로 규정되었다. 그 성격에 관해서는 많은 논의가 있으나 그 사상적, 역사적 배경을 토대로 보건대, 헌법 제22조 제2항 '저작자 등의 권리'를 근거로 하는 저작재산권은 헌법상 창설된 재산권의 일종이고 제23조와 중첩적으로 보호하되 그 특수성을 사회적 구속성으로 내재화해야 할 권리로 이해할 수 있다. 그러한 헌법상 기본권 형성적 법률유보에 의해 구체화된 저작자 등의 권리는 저작권법에서 7가지 저작재산권으로 법제화되어 있고, 이들은 저작권, 저작인접권, 데이터베이스 등 개별 저작물에 대한 권리에 따라 그 다발이 탄력적으로 변동된다. 저작권 침해에 대한 법률효과는 소유권 방해배제와 유사하게 상당히 강한 편인데, 이는 재산권적 성격에 기인한 것인 동시에 실효적 권리구제 수단인 '금지'의 필요성을 반영한 것이기도 하다.

제3장 저작재산권 입법의 지도원리와 고려요소

제1절 저작재산권 입법의 제원리(諸原理)

Ⅰ. 저작재산권 입법의 합헌성 요청

1. 일반론

국회는 국민의 권리, 의무에 관한 사항인 법률 제·개정권을 가지고 (헌법 제40조), 구체적으로 입법 여부, 입법 시기, 입법 내용 등에 관한 판단권 및 형성의 자유를 지니고 있다. 이와 같은 입법자의 입법에 관한 재량권[1]을 헌법상 '입법형성의 자유' 내지 '입법재량'이라 부른다.[2] 이러한 국회의 입법은 헌법상 추상적 단계에 머무르는 기본권을 구체적으로 실현하고 구제받을 수 있는 내용과 절차를 마련하고, 그 기본권의 형성을 법률로 정할 것을 헌법이 명시한 재산권, 사회권, 참정권과 같은 기본권의 내용과 한계를 정한다.

우리 헌법재판소도 국회의 입법형성의 자유[3]를 광범위하게 인정하여

---

1) 여기서의 '재량'이라는 용어는 행정의 특유한 개념으로서 재량과는 구별되는 입법재량으로 이해되어야 할 것이다. 입법재량은 국회 고유의 입법권에서 기인하여 헌법에 의해 직접적으로 기속되고 발생하는 권한인 반면, 행정재량은 헌법 제66조의 대통령의 행정권을 헌법적 근거로 하여 헌법 하위의 법률에 의하여 위임되어 발생하는 성질의 것이므로 입법재량과 행정재량은 본질적으로 성격을 달리한다. 이에 대한 구체적 검토는 이부하, "입법자의 입법형성권의 내용과 한계," 법과 정책연구, 제13권 제1호(한국법정책학회, 2013) 5면.
2) 권형준, "입법재량론에 관한 연구," 헌법학 연구, 제12권 제3호(한국헌법학회,2006) 495면.
3) 헌법재판소는 이러한 입법자가 어떤 사항을 법률로 규율하려고 할 때 특정 입법방법 또는 내용을 선택할 수 있는 자유를 '입법형성권'(헌재 2005. 7. 21. 2004헌바57), '입법형성적 재량'(헌재 2009. 2. 26. 2007헌바82), '입법재량'(헌재 2009.

입법목적을 달성하기 위하여 가능한 여러 수단 가운데 어느 것을 선택할 것인가의 문제는 그 결정이 현저하게 불합리하고 불공정한 것이 아닌 한 입법재량에 속하는 것[4]이라고 판단하여, 그 입법의 결과가 입법재량의 한계를 현저하게 벗어나지 않는 한 헌법위반이 된다고 볼 수 없다[5]고 판단하였다. 특히 헌법재판소는 범죄의 설정과 법정형의 선택[6]과 조세평등주의[7]와 같이 사회·경제적 요소들을 고려하여 탄력적으로 변화할 필요가 있는 분야에 관해서는 입법자의 선택을 폭넓게 인정하고 있다.

    그러나 입법자의 선택은 자의적이어서는 안 된다. 입법자는 어떠한 사안에 대하여 입법을 함에 있어서 항상 입법사항에 관한 자신들의 결정이 국민의 의사를 정확하게 대변한다는 점과 헌법에 위반되지 않아야 한다는 점에 주의하여야 한다.[8] 그리고 어떠한 제도를 구체화하는 데 있어서 입법자에게 주어진 넓은 형성권은 헌법적 원리에 의하여 제한을 받게 되는데 이는 모든 법적인 제도가 준수하여야 할 체계정합성[9] 때문

---

3. 26. 2008헌바105), '입법형성의 자유'(헌재 2009. 9. 24. 2007헌바102)라고 사용한 바 있다. 첨언이지만, 입법형성권의 기준이 고려된 전술한 4개의 결정에서 헌법재판소는 모두 합헌결정을 내린 바 있다.

4) 헌재 1996. 2. 29. 94헌마213, 판례집 8-1, 147 [기각,각하]

5) 헌재 2000. 3. 30. 99헌마594, 공보 제44호, 350 [각하]

6) 범죄의 설정과 법정형의 종류 및 범위의 선택은 행위의 사회적 악성, 범죄의 죄질 및 보호법익에 대한 고려, 우리의 역사와 문화, 입법 당시의 시대적 상황, 국민일반의 가치관과 법감정 그리고 범죄예방을 위한 형사정책적 측면 등 여러 가지 요소를 종합적으로 고려해야 한다고 보았다(헌재 1992. 4. 28. 90헌바24, 판례집 4, 225, 229 ; 헌재 2002. 11. 29. 2001헌가16, 판례집 13-2, 570, 578-579 ; 헌재 2008. 4. 24. 2005헌마373, 판례집 20-1상, 626, 650 등 참조).

7) 조세평등주의는 조세정의의 실현, 징세의 효율성이라는 조세정책적, 기술적 요구를 종합적으로 고려하여 결정될 것이라고 보았다(헌재 2003. 1. 30.2002헌바65, 2007. 1. 17. 2006헌바22, 2008. 12. 26. 2006헌바115 등).

8) 홍완식, 「입법학연구」(피앤씨미디어, 2014) 187면.

9) 여기서는 "체계정당성"이라는 용어를 사용하였으나 본고에서의 용어의 통일성을 위하여 인용 중 "체계정당성" 부분은 체계에서의 정당성과 합치성을 포괄하는 용어인 "체계정합성"으로 대체하였다.

이라고 할 수 있다.[10] "'체계정합성'[11]의 원리라는 것은 동일 규범 내에서 또는 상이한 규범 간에 (수평적 관계이건 수직적 관계이건) 그 규범의 구조나 내용 또는 규범의 근거가 되는 원칙면에서 상호 배치되거나 모순되어서는 안된다는 하나의 헌법적 요청(Verfassungspostulat)"[12]이다. 그러므로 공동체 전체의 법령은 헌법을 정점으로 하여 법령의 규정들이 상호간에 모순되지 않는 체계를 형성하여야 한다.[13]

이런 체계정합성의 요청은 구체적으로 입법기술의 내용적 적용원리로서는 합헌성의 원리로 구체화된다.[14] "국가의 법질서는 헌법을 최고법규로 하여 그 가치질서에 의하여 지배되는 통일체를 형성하는 것이며, 그러한 통일체내에서 상위규범은 하위규범의 효력근거가 되는 동시에 해석근거가 되는 것이므로, 헌법은 법률에 대하여 형식적인 효력의 근거가 될 뿐만 아니라 내용적인 합치를 요구하고 있기 때문이다."[15] 합헌성의 원리와 관련한 주요 검토항목은 여러 가지가 있겠으나, 이들은 대표적으로 어떤 헌법조항으로부터 구체적 입법의도를 위해 국가의 입법권이 발생하는지, 법률에서 위임이 인정된 경우 그 내용, 목적과 범위가 충분히 명확한가, 의도하는 법적 규율이 헌법에 열거된 기본권과 관계되고 있는가, 의도하는 법적 규율이 헌법상 제도보장 또는 제도적 보장과 관계되는가, 평등원칙을 준수하였는가, 헌법의 기본원리(민주주의, 사회국가, 법치국가, 권력분립)와 의도한 법규정이 일치하는가, 신뢰원칙을 고려하였는가 등이 고려된다.[16]

---

10) 허영, 앞의 책, 1012면. 홍완식, 앞의 책, 188면.
11) 전술한 이유와 마찬가지로 "체계정당성"이라는 용어를 "체계정합성"으로 대체하였다.
12) 헌재 2004. 11. 25. 2002헌바66 결정.
13) 홍완식, 앞의 책, 182면.
14) 박영도, 「입법학입문」(한국법제연구원, 2008) 433-434면. 마찬가지로 용어의 통일성을 위하여 인용 중 "체계적합성"을 "체계정합성"으로 대체하였다. 이하 입법기술의 지도원리에 관한 내용은 주로 432면 이하를 참고하였다.
15) 헌재 1989. 7. 21. 89헌마38

2. 제한적 권리 형성의 특수성

입법의 합헌성 요청을 저작재산권 입법에 적용해보면, 저작재산권의 입법은 헌법 제22조 제2항의 규정을 구체화하는 것으로서 제2장에서 살펴본 저작재산권의 성격을 구현하는 것이어야 한다. 저작재산권을 헌법상 창설된 재산권의 일종으로 이해하는 이상, 저작재산권의 입법은 헌법 제22조 제2항 규정을 반영하는 동시에 헌법 제23조의 재산권 규정에 적용되는 사회적 구속성을 구비한 것으로 구체화되어야 하는 것이다. 그리고 구체화 입법은 제22조 제1항의 권리를 실질적으로 보장·보조할 수 있어야 하는 동시에, 저작재산권의 사회적 관련성에 비추어 제22조 제2항의 권리를 제한적으로 설정해야 한다. 저작재산권의 근원적 목적인 자유로운 표현이 가능한 사회를 저해하지 않을 때[17]에 비로소 체계정합성이 있다고 말할 수 있기 때문이다.

헌법 제23조의 재산권은 "재산권의 내용과 한계는 법률로 정한다"고 하여, 재산권은 헌법상 보장되는 기본권이되 그 구체적 내용과 한계를 법률에 유보하는 기본권 형성적 법률유보의 형식을 갖추고 있다. 여기서 헌법이 보장하는 재산권의 내용과 한계를 정하는 법률은 재산권을 '제한'한다는 의미가 아니라 재산권을 '형성'한다는 의미를 갖는 것[18]으로서, 재산권의 제한법률과 구별되는 성질로서 그것의 내용은 기존에 성립된 재산권을 제한할 수도 있고, 기존에 없던 것을 새롭게 형성하는 것일

---

16) 박영도, 앞의 책, 435-437면.

17) 다른 말로 하면, 헌법 제22조 제1항의 학문예술의 자유와 헌법 제21조 표현의 자유에 반하지 않을 때에 저작재산권은 정당화된다는 의미이다. 표현의 자유와 저작권의 충돌 가능성에 관한 논의는 후술하겠으나, 제2장 저작재산권의 역사적 형성 과정을 검토해 본 바에 따르면 저작재산권은 실질적으로 자유로운 표현을 보호하기 위해 등장한 것이고 권력을 비판하는 자에 대한 최소한의 생계를 보장하는 기능을 수행하였다.

18) 헌재 1993. 7. 29. 92헌바20, 판례집 5-2, 36 [합헌]

수도 있다.[19]

그런데 헌법재판소는 그 심사기준에 있어 새로운 장래 재산권의 내용을 형성하는 법률과 기존의 재산권 질서에 대한 제약을 의미하는 제약적 법률을 구별하고 있다.[20] 헌법재판소는 재산권 제한적 법률에 대해서는 "헌법상의 재산권보장의 원칙과 재산권의 제한을 요청하는 공익 등 재산권의 사회적 제약성을 비교형량하여, 양 법익이 조화와 균형을 이루도록 하여야 한다고 하면서, 비례의 원칙에 의하여 판단한다"[21]고 본 반면, 시혜적 법률의 경우에는 그 심사기준을 완화[22]한 바 있었다. 여기서 시혜적 법률이라 함은 국가가 일방적으로 사적유용성 있는 권리를 부여하는 '배상권'과 같은 것인데 반해, 재산권 제한적 법률은 재산권의 행사 등을 제한하는 경우를 의미한다.

그러한 분류에 따르면, 헌법 제22조 제2항을 구체화하는 저작권법은 재산권 제한적 법률에 해당한다. 저작재산권은 문화와 산업 발전이라는 분명한 목표를 위하여 창설된 권리이기 때문에, 저작재산권은 반드시 소멸하고 그 권리 행사에 있어서도 제한을 받는다. 저작재산권은 창작의 유인이라는 기능 외에도 학문·예술의 자유 내지 표현의 자유를 보장하기 위해 일반 국민의 자유로운 저작물 이용을 반드시 제한하므로 사회적 관련성이 큰 권리에 해당하는 것이다.[23] 그리하여 저작재산권 또한

---

19) 헌재 2005. 7. 21. 2004헌바57, 판례집 17-2, 58 [합헌]
20) 표명환, "헌법상 재산권의 내용규정과 헌법재판소의 보장 법리에 관한 고찰," 법학연구, 제46권 (한국법학회, 2012) 37면.
21) 헌재 1999. 4. 29. 94헌바37 등, 판례집 11-1, 289 [위헌]
22) 헌재 1993. 12. 23. 89헌마189, 판례집 5-2, 622[기각]
23) 참고로 재산권을 자연권으로 보는 프랑스는 재산권 제한과 관련한 통제는 해당 법률규정의 내용이 입법자가 추구하는 공익에 적합한지를 살펴본 것이 아니라, 공익의 존재 자체만 확인한 것으로 판단되며, 그 결과 입법자는 재산권 제한에 있어서 상당한 재량을 가졌던 것으로 여겨진다. 그렇지만 사후적 위헌법률심사제도(Question prioritaire de constitutionnalité)가 도입되면서 "입법자는 이 사건에서 재산권과 1789년 인권선언 제4조에서 도출되는 기업의 자유에 대

입법형성권[24]이 인정되어 기본권형성적 법률유보로 그 권리의 형태가 구체화되는 동시에, 재산권의 사회적 제약 내지 구속성 또한 그 내재적 한계이자 권리의 한계의 지도 원리로 반드시 고려되어야 하는 것이다. 그리하여, 저작재산권은 저작재산권보장의 원칙과 저작재산권의 제한을 요청하는 이용자의 공익 등을 이익형량하여, 양 법익이 조화와 균형을 이루도록 하여야 한다.

3. 사회적 구속성과 그 정도

재산권의 사회적 구속성을 강조하는 것은 사유재산제도의 유지, 존속을 위한 사유재산제도의 최소한의 자기희생 내지 양보[25]이기 때문이다. 그리고 그 사회적 구속성은 "기본권 주체의 인격발현에 대하여 가지는 의미 및 사회적 기능", "재산권의 행사가 타인과 사회전반에 대하여 가지는 의미에 따라 그 정도가 다르다."[26]

한 추구하는 목적에 비해 과도한 침해를 가하였다(판시이유 22)"라고 판시하여 공익의 존재 자체만 확인하기 보다는 그 비례성까지 심사한 입장으로 바뀐 것으로 보인다. 여기서 공익이라 함은 18세기 공공선(bien commun)의 개념을 대체하면서 도입되어, 재산권에 대한 제한을 정당화하는 공익으로서 '언론의 다원성 보존, 공중위생의 보호, 품위 있는 주거를 향유할 수 있는 가능성을 모든 인간에게 부여하는 목적'과 같은 공익을 인정한 바 있다(한동훈, 앞의 책, 61면)

24) 입법자는 재산권의 내용을 구체적으로 형성함에 있어서 헌법상의 재산권보장과 재산권의 제한을 요청하는 공익 등 재산권의 사회적 구속성을 함께 고려하여 조정하여 양 법익이 조화와 균형을 이루도록 해야 한다(헌재 1998. 12. 24. 89헌마214 등, 판례집 10-2, 927. 944 참조).

25) 헌재 1989. 12. 22. 88헌가13, 판례집 1, 357 [합헌] 원문에서는 "사회적 제약 내지 사회 기속성"이라는 표현을 썼으나 본고에서의 편의를 위하여 실질적 의미가 동일한 "사회적 구속성"으로 통일한다.

26) 사회적 구속성의 정도와 차등화에 대해서는, 한수웅, 앞의 책, 856면 참조. 즉, 기본권 주체의 인격발현에 대하여 가지는 의미 및 사회적 기능, 재산권의 행사가 타인과 사회전반에 대하여 가지는 의미가 높을수록, 재산권의 사회적 구속성의 정도는 강해진다.

저작재산권도 재산권의 일종인 이상 제23조 제2항의 사회적 구속성을 내재화하고 있어야 한다. 저작재산권은 역사적으로 자유로운 이용을 저해하지 않는 선에서 창작을 유도하기 위해 창설된 권리이기 때문에, '일반 국민의 자유로운 이용을 저해하지 않는 선'에서 저작자 등의 권리를 보호해야 한다. 이는 저작재산권이 재산권의 일종이기 때문에 형성 단계부터 내재화되어야 하는 사회적 구속성의 발현이자, 관념적 '이용' 내지 '사용'을 핵심으로 하는 저작재산권 특수성의 반영이다. 특히 저작재산권은 아이디어를 담은 표현을 매개로 권리가 발생, 이전, 사용되기 때문에, 일반 국민의 자유로운 이용에 관한 법익의 보호가 핵심적이고, 그 사회적 구속성의 요구 정도는 결코 낮지 않다. 그러한 헌법적 요청은 대표적으로 아래와 같이 대별될 수 있다.

첫째, 창작자에게 경제적 보상에 상응하는 권리를 부여한다고 해서 헌법 제22조 제1항과 제21조의 자유를 훼손해서는 안 된다. 제22조 제1항의 학문·예술의 자유는 그 제22조 제2항의 권리의 주체인 창작행위자의 학문·예술의 자유를 실질적으로 보호하기 위한 것임에는 틀림없다. 그러나 제22조 제1항과 제2항의 진정한 조화는 그 제2항의 경제적 권리를 얻는 주체가 제1항의 권리주체와 동일할 때가 아니라, 제2항의 경제적 권리를 얻는 주체가 일반 국민의 제1항의 학문·예술의 자유를 침해해서는 안 된다는 명령을 준수할 때 실현된다. 모든 창작물 내지 저작물은 결국 인류 공동의 문화자산을 기반으로 일응의 창의적 요소를 가미하여 생산해내는 것이고, 일반 국민의 학문·예술의 자유가 보호될 때 비로소 제2항의 보호대상이 될 만한 저작물의 창작도 가능한 것이기 때문이다.

둘째, 제22조 제2항의 저작재산권은 타인의 헌법 제21조 표현의 자유를 침해해서는 안 된다. 민주사회에서 표현의 자유는 모든 표현행위를 수반하는 기본권의 실현을 위한 최소한인 동시에 민주사회가 가능하기 위한 가장 기본적인 기본권이다. 학문·예술의 자유 또한 표현의 자유 보장을 선결조건으로 한다. 순수미술이나 사회적 메시지가 담긴 미술인지 여부를 막론하고 광의의 표현의 자유는 모든 자유권적 권리의 전제이기 때문이다. 그러나 저작재산권에서 표현의 자유가 중시되는 이유는, 저작재산권이라는 배타성 있는 경제적 권리가 부여되는 순간 타인은 그와 실질적으로 유사한 표현을 할 수 없게 되어 이를 이용하는 순간 저작재산권 침해에 따른 민·형사상 책임에 처할 수 있기 때문이다. 이러한 문제에 관해서는 미국에서 많은 논의가 축적되어 있었고, 그 논의를 우리에게 시사점이 있는 범위 안에서 간략히 살핀다. 그리하여 저작재산권의 한계 설정에 있어 사회적 구속성의 일종으로서 표현의 자유와의 조화로운 지점을 모색한다.

Ⅱ. 저작재산권 입법의 지도원리

실정헌법에 충실한 저작재산권에 관한 입법은 일차적으로 제22조 제2항의 "저작자·발명가·과학기술자와 예술가의 권리는 법률로써 보호한다"는 법문에 충실해야 한다. 그러므로 저작재산권의 창작 유도는 '권리를 법률로써 보호'하는 방식으로 이루어져야 한다.[27] 그리하여 저작재산권의 특성을 반영한 입법은 현대적 의미의 유인이론에 따라 '권리부여를 통한 창작에 대한 적절한 보상'이라는 지도원리를 따르는 것이어야 한다. 이 지도원리는 다시 '저작자 등의 권리 보호'와 사회적 구속성에 따른 '적절한 보상'의 한계 설정으로 나눌 수 있다. 헌법에 창작 활동을 장려하기 위한 권리를 창설한 이유는 이를 독려할 실익이 있다고 보았기 때문이다. 그렇기 때문에 일반 재산권과 달리 저작재산권은 창작을 유도할 만한 경제적 '권리'가 부여되어야 하는 동시에, 그 보상은 '보호할 만한 가치가 있는 창작'에게 주어져야 하고 이에 대한 적절한 보상은 '일반

27) 본고에서는 그 내용적인 면에 중점을 두는 관계로 법률유보원칙, 명확성 원칙 등과 같은 일반론에 대해서는 생략한다.

국민의 자유로운 이용을 저해하지 않는 선에서' 이루어져야 한다.

1. 창작자 등의 권리 보호

무형의 실체에 재산권을 설정하여 주는 저작재산권의 특성을 반영한 입법의 지도원리는, 유인이론에 따라 '창작에 대한 적절한 보상'이라는 제원칙을 따르는 것이어야 한다. 앞서 살펴본 바와 같이, 창의적인 창작 활동을 장려하는 것을 헌법에 명시한 이유는 이를 독려할 실익이 있다고 보았기 때문이다. 그렇기 때문에 일반 재산권과 달리 저작재산권에 대해서는 창작을 유인할 만한 경제적 가치 있는 권리가 부여되어야 하고, 그러한 경제적 가치 있는 권리는 학문·예술의 자유를 보호할 정도로 적절한 권리의 조합이어야 한다. 이 때 보상으로써 그 경제적 가치는 '보호할 만한 가치 있는 창작'에게 주어져야 하고, 그러한 보상을 한다고 해서 타인의 자유를 제한하거나 타인의 권리를 과도하게 침해해서는 안된다.

저작재산권이 헌법상 창설된 경제적 권리로서의 핵심은 '보호할 만한 가치 있는 창작'이냐는 문제로 귀결된다. 그리하여 저작재산권 입법 중 창작자 등의 권리 보호에 있어서 '창작성'이 있느냐의 문제로 귀결되고, 창작성이 인정되는 창작물 내지 저작물에 대하여 비로소 유인(誘引)으로서의 권리성을 논할 수 있게 되는 것이다. 이 때의 '창작성'은 그 주체가 창작행위를 한 주체인지, 그 객체가 창작성이 있는 저작물에 해당하는지가 핵심이다. 창작성 있는 저작물로서의 판단 기준으로는 창작적 '표현'에 해당하는지, 그리고 그 수준이 법적 보호를 받을 만한 일응의 수준에 이르렀는지 등이 있을 수 있다. 그리고 그 저작물 보호범위의 한계에 관한 이론적 도구로 '아이디어와 표현의 이분법'이 있는데, 이에 관하여 살펴 창작성 판단 도구로서의 의미와 한계, 시사점을 살핀다. 또한 저작재산권을 헌법상 창설한 이유가 '창작활동을 유도'하기 위함이라는 점에 비추어, 그 권리의 다발이 유인책으로 기능하기 위한 최적의 조합을 위해 탄력적으로 운용될 수 있다는 점을 검토한다.

2. 이용자의 법익 보호

가. 저작재산권의 기능적 한계

제헌헌법에서 보았듯 저작재산권은 문화와 산업 발전이라는 목표를 달성하기 위하여 헌법 단계에서 창설된 권리이다. 더욱이 헌법 제127조 제1항은 국가는 과학기술의 혁신과 정보 및 인력의 개발을 통하여 국민경제의 발전에 노력하여야 한다고 규정한다. 이러한 조항은 특정 산업에 대한 국가의 투자와 지원을 의미하는 것이므로 저작재산권은 국민경제의 발전에 부합하는 선에서 정당화될 수 있다.

저작재산권의 보호 자체에 과다한 고정비용, 거래비용 내지 사회적 비용이 요구되거나, 권리보호로 인한 사회적 폐단이 극심하여 문화발전 내지 국민경제에 이바지 못하는 제도로 전락하는 경우, 저작재산권은 존재 이유를 상실한다고 보는 것이 타당하다.[28] 다만, 창작과 혁신을 중요시하는 현재의 시장경제 및 경제정책의 흐름 상 지적재산 내지 저작권에 대한 보호를 통해 국부를 증대시키려는 정책적 기조는 강해질 것으로 보인다. 그러한 사정은 이미 우리보다 저작재산권의 보호수준이 높은 나라와 무역협정이 타결되었는데 반해 우리보다 저작재산권 보호수준이 약한 나라와

---

28) 비록 저작자 등이 "자기의 작품으로부터 나오는 경제상의 이익을 주장할 수 있을 뿐만 아니라 이를 현실적으로 거두어들일 수 있는 권리를 가지는 것은 당연하다"고 기술하여 노동이론으로 보이는 입장이기는 하나, "재산권의 사회적 기속성 때문에 지식재산권에서 나오는 경제적인 이익을 주장하는 데에도 일정한 한계가 있음을 주의해야 한다"(허영, 「한국헌법론」 524면)는 기술은 지적재산권을 재산권으로 포섭한 이상 당연히 사회적 구속성이 있어야 한다는 취지이다.

무역협정을 체결할 경우, 오히려 우리나라 수준의 저작재산권 보호를 요
구할 통상의 이익이 더 클 현재의 상황을 고려하면 더욱 그러하다.

　사상적, 역사적 전통에 따르더라도, 저작권은 태생부터 "유용한 서적
창작을 장려"하는 "공익"을 위하여 탄생했고, 이 목적에 봉사하기 위한 구
체적 보호의 범위는 언제든 탄력적으로 운용될 수 있는 것이다.[29] 그런 의
미에서 저작권자에 대한 보호는 저작물을 공공의 이용에 제공한 대가로
부여되는 것이고, 저작권의 본질은 어디까지나 "기능적인" 개념이다.[30]

　그러한 사회적 구속성의 구체화로서 기능적 특성은 우리 지적재산법
제 일련의 목적 조항에도 잘 나타나 있다.[31] 지식재산기본법부터, 지적

---

29) "공익(public interest)"은 앤여왕법이 탄생한 영국에서도 역사적으로 다양하게
　　변주되어, "공공(public)"은 영국 국민 또는 영연방의 구성원, 독자 또는 공연자,
　　지식층 또는 대중을 각각 의미하기도 했고, "이익(interest)"은 창작물이 저작물
　　인지, 누가 그 것을 소유할 것인지, 더 값싼 서적을 구입할 수 있는 이해관계,
　　또는 다른 교육적 자료에 대한 접근권 등으로 나타났다. 즉, "공익"이라는 단어
　　는 꾸준히 이용되어 왔으나, 그 실질은 시대와 이해집단에 따라 끊임없이 변화
　　하여 이용되어 왔다. Isabella Alexander, *Copyright Law and the Public Interest In
　　the Nineteenth Century* (Hart Publishing, 2010) p.154.
30) 안경환, "미국헌법과 저작권,"「미국 헌법의 이해」(박영사, 2015) 356-357면.
31) 〈표 1〉 지적재산권 법제의 보호법익 및 목적

	목　적		
지식재산기본법	우리 사회에서 지식재산의 가치가 최대한 발휘될 수 있도록 함으로써 국가의 경제·사회 및 문화 등의 발전과 국민의 삶의 질 향상에 이바지		
	사익	공익	목적
특허법·실용신안법	발명(실용적인 고안)을 보호·장려	그 이용을 도모	기술의 발전을 촉진하여 산업발전에 이바지
저작권법	저작자의 권리와 이에 인접하는 권리를 보호	저작물의 공정한 이용 도모	문화 및 관련 산업의 향상발전에 이바지
디자인보호법	디자인의 보호	이용 도모	디자인의 창작을 장려하여 산업발전에 이바지

재산 관련 개별법은 모두 반드시 목적 조항을 두고 있다. 이들은 모두 공통적으로 사익과 공익의 조화를 통하여 문화 내지 산업발전에 이바지하거나 국민의 삶의 질을 향상시키거나, 건전한 거래 질서 내지 국민경제에 이바지할 것을 목표로 하고 있다. 이는 반대로 말하면, 그 목적을 달성하지 못할 경우에는 그 존재의 의미가 약해진다는 것이다.

그러므로 저작재산권은 그 자체로 권리의 성격이 두드러지는 동시에, 헌법상 특정 목적에 봉사하기 위하여 보호되는 권리이고 그 목적에 따라 사회적 구속성이 정해진다고 이해하는 것이 타당할 것이다.

나. 이용자의 권리 보호

저작재산권은 사유재산의 보호와 공익의 조화가 최적화되는 지점을 찾는 과정의 산물이다. 그런 의미에서 저작재산권은 어떤 사상적 기반에 근거하는 지를 막론하고, 규범 현실적으로는 창작을 유도할 만큼의 경제적 유인을 제공해야 하는 동시에 그 유인책은 타인의 기본권을 과도하게 제한해서는 안 된다.

대표적으로 제22조 제1항 학문·예술의 자유와의 관계에 있어 제22조 제2항의 저작자 등의 권리는 정신적 자유에 해당하는 학문·예술의 자유를 침해해서는 안 된다. 우리 헌법은 학문과 예술의 자유를 제도적으로

상표법	상표 사용자의 업무상 신용 유지	수요자의 이익 보호	(수요자의 이익 보호 및) 산업발전에 이바지
부정경쟁방지 및 영업비밀보호에 관한 법률	상표·상호(商號) 및 영업비밀의 보호	(건전한 거래질서)	건전한 거래질서유지
반도체집적회로의 배치설계에 관한 법률	창작자의 권리 보호	배치설계의 공정이용	반도체 관련 산업과 기술을 진흥함으로써 국민경제의 건전한 발전에 이바지

뒷받침해 주고 그 지적재산권을 보호하기 위하여 제22조 제2항을 두고 있다.[32] 그리하여 제22조 제2항의 권리 보호는 잠재적 창작자 내지 저작자의 학문과 예술의 자유 행사를 저해할 정도의 강한 권리로 구성되어서는 안 된다.

그러한 논리는 마찬가지로 표현의 자유에도 적용된다. 헌법 제21조 제1항은 "모든 국민은 언론·출판의 자유와 집회·결사의 자유를 가진다"고 규정하고 있고, 이는 자유민주주의 헌법의 기본원리의 하나(헌재 1992. 6. 2. 90헌가23, 판례집 4, 300, 305)이자 기본권 질서의 가장 핵심적인 권리 중 하나이다. 이러한 측면에서 "정보의 생산을 위해서는 일반적으로 기존의 정보를 이용할 수 있어야만 하기 때문에, 과도한 정보의 사유화는 표현의 자유에 대한 억압으로 작용할 수 있기 때문에 사인간의 기본권의 충돌 문제가 발생할 수 있게 되는 것이다. 정보에 대한 독점적 권리를 부여하면 다른 사람의 언론의 자유를 비롯한 표현의 자유를 제한하는 결과를 가져오기 마련이다."[33]

다. 통상압력에 의한 한계

저작재산권은 특히 통상 압력, 즉 타국에서의 자국 기업, 기술, 컨텐츠의 보호를 위하여 타국의 법률을 개정하게 하는 강력한 조약 체결의 효과를 간과할 수 없는 분야이기도 하다. 현실 국제정치에서 저작재산권 법제는 그 규범의 설득력으로 이행된 것이기 보다는, 소위 선진국이 개발도상국(이하 '개도국') 또는 후진국에게 강제하는 것인 경우가 많고 그런 강제의 결과 권리자의 보호에 치우친 입법으로 이어질 우려가 있다. "국가의 이익과 특정 산업의 이익을 추구하는 변칙적 법개정이 행해지면서 이러한 조정원리가 붕괴되고 있다"[34]는 위기감이 현실화되는 것이

---

32) 허영, 「한국헌법론」 462면.
33) 김주영, 앞의 논문, 94-95면.

다. 그리하여 저작재산권은 '무엇이 정의로운 지향점인가'를 고민하여 도출해 낸 규범적으로 승인된 권리이기 보다는 한국 특유의 상황에 맞추어 언제든지 유연하게 방향이 달라질 수 있는 정책판단의 결과물이라고 볼 수 있다[35]는 점에서 외부압력에 개방적이다.

그에 따라 지적재산권에 관한 조약 체결은 자국이 수출국인지 수입국인지 여부에 따라 그 결론을 달리하게 된다. 그러한 판단은 지적재산권은 실효적 국제조약이 국내법적 실무에 그대로 활용되고 있는 분야이기 때문에 더욱 중요하다. 우리나라의 경우도 특허청 등 행정기관의 소관 업무가 직접적 조약의 규정에 근거하여 행해지고 있고,[36] 외국인의 국내법적 효력에 기한 권리주장도 흔하다.

저작재산권을 포함한 지적재산권은 통상협상에 있어서 선진국이 개도국에게 가장 흔하게 요구하는 항목 중 하나이면서도,[37] 문화와 산업발전이라는 명분으로 도입된다. 강제적 이식에도 불구하고 문화 및 산업의 향상발전이라는 목적은 다양한 제도적 디자인으로 달성할 수 있고,

---

34) 이인호, 「정보통신기술의 발전과 기본권에 관한 연구」 187-188면.
35) 박준석, "한국 지적재산권법의 과거·현재·미래," 123면.
36) 특허는 「특허협력조약」(PCT; Patent Cooperation Treaty), 상표는 「표장의 국제등록에 관한 마드리드협정에 대한 의정서」(Protocol relating to the Madrid Agreement Concerning the International Registration of Marks), 저작권은 「베른협약」(Berne Convention for the Protection of Literary and Artistic Works), 디자인은 「산업디자인의 국제등록에 관한 헤이그 협정의 제네바 개정협정」(Geneva Act of the Hague Agreement Concerning the International Registration of Industrial Designs) 등
37) 개도국이 선진국의 요구사항에 의하여 비자발적으로 지적재산권 법제를 개정하는 경우는 크게 두 가지로 대별될 수 있다(박준석, "한국 지적재산권법의 과거·현재·미래," 128면 이하 내용 요약). 첫째는 일대일 개별협상으로 지적재산권 보호 강화를 요구하는 경우이고, 둘째는 다자간 무역협상에 있어 체약국이 되기 위하여 일정 수준 이상의 보호를 일괄적으로 요구하는 경우이다. 우리나라는 두 경우를 모두 겪었는데, 권리의 강화가 자국민의 권리를 강화하는데 기여한다는 측면에서는 바람직할지 모르나, 그 사적권리의 강화단계에서 그 권리의 강화가 우리 공동체에서의 수용과정이 적절했는지는 의문이다.

그 목표의 달성에 있어서는 개별 국가의 역사, 문화적 환경, 국민성, 법제 등 많은 요소가 융통성 있게 각국의 법제에 맞게 변주될 수 있다. 그렇기 때문에 개별법에서의 목표 규정은 지적재산권은 산업의 발전에 이바지하기에 최적화된 구성으로 그 권리의 발생, 존속, 행사, 소멸이 규정되어야 한다는 의미로 해석되어야 한다.

전술한 바와 같이, 유인이론에 따르면 저작재산권 법제는 거래비용을 최소화하고 한계효용을 체증시키는 방식으로 창작자와 발명가의 생산적 행위를 장려하는 것이면 충분하다. 그런 의미에서 저작재산권은 그 내용이 선험적으로 정해진 것이 아니다. 오히려 존속기간은 잠재적 창작자가 향후 경제적 부를 희망해서 창작행위를 하게 만들 정도의 기간이면서 공공의 영역을 과하게 제한하지 않는 것이어야 하며, 권리 발생 시점도 공표시로 택하여 법적 안정성을 보호할 것인지 아니면 창작과 동시에 발생하게 하여 창작자의 권리보호시점을 최대한 앞당길 것인지를 선택할 수 있으며, 보호대상이 되는 저작재산권의 종류도 선택할 수 있다.

III. 구체적 고려 요소

저작재산권의 특수성을 반영한 사회적 구속성은 결국 보호할 만한 가치가 있는 창작을 한 저작자 등에게 사회전체적 창작을 유도할 만한 권리를 부여하면서도, 그 권리는 일반 국민의 자유로운 이용을 저해하지 않는 선에서의 적절한 보상으로서 인정되는 것이어야 한다는 지도원리로 정리될 수 있다. 이러한 지도원리는 입법 시 구체화되어야 할 개별 요소의 해석에 있어 고려되어야 하는 각 법익을 표상한다.

이러한 입법의 지도원리는 크게 적극적 요소와 한계적 요소로 나눌 수 있다. 우선 헌법 제22조 제2항을 구체화하는 적극적 요소로서 '저작자 등의 권리'는 저작재산권의 핵심적 보호대상인 '창작성'을 기준으로 주체, 객체, 유인(誘引)으로서의 권리성으로 나누어 살필 수 있다. 이러한 요소를 살펴 저작권법상 보호범위를 확정할 수는 없으나 적어도 그 외연을 형성할 수 있다. 이런 형성과정에 있어 고려해야 할 한계적 요소는 저작재산권을 재산권의 일종으로 포섭한 이상 반드시 고려해야 하는 사회적 구속성의 실현인 동시에, 무형의 실체에 권리를 설정한다는 특수성의 반영이다. 그리하여 그 한계적 요소로서 저작재산권에 있어 사회적 구속성의 의미를 규명하고, 그 내재적 한계로 존속의 한계(時的)와 범위의 한계(物的)를 살핀다. 그리고 내재적 한계 설정 후 보장되어야 할 일반 국민인 이용자의 법익과 저작재산권자의 사익이 충돌하는 지점을 특정하고 이와 관련한 헌법 제22조 제1항과의 관계와 표현의 자유와의 관계에 관한 기존의 논의를 검토하여 우리에게 어떤 함의를 갖는지 검토한다.

이하에서는 저작재산권 입법원리를 적극적 요소와 한계적 요소로 나누어 검토하되, 우선 창작성과 권리의 다발을 요체로 하는 권리자 보호의 측면을 살핀다. 그리고 그 형성의 한계를 시적, 물적 한계요소로 나누어 살핀 뒤, 이용자의 법익 보호를 위한 권리 행사가 제한되는 측면, 즉 저작재산권의 제한이 제22조 제1항 및 제21조와의 관계에 있어서도 정당화되어야 하는 지점을 모색하고자 한다. 일반적 입법의 원리로서 법률유보원칙, 명확성 원칙, 신뢰보호원칙은 이 책의 내용과 직접 관련은 없으므로 논외로 한다. 제4장과의 내용상 중복을 방지하기 위하여 구체적 조문에 관하여서는 일반론으로서 '창작성'과 '공정한 이용'이라는 주제와 관련 있는 주제에 한정하여 검토하기로 한다.

제2절 저작재산권 입법의 적극적 요소

I. 창작성

1. 창작의 주체

가. '저작자 등'의 의의

헌법 제22조 제2항은 "저작자·발명가·과학기술자와 예술가"의 권리를 보호한다고 규정하여 그 주체를 나열하고 있다. 이는 일반국민 외에 특별히 고양된 보호 및 권리를 누리는 주체를 의미한다. 여기서 저작자란 저작물을 창작한 자를 의미하고(저작권법 제2조 제2호), 발명가란 자연법칙을 이용한 기술적 사상의 창작으로서 고도(高度)한 것을 창작한 자를 의미한다(특허법 제2조 제1호).

한편, 과학기술자와 예술가의 개념은 그 자체로 추상적인 개념인 관계로 일률적으로 정의하기는 어렵다. 다만 과학기술자란 과학기술에 관한 연구, 발견, 공학을 수행하는 자를 지칭한다고 할 것이고, 이 때의 '과학'에는 사회과학을 제외한 것으로서 전통적인 표현상 '물리, 생물, 화학' 및 그를 기반으로 한 자연과학을 지칭한다고 할 것이다. 또한 '발명가'와 별도로 '과학기술자'를 따로 규정한 이유를 살피기 위해서는, '과학기술자의 발명'행위는 배제되냐는 의문이 제기될 수 있으나, 여기서 '발명가'와 '과학기술자'는 배타적 관계이기 보다는 발명가는 신규의 기술의 접목한 실용적 기계나 기제를 개발한 경우에 직접적으로 적용되고, 과학기술자는 광의의 자연적 원칙을 연구, 발견, 개발, 공학적 방법으로 개선시키는 업(業) 등을 수행하는 자라고 이해할 수 있을 것이다.

예술가의 개념 정의는 더욱 어렵다. 예술이라는 개념 자체가 불확정 개념일 뿐만 아니라, 예술의 범위를 확정하는 작업은 인류의 사상, 감정이 발현된 모든 결과물에 경계선을 긋는 작업이기 때문에 그 대상이 너무도 광범위할 수 있다. 나아가 이런 과정은 예술에 대한 평가를 전제로 하는 것인데, 예술계조차 예술의 가치를 당대에서 평가하는데 한계가 있고, 당대 극렬한 비판을 받던 예술 작품이 후대에 이르러 그 가치를 인정받는 경우의 예는 무수히 많으며, 반대로 당대에 그 가치를 인정받았다고 하여 그것이 불멸의 작품으로 남을 것이라고 아무도 확신할 수도 없다는 점에서 한계가 있다. 예술계조차 판단을 못하는 문제에 법이 개입하여 예술과 비예술을 구별하는 것은 그 자체로 상당히 문제적일 수 있다. 이는 예술의 자유에 관해서도 마찬가지이고, 예술과 비예술의 구별에 따라 헌법상 보호범위가 구별된다는 점에서 위험한 면이 있다.[1]

---

1) 그런 의미에서 헌법 제22조 제1항의 예술의 자유나 제2항의 '예술가의 권리'라는 표현은 재고를 요한다 생각한다. 저작자, 발명가, 과학기술자, 예술가 중 저작자는 저작권법상의 저작자를 표상하고, 발명가와 과학기술자는 특허, 디자인, 실용신안과 같은 산업적 발명 내지 그에 준하는 기술을 행하는 자를 표상한다고 보면, 예술가는 그 표상하는 개념이 모호한 편에 속한다. 오히려 예술가가 저작자인 이상 저작자라는 개념 안에 이미 예술가가 포함된다고 볼 것이다. 예술가의 저작권법상 권리도 결국 저작물 창작행위 시에 발생한다는 측면에서, 저작자와 예술가를 굳이 구별할 실익은 그리 많지 않아 보인다.
한편, 예술가라는 표현은 제1항과의 관계 설정에 있어서도 명확하지 않은 면이 있다. 예술의 자유(제22조 제1항)는 전통적 대국가적 방어권으로서 주관적 성격이 강하기 때문에 예술의 자유를 국가가 제한해서는 안 된다는 자유권에 해당한다. 이런 제1항과의 관계에 있어, 제2항에서 재차 '예술가의 권리'를 규정할 경우 제1항의 권리가 제2항에 포함되는 것인지, 제2항의 권리는 제1항의 자유권적 권리를 제외하고 보호범위가 설정된다고 보아야 할 것인지 등 제1항과 제2항의 보호범위 확정을 더 어렵게 할 소지가 있다. 헌법 제22조 제2항은 제1항의 자유를 보호하기 위한 경제적 권리를 헌법이 창설하여 부여하는 기제로서 의미가 있으므로, 제2항의 범위가 제1항보다 반드시 넓다고 보기는 어렵다. 오히려 제1항의 자유를 보호하기 위하여 제2항이 정당화되는 성격이 강하기 때문이다. 그렇기 때문에 예술가 등의 권리는 법률로써 보호된다는 표현이 굳

예술의 양식이 다변화되고 예술사조 자체가 비평에 의해 규정되는
현대예술의 특성 상 더욱 그러하다. 예술의 개념에 대한 평가가 이러한
상황에서, 예술을 업으로 하는 자를 지칭하는 "예술가"의 범위는 더욱 특
정이 어려움은 물론이다. 다만, 헌법 제22조 제2항의 창작의 주체로서
"예술가"를 열거한 취지는 미술저작물과 같은 전통적 예술작품을 창작한
자를 의미한다고 일응 이해할 수 있다.

헌법 제22조 제2항 "저작자·발명가·과학기술자와 예술가"는 창작행위
를 주된 업으로 하는 행위주체를 열거하고 있지만, 이를 반드시 열거된
주체로만 한정할 것은 아니다. 앞서 제헌헌법에서의 제정 취지에 비추어
보건대, 제22조 제2항이 도입된 이유는 창작적 행위를 통한 문화와 산업
발전을 꾀하기 위한 것이었으므로 문화와 산업 발전을 위한 창작을 독
려하기에 적절한 주체는 저작재산권의 권리주체가 될 수 있다. 실제로
헌정사에 있어서도 기존에는 존재하지 않던 '과학기술자'가 1987년 개정
(헌법 제10호, 1987. 10. 29, 전부개정)에서 추가된 바 있다. 과학과 산업
의 발전으로 인하여 전통적 창작 주체 창의적 행위 내지 창조적 행위와
그 소산을 업으로 삼는 자에 대한 보호범위는 확장될 수 있는 것이고,
실질적으로 그 보호법익이 동일하고 저작재산권 보호의 요체를 공유하
고 있는 주체의 경우 창작의 주체로서 저작재산권의 권리주체성은 해석
상 인정될 수 있을 것이다.

나. 공통의 개념표징: 창작자

"저작자·발명가·과학기술자와 예술가"에 대한 개념 정의는 그 자체로
상당히 어려울 뿐만 아니라, 이들은 모두 창작의 대상이 다르다. 그러나

이 없어도 예술행위에 관한 권리는 이미 헌법 제21조, 제10조, 제22조 제1항으
로도 헌법적 단위에서 보호가 되기 때문에, 제2항에서 그 저작자의 권리 외에
예술가의 권리를 보호할 실익에 의문이 제기된다.

이들은 '창작행위'의 주체가 된다는 공통점이 있다. 저작자는 창작행위를 하는 자를 의미하고, 발명가와 과학기술자도 자연과 자연과학을 대상으로 하여 그로부터 새로운 것을 추출해내거나 추출할 새로운 방법 내지 창의적 행위를 통하여 자연을 토대로 발명과 과학기술을 수행한다. 예술가 또한 예술적 가치 있는 창작적 행위를 업으로 하는 자를 지칭한다.

이런 점에서 '저작자 등'으로 통칭되는 헌법 제22조 제2항의 권리주체는 창작적 행위로 인하여 창의적 소산 내지 창작성 있는 실체를 생산해내는 자, 즉 창작자를 의미한다고 할 것이다.[2] 그러므로 저작재산권에 관한 법률은 집합적 개념으로서 권리의 주체를 '창작자'로 설정해야 한다. 그러한 생산행위는 사실적으로 자연인에 의해서 이루어지므로, 그 개별 창작행위에 대응되는 권리의 주체는 원칙적으로 자연인인 개인일 것이다. 다만 산출물에 대한 기여도나 특수성에 따라 법인이나 공동의 창작자의 지위가 인정되는 경우가 있을 수 있다. 또한 현대사회에서 많은 창작행위가 경제적 투자를 기반으로 이루어진다는 점에서 '창작자'를 자연인으로만 한정하는 것은, 규범이 사회의 발전이나 현실을 도외시한다는 비판을 면하기 어렵다. 그럼에도 불구하고, 저작재산권의 주체는 창작자의 지위 내지 이에 상응하는 창작행위를 한 자 내지 창작행위와 그 행위의 성격이 실질적으로 동일하여 그 행위를 창작행위로 해석할 수 있는 자 이상으로 확장될 수는 없다 할 것이다. 창작행위의 전제가 되는 창작성에 대해서는 뒤에서 자세히 살펴보기로 한다.

---

2) 이는 지적재산권을 받을 자격의 핵심을 창작성(creativity)으로 보아 헌법 제22조 제2항에 나열된 저작자, 발명가, 과학기술자, 예술가는 창작자(creator)를 예시한 것으로 해석하는 것이 타당하다는 견해와 궤를 같이 한다. 정필운, "헌법 제22조 제2항 연구," 법학연구 제20권 제1호 (연세대학교 법학연구원, 2010) 196면. 이와 관련하여 정필운 교수는 제22조 제2항을 '창작자보호규정'이라고 명명할 것을 제시한 바 있다.

다. 법인의 창작자로서의 권리주체성

헌법 제22조 제2항의 공통 개념표징인 '창작자'는 헌법 및 저작권법에
서는 '저작자'의 개념과 대응된다. 법인도 기본권 주체성이 있다는 통설
적 견지에서 보건대 헌법상 보호되는 재산권의 일종인 저작재산권에 대
하여 자연인 외에도 법인에게 주체성을 인정할 수 있다는 것은 어렵지
않게 인식할 수 있다.

이와 관련하여, 저작권법 제2조 제2호는 저작물을 창작한 '인간'이라
고 저작자를 규정하여 사실상 창작행위를 하는 구체적 행위 주체는 자
연인이라고 해석 가능한 바, 그 저작재산권의 권리자의 범위에 법인이
포함되는지에 관해 의문이 제기될 수 있다. 독일에서는 자연인인 저작자
가 창작을 한 뒤 그 저작권이 법인에게 이전되는 방식을 취하는데, 우리
법은 업무상 저작물을 인정한다는 점에서 언급되는 부분이다.

우리 저작권법 상 업무상 저작물은 법인·단체 그 밖의 사용자(이하
"법인등"이라 한다)의 기획하에 법인등의 업무에 종사하는 자가 업무상
작성하는 저작물을 의미한다. 그리고 저작권법은 권리의 발생부터 법인
에게 그 권리가 귀속되는 것이라고 업무상 저작물(저작권법 제2조 제31
호)을 규정하고 있다. 그리고 제9조는 법인등의 명의로 공표되는 업무상
저작물의 저작자는 계약 또는 근무규칙 등에 다른 정함이 없는 때에는
그 법인등이 된다. 다만, 컴퓨터프로그램저작물(이하 "프로그램"이라 한
다)의 경우 공표될 것을 요하지 아니한다고 규정한다.

이러한 규정에 따르면 저작권은 자연인으로부터 법인에게 양도되는
것이 아니라, 그 저작물에 대한 저작자 자체가 법인으로 의제된다. 이는
영미법계의 직무저작물(work made for hire)의 개념을 도입한 것으로,[3]
대표적으로 미국과 일본이 이러한 개념을 입법적으로 도입한 바 있다.

---

3) 오승종, 앞의 책, 309면.

그러나 독일의 경우는 원칙적으로 저작자는 오로지 자연인만 될 수 있다고 보고 있어 피용자의 저작물에 대한 저작권은 피용자가 원칙적으로 보유하고 이를 저작재산권을 이전 가능하도록 할 뿐이다.

법인의 기본권 주체성에 관한 여러 논변이 있을 수 있겠으나, 권리의 성격에 따라 법인도 기본권의 주체로서의 지위를 누린다는 통설에 비추어 보면, 법인이 권리주체성을 가진다는 것 자체는 부정하기 어렵다. 다만 창작의 주체, 그 행위, 창작물을 보호하기 위하여 헌법 제22조 제2항이 존재한다는 관점에서 보면, 법인을 '창작의 주체', '창작행위자' 내지 '창작물의 생산자' 등으로 볼 수 있느냐는 것이 문제된다. 만약 헌법 제22조 제2항의 '저작자 등'을 창작행위를 현실적으로 수행한 자연인으로만 한정한다면, 자연인으로부터 양도 과정 없이 창작 시 바로 법인을 저작자로 의제하는 저작권법 제9조의 위헌 여부[4]가 문제될 수 있는 것이다.

법인의 저작재산권자로서의 권리주체성을 살피는데 있어서는, 업무상 저작물의 인정 배경을 살펴볼 필요가 있다. 현대 사회에서는 대규모

---

4) 헌법재판소는 저작권법 제9조 위헌제청 사건에서 저작권법 제9조 중 컴퓨터프로그램저작물에 관한 부분의 위헌 여부에 대하여, 업무상 저작물은 그 창작 행위 자체가 협업에 의한 것으로서 창작자의 특정이 어렵고 창작자 특정이 가능한 경우라도 권리관계가 번잡해질 우려가 있는 한편, 법인으로 하여금 자본을 회수하고 이윤을 획득할 수 있도록 하여 지속적 창작이 이루어지도록 할 유인할 필요성이 인정된다고 판단한 뒤, 업무상저작물은 엄격한 요건을 충족하여야 법인이 저작자가 되는 것이고, 업무상저작물은 특허권에 비하여 낮은 수준의 창작성을 요하는 것으로서, 특별히 피용자의 이익을 지나치게 경시하고 있다고 보기 어렵다는 이유로 입법형성권의 한계를 일탈하였다고 보기 어렵다고 판단하였다. 제청법원은 저작권법 제9조가 피용자가 그 동안 경력을 토대로 동종업계에서 재취업하거나 창업하기 못하도록 함으로써 직업의 자유를 규정한 헌법 제15조, 개인의 경제상의 자유와 창의를 존중하는 경제질서를 규정한 헌법 제119조 제1항에 위반된다고 하였으나, 헌법재판소는 심판대상조항은 피용자의 재취업 또는 창업 행위 자체에 제한을 가하는 조항은 아니라는 이유로 헌법 제15조, 제119조 제1항 위반 여부는 판단하지 않았다(헌재 2018. 8. 30. 2016헌가12 결정).

고용에 의해 다수의 피용자는 협업을 통하여 결과를 도출해내고, 그에 대한 대규모 자본의 투입이 이루어지기 때문에 피용자는 그 자본을 이용하여 업무 종사의 일환으로 창작행위를 하는 경우가 많다. 더욱이 법인(사용자)이 특정 창작을 기획하고 이에 대한 창작자(피용자)를 선별한 뒤 대규모 자본의 직접 투자가 이루어진 결과로 창작물이 생성된 경우, 반드시 사실행위를 한 피용자의 창작활동이 사용자의 창작적 기획보다 창작성이 높다고 보기는 어려울 수 있다.

노동이론과 인격이론에 의할 경우, 창작물은 자연인에 의한 창작행위의 소산이고 창작행위를 직접 수행한 주체는 자연인이라고 해석된다. 그러나 우리 헌법이 취한 유인이론을 취할 경우, 별도의 양수도 절차 없이, 기업이 대규모 자본을 투하하여 그로부터 경제적 이익을 얻을 수 있게 하는 법적 의제로써 업무상 저작물 제도는 정당한 것으로 이해할 수 있다. 즉, 창작행위를 독려하여 사회전체적 문화를 발전시키고 국부를 창출한다는 목적을 달성하기 위하여서라면, 저작자는 반드시 자연인일 필요가 없고, 오히려 법인 단위에게도 투자비용의 회수와 이윤창출이라는 유인을 제공하기 위해 사용자인 법인에게도 그 저작재산권을 누리도록 하는 것이 더욱 바람직하다는 결과가 된다.

다만, 유인이론을 취하더라도 실제 창작행위를 하는 개인(피용자) 입장에서는 창작을 해도 그 권리 자체가 모두 사용자에게 귀속된다면 창작을 할 유인이 없다. 개인이 창작욕을 갖지 못한다면 그가 소속된 집단 전체에 창작의 유인이 강하게 작용하기 어려울 가능성이 크다. 그런 의미에서 공동체가 유인이론을 취한 결과 업무상 저작물에 대해 법인을 저작자로 의제하는 제도를 선택할 수는 있더라도, 사용자인 법인으로써는 실질적으로 법인 내 개인(피용자)의 적극적 창작행위를 유인하기 위한 보상제도를 두는 것을 고려할 수 있다. 이에 우리 저작권법은 "계약 또는 근무규칙 등에 다른 정함이 없는 때에는"이라고 규정하여 계약 또는 근무규칙 등으로 그 저작권이 피용자에게 귀속될 수 있도록 예외를

두고 있다. 물론 고용계약 체결 시 피용자에게 협상력이 없는 경우가 많
은 관계로 그러한 단서의 실효성에 관한 의문이 제기될 수는 있다. 특히
발명진흥법은 직무발명에 대하여 '정당한 보상'을 할 것을 요하나, 업무
상 저작권의 경우에는 업무상 저작물에 대한 정당한 보상을 요하지 않
는다는 점에서 더욱 문제가 될 수 있다.

2. 창작의 객체

가. 저작물의 의의

헌법은 저작물의 개념을 정하고 있지 않기 때문에 이는 해석에 의하
여야 한다. '저작자 등의 권리'는 저작물에 대하여 인정되는 것이므로 저
작물은 창작의 소산이어야 하고, 특정될 수 있는 구체적 표현이어야 한
다. 창작성(originality)은 저작재산권이 헌법에 규정된 이유이기 때문에,
저작재산권의 보호는 창의적 활동의 소산을 보호하고 창의적 행위자에
게 경제적 이익을 주겠다는 공동체적 결단이라고 해석할 수 있다. 현행
저작권법이 저작물을 '인간의 사상 또는 감정을 표현한 창작물'(저작권
법 제2조 제1호)이라고 규정하는 것도 그러한 취지의 '창작물'을 의미하
는 것이다. 다만, '자유로운 사상의 시장'으로 대표되는 헌법 제21조 언
론의 자유와의 충돌을 피하기 위한 최소한의 이론적 장치의 일환으로,
저작물은 최소한의 창작성이 있는 것으로서 아이디어가 아닌 구체적 표
현만을 보호하는 것이 원칙이다.

나. 저작물의 요건

1) 창작성
저작권법의 보호를 받는 저작물은 '인간의 사상 또는 감정을 표현한

창작물'을 의미(저작권법 제2조 제1호)하기 때문에 창작성은 저작물의 요건이고, 실제로 역사적으로도 지적재산권은 특별한 기술을 가진 외국의 기술자들을 유인하기 위한 국가적 정책으로 발전하였다.[5] 그렇기 때문에 창작성(originality)은 그 문화와 산업에 이바지할 수 있는 것이어야 하는 한편, 헌법 제22조 제1항과의 관계에 비추어 학문, 예술과 무관하지 않은 것이어야 한다. 그 창작성의 수준은 일응의 경제적 지위를 보장받기에 부족함이 없는 것이어야 하는 동시에, 사실상 창작물에 대한 보호를 포기하는 결과를 초래하지는 않을 정도의 고도의 창작성은 요구하지 않아야 하는 것이다.

저작재산권은 무형의 지적 환경으로부터 일부를 전유화함으로써 발생하는 창작물을 보호하고, 침해 시 민형사상 조치에 처할 수 있는 강한 권리로 발전했다는 면에서, 새로운 것의 창출로부터 사회적 효용을 발생시켜야 그 경제적 권리를 정당화할 수 있다. 그리하여 저작물에서 요구되는 창작성은 무(無)에서 유(有)를 창출하는 것이기보다는, 오히려 적용(adaptation)과 변형(transformation)의 복잡한 작용을 거쳐 문언을 생산하는 것일 수 있다.[6] 다만 '창작성'은 기존에 존재하지 않은 어떤 부분을

---

5) 특허의 예를 들자면, 영국 엘리자베스 여왕은 외국의 기술자를 유인하여, 수공업과 상업을 발전시키고 이를 통한 왕실 세수증대를 위하여 특허를 부여하였다. 여기서 특허는 왕실의 형성적 행위로서 본래 가지고 있지 않던 독점 판매권을 설정하여 준 것이라는 점에서는 일반 행정법의 강학상 특허와 유사하나, ("강학상 특허라 함은 상대방에게 직접 권리, 능력, 법적 지위, 포괄적 법률관계를 설정하는 행위를 말한다." 박균성, 「행정법강의」(박영사, 2012) 248-249면) 공익달성을 위한 재량행위라기 보다는 국왕의 은전과 유사하게 시혜적으로 베푸는 것 또는 공로에 대한 보상으로 베푼 것이었으므로 우리 법제의 특허와는 상이하다. 엘리자베스 여왕의 왕실특허권 남용은 많은 폐단을 야기하였고 (Thomas B. Nachbar, "Monopoly, Mercantilism, and the Politics of Regulation," *91 VA. L. REV. 1313* (2005), p.1329) 영국 의회에서는 본격적으로 그 특허권의 문제에 대해 개탄하며 시정을 요구하는 목소리가 높아졌다. 그리하여 신규성을 요구하며 탄생한 1624년 영국 특허법은 새롭지 않은 것에 대한 특허의 부여를 금지하였다.

창출한 것이므로, 공공의 영역에서 사용되던 것을 자신의 지배적 전유물로 이전시킨 것에서 나아가 일정 기간이 경과하면 공공의 영역으로 편입될 만한 것을 하나 더 만들어낸 것이어야 한다. 말하자면 파이(pie) 자체를 키우되 다만 그 증대되는 부분은 세상에 없던 새로운 것을 고안해냄으로써 이로부터 다른 새로운 발명 또는 창작을 가능하게 하기 때문에 공익에 기여하는 면이 있는 것이다.

이는 노동이론의 관점에서는 노동의 산물을 다른 사람에게 해를 끼치지 않는 선에서 누리는 것이고, 인격이론의 관점에서는 자아와 개성의 발현이므로 정당화될 뿐만 아니라, 유인이론 관점에서도 사회 전체의 효용을 증대시키는 것이므로 정당화된다. 이러한 창작성 요건은 특허법에서는 신규성, 상표법에서는 식별력 요건으로 환원하여, 공공의 영역을 훼손하지 않는 최소한의 장치로 작동하는 것으로 이해할 수 있다.

우리 대법원도 1995. 11. 14. 선고 94도2238 판결에서 "창작성이란 완전한 독창성을 말하는 것은 아니지만 어떠한 작품이 남의 것을 단순히 모방하지 않고 작자 자신의 독자적인 사상 또는 감정의 표현을 담고 있음을 의미하며 그 충족을 위해서는 저작물에 그 저작자 나름대로의 정신적 노력의 소산으로서의 특성이 부여되어 있고 다른 저작자의 기존의 작품과 구별할 수 있을 정도여야 한다"고 판시하였다. 그럼에도 불구하고, 저작재산권이 헌법상 보호를 받는 이유는 그 창작성의 가치에 의한 것인 바, 대법원은 "저작권법에 의하여 보호되는 저작물은 문학·학술 또는 예술의 범위에 속하는 창작물이어야 하는 바, 여기에서 창작물이라 함은 저자 자신의 작품으로서 남의 것을 베낀 것이 아니라는 것과 최소한도의 창작성이 있다는 것을 의미한다"(대법원 1999. 11. 26. 선고 98다46259 판결)고 판시하여 최소한의 창작성을 구비하되 그 것은 문학·학술 또는 예술과는 전혀 무관하지 않음을 판시한 바 있다.

---

6) Mark Rose, *Authors and Owners: the Invention of Copyright* (Harvard University Press, 2002) p.8.

2) 창작성의 수준

다양한 저작물의 창작성 수준을 일률적으로 판단하기는 어렵다. 다만 대법원은 전술한 대법원 1995. 11. 14. 선고 94도2238 판결 이후로 "창작성이란 완전한 독창성을 말하는 것은 아니지만" "그 저작자 나름대로의 정신적 노력의 소산으로서의 특성이 부여"되어 있고, "다른 저작자의 기존의 작품과 구별할 수 있을 정도여야"한다는 최소한의 수준을 밝힌 바 있다. 비록 사진저작물 관련 제판례에서는 "사진저작물에 대하여 창작성이 인정되기 위해서는 피사체의 선정, 구도의 설정, 빛의 방향과 양의 조절, 카메라 각도의 설정, 셔터의 속도, 셔터찬스의 포착, 기타 촬영방법, 현상 및 인화 등의 과정에서 촬영자의 개성과 창조성이 인정되어야 한다"(대법원 2001. 5. 8. 선고 98다43366 판결)고 판시하여 햄 제품사진의 창작성을 부인함으로써 사진저작물의 창작성 수준을 높게 요구한 것으로 보이는 경우가 있었으나, 이는 상업적 사진저작물과 촬영 방식에 있어 공통되는 기술적 방식이 적용되는 사진의 특수성이 반영된 것이라 할 것이다.

오히려 일반적인 경우 대법원은 앞서 언급한 대법원 1995. 11. 24. 선고 94도2238 판결 이전부터 창작성의 수준을 상당히 낮게 보는 것으로 보인다(대법원 1992. 6. 23. 선고 91도2101 판결; 대표적인 예시로 자주 인용되는 시력표의 창작성을 인정한 사건). 미국에서도 저작권법적 보호에 '위대한 예술(great art)'일 것을 요구하는 경우 사실상 모든 상업적 창작은 배제될 것[7]이라는 법리가 있은 후로부터 그 창작성의 수준은 높지 않은 것으로 이어져 내려오고 있다.

한편, 작품의 수준이 높아야 할 필요는 없지만 저작권법에 의한 보호를 받을 가치가 있는 정도의 최소한의 창작성은 요구되기 때문에, 단편적인 어구나 계약서의 양식 등과 같이 누가 하더라도 같거나 비슷할 수

---

7) *Bleistein v. Donaldson Lithographing Co,.* 188 U.S. 239 (1903)

밖에 없는 성질의 것은 창작성을 인정받기가 쉽지 않을 것이다. 또한 작품 안에 들어 있는 추상적인 아이디어의 내용이나 과학적인 원리, 역사적인 사실들은 이를 저자가 창작한 것이라 할 수 없으므로, 저작권은 추상적인 아이디어의 내용 그 자체에는 미치지 아니한다고 판시한 바 있다(대법원 1997. 11. 25. 선고 97도2227).

그럼에도 불구하고, 학계에서는 여전히 저작권이 요구하는 창작성의 수준은 상당히 낮기 때문에 부당한 결과나 과한 보호를 유발[8]할 우려가 있다는 점을 비판하고 있다. 물론 "마법처럼 키이츠(Keats)의 "Ode on a Grecian Urn"[9]을 전혀 알지 못하던 사람이 그것을 창작한다면 그는 '저작자'이고, 그가 저작권을 보유한다면 다른 사람은 키이츠를 따라 할 수 있을지언정, 그 시를 복제할 수는 없다"[10] 라고 the Learned Hand 판사가 표현한 것처럼, 그리고 "자연에 대한 개인의 사적인 반향"이자 "필사를 할 때조차 그 사람에게만 고유하고도 더 이상 감소시킬 수 없는 미(美)의 수준이 드러난다"[11]고 Holmes 대법관이 밝힌 것처럼 저작권의 창작성은 일정 수준에 달해야 하고, 이를 보호할 법익도 실존한다. 그러나 저작권은 그 어떤 법보다 형이상학적(metaphysical)인 면이 있어,[12] 저작권이 요구하는 창작성의 실체는 불명확하고 상대적이면서도 증명이 어려운 내용에 기반한다는 한계가 있다.

---

8) David Lange & J. Powell, *No Law - Intellectual Property in the Image of an Absolute First Amendment* (Stanford Law Books, 2008) p.86. 이하 판례의 예는 pp.85-86 지면상 일군의 미국 판례들이다.
9) John Keats(존 키츠), *Ode on a Grecian Urn* (그리스 항아리에 부치는 송시)(1820)는 가장 훌륭한 영문 송시 중 하나로 꼽히는데, 이 송시는 특유의 운율과 단어 선택이 특징적이다.
10) *Sheldon v. Metro-Goldwyn Pictures Corp.*, 81 F.2nd 49, 54 (2d Cir. 1936) 309 U.S. 390 (1940)
11) 188 U.S. 239, 249-250 (1930)
12) *Flsom v. Marsh*, 9 F. Cas. 342, 244 (C.C.D. Mass. 1841)

3) 창작적 '표현'

저작물은 '인간의 사상 또는 감정을 표현한 창작물'을 의미(저작권법 제2조 제1호)하는데, 그 창작물은 일반적으로 '아이디어'[13]가 아닌 구체적 특정 '표현'을 뜻한다고 해석한다. 이렇듯 '아이디어'와 '표현'을 분리하는 이유는, 가령 특허법은 신규성 있는 '아이디어'를 보호함으로써 과학과 기술의 발전에 기여하고자 하는 데 반하여, 저작권법은 창작적 아이디어의 범위가 포괄적일 경우에는 과도한 제한으로 인하여 저작권법의 본래 목표를 달성할 수 없기 때문에, 구체적 특정 '표현'을 보호하는 것을 목적으로 하기 때문이다. 따라서 통설적으로 적용되는 '아이디어와 표현의 이분법'(the idea-expression dichotomy)이라는 이론적 장치는 '아이디어'와 '표현'을 분리하여 '표현'에 해당하는 저작물만 저작권법상 보호대상으로 삼는다.

우리 대법원도 아이디어와 표현의 이분법을 수용하여, "저작권법에 의하여 보호되는 저작물은 학문과 예술에 관하여 사람의 정신적 노력에 의하여 얻어진 사상 또는 감정의 창작적 표현물이어야 하므로 저작권법이 보호하고 있는 것은 사상, 감정을 말, 문자, 음, 색 등에 의하여 구체적으로 외부에 표현한 창작적인 표현 형식(대법원 1997. 9. 29. 선고 97마330 결정; 대법원 2006. 9. 14. 선고 2004도5350 판결 등)"이라고 판단하였다. 더 구체적으로, "표현되어 있는 내용 즉 아이디어나 이론 등의 사상 및 감정 그 자체는 설사 그것이 독창성, 신규성이 있다 하더라도 소설의 스토리 등의 경우를 제외하고는 원칙적으로 저작물이 될 수 없으며 (중략) 결국 저작권의 보호대상은 아이디어가 아닌 표현에 해당하고 저작자의 독창성이 나타난 개인적인 부분에 한" (대법원 1993. 6. 8. 선고 93다3073 (본소), 3080(반소) 판결)한다고 판시하여 명시적으로 아이디어와

---

13) 여기서 '아이디어'는 주로 '사상과 감정'으로 번역이 된다. 다만, 여기서는 정치적 공동체의 정보 흐름과 자유로운 의견교환의 전제조건으로서 '아이디어'를 논하는 것이므로, 편의상 '사상'으로 간단하게 지칭하기로 한다.

표현의 이분법을 취한 바 있다. 즉, 저작권은 추상적인 아이디어의 내용 그 자체에는 미치지 아니하고 그 내용을 나타내는 상세하고 구체적인 표현에만 미치는 것(대법원 1997. 11. 25. 선고 97도2227 판결)으로서, 아이디어나 이론 등 사상 및 감정 그 자체는 설사 그것이 독창성, 신규성이 있다 하더라도 소설의 스토리 등의 경우를 제외하고는 원칙적으로 저작물이 될 수 없다(대법원 1993. 6. 8. 선고 93다3073 판결)는 것이다.[14]

다. 저작물 보호범위의 한계

1) 아이디어와 표현의 이분법

전술한 바와 같이, 창작의 객체인 저작물은 구체적 '표현'을 대상으로 하고, 그 이론적 판단기준으로는 '아이디어와 표현의 이분법(dichotomy of idea and expression)'이 있다. 아이디어와 표현을 개념적으로 분리하는 이러한 접근의 단초는 1791년 칸트의 제자로도 알려진 피히테(Fichte)가 "복제의 불법성의 증거(Proof of Illegality of Reprinting)"라는 에세이에서 저작자가 아이디어를 표현하기 위하여 선별한 고유한 "형태(form)"에 그 가치가 있다고 주장한 것으로부터 찾을 수 있다. 공동의 자산인 아이디어나 "공기 중에(in the air)" 있는 아이디어조차도 저작자가 그것을 특별히 표현하기로 택한 방법을 통해 재산적 성격을 가질 수 있다고 주장한 것이다.[15]

---

14) 그렇기 때문에 저작권의 침해 여부를 가리기 위하여 두 저작물 사이에 실질적인 유사성이 있는가의 여부를 판단함에 있어서도 창작적인 표현형식에 해당하는 것만을 가지고 대비하여야 할 것이다. 소설 등에 있어서 추상적인 인물의 유형 혹은 어떤 주제를 다루는 데 있어 전형적으로 수반되는 사건이나 배경 등은 아이디어의 영역에 속하는 것들로서 저작권법에 의한 보호를 받을 수 없다고 할 것(대법원 2000. 10. 24. 선고 99다10813 판결; 대법원 2014.6.12. 선고, 2014다14375 판결 외 다수)이라고 보아, 필수장면이론(Scène à faire)을 따른 바 있다.

아이디어와 표현의 이분법의 핵심은 추상적 플롯, 전형적 전개나 관념이 아닌, 특정된 구체적 표현만이 저작권법의 보호대상이라는 것이다. 공동체 입장에서는 저작자에게 특정 표현에 대한 권리를 주어 인센티브를 주는 것이, 가족의 반대를 극복하려 했으나 비극적 종말을 맞는 젊은 이들의 사랑 이야기를 먼저 선점하도록 장려하는 것 보다는 효용 가치가 크다는 것이다.[16]

그러한 주장은 1879년 미국의 실제 사건에 적용되어 책의 내용은 저작권법의 보호대상에 해당하지 않는다는 판결[17]이 있은 뒤, 1976년 미국 저작권법 § 102(b)로 실정화되었다. 그리고 그 실정법제와 판례의 이론 또한 현재 우리나라 저작권법제[18]에도 그대로 받아들여졌다.

그리하여 저작권법이 보호하고 있는 것은 사상과 감정을 말, 문자 등에 의해 구체적으로 표현한 창작적 표현 형식이고, 사상이나 감정 그 자체는 독창성이 있더라도 원칙적으로 저작물이 될 수 없다(대법원 1993. 6. 8. 선고 93다3073, 93다3080 판결)는 것이 지배적 법리이다.

2) 이분법의 한계

이분법이 일응의 기능을 수행함에도 불구하고 아이디어와 표현은 그 융합(merger of idea and expression)으로 인하여 현실적으로 분리하기가 어렵다는 문제가 있다. 현실적으로 저작물의 어느 부분이 창작적 표현으

---

15) Carle Hesse, *Op. Cit.*, p.35.

16) Ronald A. Cass, *Law of Creation* (Harvard University Press, 2013) p.101.

17) *Baker v. Selden*, 101 U.S. 99

18) 우리나라에는 이 '아이디어와 표현의 이분법'에 대한 판례가 상당 부분 축적되어 있다. 법원은 저작권침해사건에서 크게 두 단계에서 이 이론을 적용한다. 첫 번째는 저작권침해를 주장하는 원고의 저작물이 '표현'이 아닌 '아이디어'에 해당할 경우 애초에 저작권법의 보호대상이 아니라고 보는 것이다. 두 번째는 '실질적 유사성'을 검토함에 있어 다른 표현으로 그 아이디어를 표현할 수 있음에도 불구하고, 바로 그 특정 표현을 그대로 사용한 경우에 해당하면 침해라고 포섭하는 것이다.

로 보호될 수 있고 어느 부분이 그 아이디어로서 보호대상에서 제외되는 것인지 구별하는 것은 쉽지 않다는 문제가 당연히 제기[19]되는 것이다. 표현과 아이디어의 이분법은 그 구별의 모호성과 불가성에서 한계가 있다.[20] 그러한 한계를 극복하기 위하여 "만일 아이디어와 그 표현이 분리할 수 없을 정도로 융합되어 있는 경우에는, 표현에 대한 보호가 결과적으로 아이디어에 대한 보호로 되기 때문에, 아이디어와 표현이 융합되어 있는 경우에는 그 표현도 아이디어와 마찬가지로 보호받지 못한다는 법리가 발전되어 왔다."[21]

우선 표현과 아이디어의 이분법은 그 자체로 구별이 모호하다. 미국의 Learned Hand 판사는 그 누구도 아이디어와 표현의 경계선을 고정하지 못하였고, 앞으로 누구도 그 일을 하지 못할 것이라고 하였고,[22] 표현과 아이디어의 경계선에 관하여서는 어떠한 확립된 기준도 있을 수 없고 오로지 사건의 내용에 따라 판단할 수밖에 없다[23]고 선언하기도 하였다.[24] 이에 대해, Hettinger는 그 구별의 어려움은 스타일과 내용이 상호 작용하는 소설이나 시와 같은 예술적 형태에서 더욱 명백한데, 이런 저작물은 다른 어떤 경우보다, 무엇을 말하느냐 보다 어떻게 말하느냐가 더욱 중요하기 때문이라고 지적하기도 하였다.[25] 실제로 실무에서도 침해자의 가장 흔한 항변은 결국 침해를 주장하는 권리자가 특정 아이디어 또는 표현을 소유할 수 없다는 것으로 귀결될 것이다.

이러한 한계에도 불구하고, 아이디어와 표현의 이분법은 가장 최근에

---

19) 정상조·박준석, 앞의 책, 289면.
20) 신동룡, "지적 커먼즈에 대한 연구—자연권 모델을 통한 규범화 방식의 한계를 중심으로", 법학연구 제12권 제1호 (인하대학교 법학연구소, 2009) 289-295면.
21) 정상조, "창작과 표절의 구별기준," 법학 제44권 제1호 (서울대학교 법학연구소, 2003) 124면.
22) *Nichols v. Universal Pictures Corp.*, 45 F. 2d 119 (2nd Cir. 1930)
23) *Peter Pan Fabrics v. Martin Wener,* 247 F.2d 487, 489 (2nd Cir. 1960)
24) 권영준, 앞의 논문, 174면.
25) Edwin Hettinger, *Op. Cit.*, p.32.

는 2003년 Eldred v. Aschcroft[26] 판결에서 미 연방대법원이 저작권보호기간연장법(공식명칭은 Sonny Bono Copyright Term Extension Act, 약칭 Copyright Term Extension Act of 1998) 이 합헌으로 본 논거에 활용되어 학계의 우려를 받기도 하였다. 미 연방대법원은 이 사건에서 '아이디어와 표현의 이분법'과 공정이용 법리가 저작권법에 내재되어 있다고 봤던 1970년대의 관점을 그대로 차용하여, 저작권 보호기간이 진행 중인 저작권에 대해서도 저작권 보호기간을 저작자 사후 50년에서 70년으로 연장하는 것이 일반 공중의 표현의 자유를 침해하지 않는다고 판단하였던 것이다.

3) 이분법의 함의

미국에서는 이 이분법적 이론의 필요성을 '표현의 자유'와의 관계에서 설명한다. '표현'의 자유와 '인간의 사상 또는 감정을 표현한 창작물'이라는 저작물의 정의가 일견 '표현'이라는 동일한 객체를 대상으로 하기 때문에 충돌되는 것이 아닌가 하는 의문이 제기되기 때문이다. 그러나 헌법상 표현의 자유는 존 스튜어트 밀이 표현한 바와 같이 "자유로운 사상(아이디어)의 시장(the marketplace of ideas)"에서 진리와 허위가 공개적으로 자유롭게 논쟁하면 진리는 살아남고 허위는 그 사상의 시장에서 퇴출되고 말 것이라는 관점[27]을 바탕으로 한다.[28] 그렇기 때문에 헌법상

---

26) *Eldred v. Aschcroft*, 537 U.S. 186 (2003)
27) 이러한 논지는 존 스튜어트 밀 이전, 존 밀턴의 1644년 "아레오파기티카: 검열되지 않는 출판의 자유를 위한 호소(*Areopagitica, a Speech of Mr. John Milton for the Liberty of Unlicensed Printing, to the Parliament of England*)"에서도 찾을 수 있다.
28) 이를 현대적 맥락으로 환원하자면, 다양한 의견이 공동체 의사결정에 반영되기 위해서는 다양한 의견이 그 공론의 장에 표현되어야 하고 서로 논박하는 과정에서 최선의 해결책을 찾아낸다는 대의민주주의의 근간을 의미한다. 특히 자유롭게 의사를 표현할 자유는 대의민주주의에서 왜곡되는 주권자의 의사를 반영하기 위하여 직접민주주의적 요소를 반영하는 제도적 수정을 거친 사회에서는 더욱 중요해진다. 그렇기 때문에, 정치적 탄압, 경제적 불이익 혹은 법적

표현의 자유가 보호하고자 하는 사상 내지 아이디어의 자유로운 교환과
이동은 저작권법상 보호하는 표현과는 보호의 객체를 달리한다고 설명
한다. 이렇듯 표현의 자유로 보호하고자 하는 사상의 자유로운 흐름에
반드시 특정 '표현'의 사용이 필요한 것은 아니라는 것이 이 '아이디어와
표현의 이분법'의 요체다.[29]

　이러한 이론적 도구는 우리 헌법질서의 관점에서도 의미가 있다. 아
이디어와 표현의 이분법의 한계에도 불구하고, 헌법 제22조 제2항의 의
미는 제1항과의 관계에서 더 구체화되기 때문이다. 이 이분법에 관한 이
론이 헌법 제21조와의 관계 설정에 시사점이 있는 것은 물론이다.

　헌법 제22조 제1항의 학문과 예술의 자유가 진정한 의미의 자유권으
로써 기능하기 위해서는 권력이나 종교로부터 자유로울 것이 보장되어
야 하는 것은 물론이나, 실질적으로 그 이전의 성과나 문화적 자산을 접
하지 않는 한 그 자유권은 행사가 사실상 불가하다는 한계가 있다. 예술
적 창작물의 저작자가 그 저작재산권에 기한 경제적 권리를 누리기 위
해서는, 그 이전의 저작물에 담긴 아이디어 내지 사상에 접하여야 하고
필요한 범위 내에서 인류 공동의 자산을 이용할 수 있어야 한다. 더욱이
고도의 창작성 내지 창의성이 발현된 예술 내지 학문일수록 더 큰 경제
적 가치를 인정받는 자본주의 시장경제에서, 기존의 아이디어에 대한 접
근과 이용의 보장은 제2항을 가능케 하는 전제조건인 것이다.

　책임 등이 두려워 자유롭게 의사표현을 할 수 없는 환경을 조성하는 위축효과
　(chilling effect)는 대의민주주의든 직접민주주의든 국민이 주권자인 정체(政體)
　의 의사를 왜곡할 우려가 있다. 바로 이런 맥락에서 기본권으로서 표현의 자
　유가 보호되는 것이다.
29) 미국의 유력한 견해는 아이디어와 표현의 이분법의 요체는 결국 미국 수정헌
　법 제1조(우리 법제로는 표현의 자유)는 '아이디어'를 보호하기 위한 것이고,
　지적재산권의 보호는 로크의 노동이론의 관점을 가미하여 본다면, 노동이 가
　미된 '구체적 표현'을 보호하는 것이라고 주장한 바 있다(Justin Hughes, *Op.*
　Cit., p.314).

한편 이 이분법에 따르면 표현의 자유와 저작권은 '사상의 전파'라는 목적을 공유한다. 표현의 자유는 정치적 공동체를 위한 사상의 전파를, 저작권은 저작권자의 경제적 권리 보장을 위한 표현 내지 표현이 담고 있는 사상의 전파를 지향하는 것이다. 이는 동일한 사상을 전달하기 위하여 특정 표현을 써야만 같은 사상을 전달할 수 있는 것은 아니라는 것을 전제로 하고 있다. 반면 '인간의 사상 또는 감정을 표현한 창작물'인 저작권은 개별화된 구체적 표현을 보호하는 것이므로, 그 표현의 보호는 실질적으로 그 표현이 담고 있는 '사상'을 보호하는 기능도 있다. 저작권이 반드시 사상의 흐름 자체를 막지는 않는 것이다. 이런 논리에 따르면, 표현의 자유와 저작권법이 반드시 충돌하는 것은 아니라는 결론에 이르게 된다.[30]

3. 소결

저작재산권은 창작적 소산을 보호하기 위해 헌법상 창설된 권리이므로, 헌법 제22조 제2항의 저작자 등은 창작자를 의미하는 것으로 새겨야 하고 창작행위자 내지 창작행위자에 상응하는 자 등에게 저작재산권이 인정될 수 있다. 창작물은 저작권법의 보호객체가 되는데 저작물은 인간의 사상 또는 감정을 표현한 창작물로써 그 창작성은 저작자 자신의 작품이라는 의미의 최소한의 창작성을 갖춘 것이어야 한다. 한편 그 창작물은 그 이론적 한계에도 불구하고 '아이디어와 표현의 이분법'에 따라 구체적 '표현'이어야 하고, 이는 학문과 예술의 자유를 실질적으로 가능케 하는 제도적 장치이자, 진정한 의미의 저작재산권이 표현의 자유와

---

30) 이에 대하여 "표현만(only the expression)"을 보호한다고 주장하여 표현의 자유의 항변으로부터 국가권력이 자유로울 수 없다고 지적하며 "상상의 자유(Freedom of Imagination)" 보호의 법익을 주장한 견해(Jed Rubenfeld, "The Freedom of Imagination: Copyright's Constitutionality" *112 Yale L.J. 17* (2002). p.16)도 있었다.

같은 지향을 향할 수 있도록 지도하는 기능을 수행한다.

Ⅱ. 유인(誘引)으로써의 권리성

1. 저작자 등의 '권리'의 의미

저작자 등의 '권리'는 저작물을 창작한 자에게 인정되는 권리이다. 여기서 '권리'는 일차적으로 권리로서의 개념 표징이 있어야 하는데, 미국에서는 이 저작자의 권리를 해석함에 있어 미국 헌법의 조문과 해석례에 따라 복제를 보호하는 권리(copy-right) 즉 경제적 권리를 지칭하는 것이고, 그 성격은 배타적인 권리(exclusive right)로 보는 것이 일반적이다. 그러나 우리 헌법은 '배타적인 권리'를 부여할 것을 규정하고 있지 않아 그 의미는 해석에 남겨져 있다.[31]

비교법적으로 소위 대륙법계 국가에서는 저작권을 '저작자의 권리'로 인식하여 그 재산권 및 인격적 권리로 보호하나 영미법계 국가에서는 저작권을 '복제를 보호하는 권리(copyright)'로 파악한다. 이런 법적 전통의 차이에 비추어 보건대, 저작자 등의 권리는 선험적으로 존재하는 것이 아니라, 각 국의 법적, 문화적, 사상적 토양에 따라 인정될 만한 성질의 권리를 그 시대와 사회에 맞게 탄력적으로 운용하는 것으로 이해할 수 있다. 따라서 '권리'의 단일한 개념 표징을 추출하기 보다는, 오히려 그 권리의 성격과 권리를 정의하는 방식으로부터 적절한 '권리성'의 의의를 발

---

31) 이와 관련하여 이 '권리'가 저작인격권과 저작재산권 모두의 근거 규정인지에 관한 논의가 있는데, 이는 헌법 제10조의 일반적 인격권 외에 저작인격권이라는 별도의 개념을 인정할 실익이 있는지, 실익이 있다면 헌법 제10조의 일반적 인격권과 어떤 차이가 있는지 등에 관한 의미 있는 주제이겠으나, 본고에서는 일단 재산권적 성격의 저작재산권으로 그 논의를 한정하여 '권리'의 성격을 탐구한다.

견할 수 있다. 더욱이 저작자 등의 '권리'는 선험적으로 부여되는 것이 아니라, 유인이론을 따르는 법제에서는 창작의 동기를 제공하기 위하여 부여되는 것이기 때문에 그에 맞는 권리의 외연이 형성되어야 한다.

2. '권리'의 성격

가. 배타성에 관한 기존의 논의

저작재산권은 배타적 지배권이라고 설명되기도 하는데, 이는 일본의 통설적 견해이기도 하다.[32] 그 이유는 저작재산권자는 소유권과 유사하게 자신의 창작물에 관한 저작재산권을 처분, 양도, 사용·수익할 권리를 보유한다는 데에 있다. 이런 특성은 대세적 효력이 있다는 점에서 상당히 강한 권리임을 방증한다. 우리 저작권법도 저작권 침해에 대해서는 민법 제214조가 방해제거청구권 및 방해예방청구권을 인정하는 것과 유사하게, 민사적 구제방법으로 침해정지청구·침해예방청구(저작권법 제123조)가 인정된다는 점이 두드러진다.

그러나 이러한 배타적 지배권에 관한 일반적 논의는 우리 헌법적 관점에서는 재고를 요할 만하다. 저작재산권의 요체인 저작물은 그 자체로 물권도 채권도 아닌 특수한 성격을 가진다. 또한 그 대세적 효력은 저작재산권 그 자체의 물권적 특성이라고 보기 보다는, 헌법상 창설된 권리이기 때문에 규범력을 가지는 것으로도 볼 수 있다. 나아가 방해배제청구권이나 예방청구권과 유사한 구제수단이 보장되는 이유는, 물권의 성격 때문만이 아니라 더욱 중요하게는 금지청구가 침해를 당한 권리자에 대한 사실상 유일한 실효적 구제수단이 될 수도 있기 때문이라고 보는 것이 타당할 것이다. 특히 저작물의 공개 또는 출판 자체를 막아야 할

---

32) 오승종, 앞의 책, 412면.

긴박함을 요하는 사건에서 손해배상은 의미가 없는 경우도 많고, 설령 손해배상이 인정될 만한 경우라고 하더라도 금지의 이익이 더 큰 경우도 있기 때문이다.

나. 비배타적 특성에 관한 검토

저작재산권은 그 지배, 사용·수익의 양태, 보호기간 등의 측면에서는 오히려 비배타적인 특성이 두드러지는 권리이기도 하다. 물론 여전히 저작재산권은 대세효가 있기 때문에 배타성이 강하다는 반박이 가능하겠으나, 저작재산권은 창작동기를 부여하는 한 유연하게 구성될 수 있기 때문에 저작재산권의 목록에 추가될 수 있는 저작재산권의 비배타적 특성을 이하에서 살핀다.

첫째, 저작재산권은 객체에 대한 직접적 지배를 반드시 수반하지 않는다. 일반적인 물권은 점유를 수반한다. 그러나 저작재산권은 그 자체가 무형의 자산이기 때문에 현실의 점유가 불가하다. 예를 들어, 저작권법상 보호받는 어문저작물의 특정 표현에 대한 점유는 그 본질적 특성상 점유가 불가하고 ("죽는 날까지 하늘을 우러러 한 점 부끄러움이 없기를" 이라는 표현 자체), 저작재산권은 그것이 표현된 대상 ("시집"이라는 유체물)으로부터 별도로 존재할 뿐이다. 저작재산권은 권리발생에 등록을 요하지 않으므로, 특허권·실용신안이나 상표권 등 등록·공시되는 권리들과도 성질을 달리한다.

둘째, 위와 같은 특성에 비추어 저작재산권은 객체에 대한 배타적 지배를 반드시 수반하지 않는다. 어떤 자의 지배 내지 사용이 성립했다고 해서 다른 사람의 지배 내지 사용이 배제되지 않는다는 것이다. 저작재산권은 점유 대신 사용으로 그 관념적 권리에 대한 지배와 행사, 구체적 예로 생산, 복제, 배포가 이루어진다. 이러한 특징으로 인해 저작재산권은 배타적 지배가 아닌 비경합성(non-rivalry)을 특징으로 한다. 가령, 저작권법의 규율을 받는 소프트웨어는 권리자(실시를 허락한 자; licensor)가 자신의 권리를 스스로 제한해가면서, 다수의 사용자(실시권자; licensee)가 동시에 그 소프트웨어를 사용할 것을 허여할 수 있다.[33]

셋째, 저작재산권에는 영구적 소유권이 인정되지 않는다. 물권은 특별한 사정이 있지 않은 한 자신의 소유권을 계속 보유하는 특성을 가지는데, 저작재산권은 존속기간이 정해져 있어 그 존속기간이 도과한 경우 그 지적재산권은 반드시 일반 공중의 자유로운 이용을 위해 공공의 영역으로 들어온다.[34]

넷째, 지적재산권은 양도성을 배제하는 경우가 다수 있다. 이러한 특성은 지명채권의 양도 제한 규정들을 상기시키는 점에 비추어 오히려 채권과 유사하다.[35]

마지막으로 특허권·상표권·저작권 모두 공히, 일반 공중의 공정한 이용에 대한 공익적 고려가 반영된 제한 규정, 즉 공정이용 조항이 필요하다는 것 자체가 그 독점적 처분권능을 속성으로 하는 물권과 대조되는 점이다. 소유권과 같은 물권에는 공공복리에 따른 권리의 제한이 예외적으로 인정될 뿐인데 반해, 저작재산권은 물권적 특성을 가진 권리임에도 불구하고 구체적 열거적 사유는 물론이고 저작권법의 목적인 자유로운

---

33) 물론 당연히 단일 시장, 국가 내지 관할에 한정하는 전용사용권의 경우에는, 그 범위에 있어서는 다수의 전용사용권의 설정은 불가다 할 것이다.

34) 참고로 특허는 출원일로부터 20년, 실용신안권은 10년, 디자인권은 등록일로부터 20년, 상표권은 10년(다만 갱신 가능하여 이론상 영구적으로 보존 가능)으로 그 존속기간을 제한하고 있다.

35) 민법 제449조
채권은 양도할 수 있다. 그러나 채권의 성질이 양도를 허용하지 아니하는 때에는 그러하지 아니하다.
채권은 당사자가 반대의 의사를 표시한 경우에는 양도하지 못한다. 그러나 그 의사표시로써 선의의 제삼자에게 대항하지 못한다.
이에 반해, 물권은 일반규정으로 양도제한을 명시하는 규정을 두고 있지 않다. 물론 특별법 등에 의하여 제한되는 경우는 예외로 한다.

이용 내지 공정한 이용을 보장하기 위하여 애초에 한계가 있는 권리로 형성되고, 침해로 포섭이 되지 않는 경우가 있게 되는 것이다.

다. 권리의 다발로서의 성격

1) 권리의 다발 이론

일반적으로 재산권의 본질을 배타적 권리(Right to Exclude)로 보는 입장은 규범적으로 타인을 배제할 수 있는 권능의 존부를 가장 중요한 지표[36]로 삼아, 재산권을 배타적 권리로 이해하는 입장은 재산권의 핵심을 물(物)에 대한 지배(dominion)로 이해한다.[37] 그러나 배타성만으로 그 재산권의 다양한 권리와 권능을 설명하기에는 한계가 있었고, 이에 따라 재산권을 여러 권리의 다발로 설명하는 입장이 대두되었다. 이 새로운 흐름은 물(物) 자체가 아닌 물(物)에 대한 권리, 사회적 맥락에서의 그 권리에 초점을 맞추어 재산권은 다양한 권리의 조합이라는 프레임이었다.[38] 이런 흐름은 1880년경 이후로 주류로 받아들여졌고, 재산권에 대한 설명의 주류는 권리의 다발(bundle of rights) 또는 막대기의 다발(bundle of sticks)[39]로 바뀌었고 현재에 이르고 있다.[40]

---

36) Thomas W. Merrill, "Property and the Right to Exclude," *77 Neb. L. Rev. 730* (1998) p.734.

37) Jonathan Remy Nash, Stephaine M. Stern, "Property Frames," *87 Wash. U. L. Rev. 449* (2010) p.462.

38) *Ibid.* p.463.

39) 이는 흔히 보통법계에서 "완전한(full)" 소유권을 설명하기 위하여 법학전문교육을 받는 학생에게 사용하는 비유이다(Robert Ellickson, "Two Cheers for the Bundle-of-Sticks Metaphor, Three Cheers for Merrill and Smith," *ECON JOURNAL WATCH 8(3)* September 2011: 215-222). 굳이 우리 법제상 개념의 예시로 환원하자면 민법 제211조의 표현상 사용·수익·처분권이 인정되는 소유권을 민법상 인정되는 구체적 권리 내지 권능(가령, 점유할 권리, 매도할 권리, 증여할 권리, 교환할 권리, 임대차를 설정할 권리, 공유물로 지분을 분할할 권리, 담보물권을 설정할 권리 등)으로 개별적으로 추출, 그 권리 내지 권능을 개개의 막대기

권리를 적극적으로 규정하지 않고 권리의 다발이라고 설명하는 이 입장은 필요에 따라 특정 권리를 가감해가면서 재산권을 설명하였는데, 이러한 입장은 주로 정부의 공공의 이익을 반영하기 위하여 재산권을 상대화시키기 위한 노력 또는 사회적 요구의 흐름이라고 설명되기도 한다.[41] 재산권의 절대적 배타성으로부터 벗어나 구체적 권리의 집합을 '그' 재산권이라고 재산권의 프레임을 규정하는 것이다.

이러한 개별 막대기에는 개별적 (사회적) 의무가 수반되고, 그 중 몇 개의 막대기가 없어지더라도 재산권이 부정되는 것은 아니다. 이 입장은 재산권의 타인관련성(relations with other societal actor)을 강조한다.[42] 이는 '소유권은 x다'고 설명하는 것이 아니라, '소유권으로 인하여 누릴 수 있는 권리, 권능, 권한 등의 일체의 총합이 소유권이다'고 설명하는 방식이다. 이러한 이론전개의 단점은 개념과 특성이 개방적이라서 언제든 막대기가 가감될 수 있어 확정적이지 않다는 점이다. 반면, 소유권의 다양한 면을 설명하는 데 있어서는, 추상어로 포섭하기 어려운 "완전한" 특성을 구체적으로 이해하기 쉽게 설명할 수 있다는 장점이 분명 있다.

지적재산권은 개인에게 부여된 재산적 가치 있는 실체에 대한 독점권이라는 점에서 지적재산권이야 말로 배타적 권리로서의 특성이 딱 들어맞는다는 견해도 있다.[43] 그리고 소유권보다 뒤늦게 등장한 지적재산권의 경우에는 이미 공고하게 형성되어 잇는 소유권의 법리에 기대는 것은 자연스러운 일이었다. 단적으로 저작권의 경우가 그러한데, 이는 저작권을 둘러싼 경제적 이해관계가 역사적으로 증대되어 이를 제도적으로 보호받으려는 조직적 움직임은 저작권의 강화에 도움이 되는 소유

로 표현하여 이들의 묶음(bundle)을 "완전한" 소유권이라고 지칭하는 방식인 것이다.

40) Daniel Klein and John Robinson, *Op. Cit.*, p.195.

41) *Ibid.*

42) 권영준, 앞의 논문, 176면.

43) Thomas W. Merrill, *Op. Cit.*, p.749.

권의 법리와 잘 들어맞았다.[44] 그러나 지적재산권은 그 규범의 실체가
선험적으로 존재하는 권리가 아니다. 지적재산권은 '창작성'이라는 개념
을 중심으로 '국부증대'라는 목적 달성을 위하는 선에서 사회적 구속성
이 강할 수밖에 없는 권리로 탄생한 관계로, 개방적일 필요가 강한 권리
이기도 하다. 그러므로 이러한 재산권 관련 논의를 저작권과 소유권의
구도에 대입시켜 보면, 권리의 다발로서의 성격이 강한 저작권이 소유권
에 비하여 더욱 유연하게 사회적 요청에 대응할 수 있는 개념적 여건을
갖추고 있다.[45]

2) 창작성에 의한 탄력성

헌법 제22조 제2항은 단순히 저작자 등의 "권리는 보호된다"고 규정
할 뿐, 구체적인 권리는 법률에 의해 형성되고 제한된다. 그리하여 저작
권은 크게 저작인격권, 저작재산권, 저작인접권 등으로 대별되는데 이들
은 근원부터 상이할 뿐만 아니라, 실제로 분리되어 양도 불가한 일신전
속적 권리와 양도 가능한 권리로 대별된다. 또한 저작인격권(공표권, 성
명표시권, 동일성유지권)에는 공정이용 조항이 적용되지 않고, 보호기간
도 사후적 인격적 법익의 보호를 인정하는 특별한 경우를 제외하고는
사후에 인정되지 않고 손해배상의 성질도 인격권 침해의 성질, 즉 위자
료의 성질을 지닌다. 그리하여 저작인격권은 일신전속적 특성으로 대표
되는 일반 민법 또는 헌법상 인격권과 유사한 면이 있는 것과 달리, 저
작재산권의 경우는 물권적 내지 채권적 성격을 겸유하는 재산권의 특성
을 그대로 가지고 있어 여러 권리의 그 전부 또는 일부를 양도할 수 있
을 뿐만 아니라, 복제권, 공연권, 공중송신권, 전시권, 배포권, 대여권, 2
차적 저작물 작성권으로 가분될 수도 있다. 또한 같은 저작권법에 규율
된 권리라도, 저작권, 저작인접권, 데이터베이스에 인정되는 권리의 다

---

44) 권영준, 앞의 논문, 171면.
45) 위의 논문, 176면.

발은 다른데, 결국 '창작성'이라는 개념과의 밀접도에 따라 구체적인 권리를 개폐할 수 있는 여지를 주는 것이다. '창작성'의 강도와 밀접성에 따라 공동체가 부여할 권리의 다발의 조합이 달라지게 되는 것이다.

한편 이런 권리의 다발은 입법에 의해서만 형성되지 않고 사법작용을 통해서도 그 실질적 범위가 확정되기도 한다. 가령, 헌법재판소는 헌법 제22조 제2항은 발명가의 권리를 법률로써 보호하도록 하고 있고, 이에 따라 특허법은 특허권자에게 업(業)으로서 그 특허발명을 실시할 권리를 독점적으로 부여하고 있기 때문에, 특허권자가 특허발명의 방법으로 생산한 물건을 판매하는 것은 특허권의 본질적 내용의 하나이며, 특허발명의 방법에 의하여 생산한 물건에 발명의 명칭과 내용을 표시하는 것은 특허실시권에 내재된 요소(헌재 2000. 3. 30. 99헌마143)라고 보아, 특허실시권에는 물건에 발명의 명칭과 내용을 표시할 권리가 있다고 보았다. 반면, 일반적인 식품의 발명인 경우에는 식품에 함유된 성분이 약리적 효능을 가진다고 할지라도 이는 그동안의 과학적 연구성과에 의하여 식품영양학적이나 생리학적으로 공인된 사실인 경우가 거의 대부분이라 할 것[46]이므로 식품의 발명의 효과로서 그러한 약리적 효능을 표시하는 것은 허용되지 않는다고 보아, 특허권에 식품의 발명에 있어서 그 구성성분의 약리적 효능을 표시하는 것은 포함되지 않는다고 보았다(헌재 2004.11.25. 2003헌바104). 위에서 본 것처럼, 저작재산권에 인정되는 권리도 저작권법상 적시된 7개 외에도 입법적으로, 사법적으로 '창작

---

46) 반면, 의약발명에 있어서 약리효과는 명세서 상의 약리기전이 명확히 밝혀진 경우와 같은 특별한 사정이 있지 않은 이상 약리효과가 있다는 것을 약리데이터 등이 나타난 시험예로 기재하거나 또는 이에 대신할 수 있을 정도로 구체적으로 기재하여야만 비로소 발명이 완성되었다고 볼 수 있는 동시에 명세서의 기재요건을 충족하였다고 볼 수 있으므로(대법원 2003. 10. 10. 선고 2002후2846 판결; 2001. 11. 13. 선고 99후2396 판결; 2001. 11. 30. 선고 2001후65 판결 등 참조), 의약발명의 방법에 의하여 생산한 의약품에는 약리효과를 표시할 수 있다고 할 것이라고 보았다.

성'의 존부, 밀도, 강도 등을 종합적으로 고려하여 구체적 사안에서 유연
하게 개폐될 여지가 있는 것이다.

3) 사회적 구속성에 의한 유연성

저작재산권으로 인정되는 '권리'는 현재 저작권법에 열거된 것 이외
에도 행정적 내지 자발적 구제수단으로 확장될 수 있다. 그러한 권리의
확장은 저작자 등의 권리를 강화하는 데 기여하기 때문에 무분별한 확
장을 경계해야 할 필요는 있겠으나 유인이론에 따르면, 저작재산권 제도
의 실효적 운용에 연관된 사회적 비용을 감소시키면서 이용자의 법익을
제한하지 않는 권리가 있다면, 이는 그 사회적 효용에 비추어 장려되어
야 한다. 그에 대한 대표적인 예로는 사후적 침해제거에 관한 일련의 신
청과 자구책으로써의 예방적 기술적 보호조치가 고려될 수 있을 것이다.

한편 그러한 권리는 이용자의 법익을 제한하지 않아야 한다는 요청
을 반영하는 것이어야 하는 관계로, 저작자라고 주장하는 자의 권리를
보호하되 이용자의 법익을 과도하게 제한하는 것이 명백한 권리는 애초
에 권리의 다발 안에 들어올 수가 없다. 개인의 인격발현에 대하여 가지
는 의미 및 사회적 기능, 재산권의 행사가 타인과 사회전반에 대하여 가
지는 관련성이 높을수록, 재산권의 사회적 구속성의 정도는 강해[47]지기
때문이다.

Ⅲ. 소결: 창작물과 창작행위의 보호

저작재산권의 입법은 적극적 요소로서 헌법 제22조 제2항의 요건을
구체화하는 것이어야 하고, 이들은 주체의 측면에서는 창작자, 객체의

---

47) 한수웅, 앞의 책, 856면 참조.

측면에서는 창작성을 구비한 창작물일 것을 요한다. 이를 위하여서는 창작자가 아닌 자에 대한 권리의 확장을 주의하여야 하고, 창작성이 없는 것을 구별해내고 아이디어 내지 사상이 아닌 '표현'을 추출하여야 한다. 그리고 이에 대하여 주어지는 권리는 시대적, 문화적, 권리의 객체의 창작성의 강도와 밀도에 따라, 저작자에 대한 적절한 보상인 권리의 다발로 탄력적으로 운용되는 것이 타당하다.

제3절 저작재산권 입법의 한계적 요소

Ⅰ. 저작재산권의 사회적 관련성

헌법 제23조 제2항은 "재산권의 행사는 공공복리에 적합하도록 하여야 한다"고 규정한다. 이는 객관적 제도로서 사유재산제도는 물론 개인의 기본권으로서 재산권의 실현 또한 무제한으로 인정될 수 없고, 그 한계가 기술되어 있지 않아도 그 사회적 관련성에 따른 사회적 구속성의 제한을 받는다는 의미다. 이 재산권의 사회적 구속성은 재산권의 제한이라기보다는, 그 재산권의 행사에 있어 공동체 구성원들의 권리와 충돌하지만 공동체의 생활상 불가피하게 수인하여야 하는 재산권의 그 자체의 한계이므로, 이러한 한계는 재산권에 대한 제약으로 작용하고, 그 제약에는 공용침해와 달리 보상이 따르지 않는다.[1]

저작재산권도 헌법상 창설된 재산권의 일종인 이상 사회적 구속성에 의한 한계가 당연히 존재하고, 나아가 헌법 제37조 제2항의 과잉금지원칙에 의한 제한을 받는다. 저작재산권은 저작자 등의 권리 보호의 본질을 침해해서는 않는 선에서 관련된 사회적 공동체적 가치를 훼손하지 않아야 할 뿐만 아니라 일반 국민의 기본권을 과도하게 제한해서는 안 되는 것이다. 따라서 저작재산권의 입법은 창작의 유인을 제공하는 동시에, 그 기능을 수행하고 나면 소멸해야 할 효용을 고려해야 한다는 의미이다. 그 입법 자체가 권리자 보호에 편중되어 저작자 등의 권리를 창설하는 데서 그쳐서는 안 되는 것은 물론이다.

---

1) 정종섭, 「헌법학원론」, 713면. 사인이 소유한 문화재의 경우 법률이 정하는 규제는 헌법 제23조 제3항의 재산권의 제한이 아니라, 재산권의 사회적 제약에 해당한다고 보았다(헌재 2007. 7. 26. 2003헌마377).

이는 엄밀히 말하면 기본권의 제한의 문제이기 보다는, 헌법상 재산권으로 보호받는 이상 반드시 구비해야 할 내재적 요건인 사회적 구속성이다. 저작물은 원칙적으로 문화창달과 과학기술 발전이라는 목표에 봉사하기 위한 유인으로 기능하는 경우 외에는, 공공이 자유로이 이용할 수 있어야 한다. 저작권자의 권리가 모든 경우에 미친다면 저작물의 이용이 어려워지고, 그러한 학문과 예술의 발전이 사실상 불가해질 수도 있다. 또한 모든 저작물은 간접적으로나마 기존의 문화자산으로부터 창작된다는 점에서 그 저작물에 관한 일체의 이용을 제한하는 것은 과도하다고 볼 수 있다.

그런 의미에서 현행 저작권법 제2관 '저작재산권의 제한'이라는 용어는 엄밀한 의미의 '제한'이라기보다는, 저작재산권의 사회적 구속성으로 인하여 잠재적 이용자가 일일이 그 공익적 사용에 대하여 권리자의 동의를 구할 거래비용 내지 사회적 비용 없이 적절히 이용할 수 있는 행위 태양을 규정한 것이라는 의미로 새기는 것이 타당할 것이다. 즉, '저작재산권의 제한'의 규범적 의미는 '제한' 자체가 목적이 아니라, 애초에 침해를 구성하지 않는 행위 태양을 규정한 것이므로 오히려 '침해를 구성하지 않는 이용' 내지 '침해를 구성하지 않는 행위'라는 의미가 그 본래의 의미를 직감할 수 있게 한다. 저작권 자체가 공정한 이용을 담보한다는 전제 하에 개인에게 배타적 경제적 권리를 부여하는 사회적 기제라고 보면, '저작권의 제한'은 저작권이 헌법상 정당화되기 위한 사회적 구속성의 구체화에 불과하기 때문이다.

II. 권리 형성의 한계

1. 저작재산권 존속(存續)의 한계

저작재산권은 역사적으로 앤여왕법이 그랬고 *Donaldson v. Beckett* 판례 이래로 그래왔듯이 제한된 기간 동안만 존속한다. 유인이론에 따를 경우, 저작재산권이 창작 유인 기능을 다하고 나면 그 저작물은 인류 공동의 문화자산으로 들어와야 그 사회적 효용이 극대화되기 때문에 일정 기간이 지나면 반드시 소멸하여야 하는 것이다. 이러한 저작재산권의 유한성은 권리의 존속기간 동안 그 저작물을 자유롭게 이용하지 못하는 공공의 희생을 통시적(通時的)으로 극복하게 하는 기제이다. 그러나 헌법 제22조 제2항은 미국 헌법이 법문상 존속기간이 제한되지 않으면 안된다("by securing for limited Times")고 규정한 것과 달리, 존속기간에 관한 표현을 두고 있지 않기 때문에 그 존속의 한계는 해석의 영역으로 남아있다.

이런 저작재산권의 존속기간의 제한은 저작재산권의 유한성과 존속기간의 적절성, 두 측면에서 의의가 있다. 이 둘은 단순히 시적 범위의 '제한[2])'이 아니라 저작재산권 자체의 정당화 논거로 기능한다는 면에서 권리의 창설 단계에서부터 고려되어야 하는 한계적 요소이다.

가. 저작재산권의 유한성(有限性)

저작물은 반드시 일정한 보호기간이 지나고 나면 누구나 자유롭게 사용할 수 있는 공공의 영역(public domain)[3])으로 들어와야만 한다.[4]) 저

---

2) 저작권의 시적한계에 관해서는 존속기간의 '제한'이라는 표현이 많이 사용되는 것으로 보인다. 그러나 이 때의 '제한'은 공정이용을 칭하는 이른바 '저작권의 제한'과는 논의의 범주와 층위를 달리한다.

작재산권은 반드시 존속기간이 정해져 있다는 점에서 전통적 동산, 부동산의 소유권과 대별된다. 전술한 바와 같이 저작재산권 제도는 존재 자체만으로 일반 국민으로 하여금 타인의 저작물 이용 시 권리자를 검색하고 그에 대한 정당한 비용을 찾아내 지불해야 하는 한편, 자신의 이용이 침해를 구성하지 않는 것인지에 관한 검토 등의 비용을 부담하게 하여 사회전체적 비용을 발생시킨다. 시간이 지날수록 이런 공동체의 사회적 비용은 증대되어, 창작의 유인으로써 새로운 창작물로부터 얻을 효용을 뛰어넘게 된다. 저작재산권이 더 이상 창작의 유인 기능을 수행하지 않게 되면 저작재산권은 그 보호근거가 약해질 수밖에 없다. 그리하여 유인이론에 따르면 저작재산권은 그 영구성을 정당화시킬 수 없다.

요약하자면 저작재산권은 공적 영역과 사적 영역 사이의 지대로서 만들어 졌고, 사적 권리를 보호하는 동시에 공공의 저작물을 지속적으로 제공하도록 하는 역할을 수행한다.[5] 그것이 저작권이 보호되는 이유이

---

3) 정보시장과 공유영역의 헌법적 의미와 그 균형적 지점에 관한 연구로는 김주영, 앞의 논문, 174면 이하 참조.

4) 저작권은 보호기간이 경과하는 순간 누구나 자유롭게 이용할 수 있는 권리가 되어야만, 일정 기간의 사익적 보호가 정당화되는 것이다.
이러한 취지는 권리의 발생에 있어서도 반영되는데, 가령 특허, 실용신안, 상표 내지 디자인은 소정의 행정절차, 즉, 출원에서 등록에 이르는 절차를 거쳐 궁극적으로 등록료 등의 납부를 권리의 설정등록 내지는 존속요건으로 한다. 소정의 등록료 등을 특허청에 납부하지 아니한 때에는 그 특허, 실용신안, 상표 내지 디자인이 아무리 고도의 창작성, 신규성, 진보성, 식별력을 가진다고 하더라도, 권리의 효력조차 발생하지 아니하여 공공의 자산으로 되는 것도 결국 권리의 발생과 존속을 어렵게 하기 위함이다.
우리 법제에 의해서도, 저작권은 저작자 사망 후 70년(저작권법 제39조), 특허권은 20년(특허법 제88조), 디자인권은 20년(디자인보호법 제91조), 실용신안권은 10년(실용신안법 제22조), 상표법은 10년(상표법 제83조)로 정해져 있다. 물론 상표법의 경우는 특별한 사정이 없는 한 횟수 제한 없이 갱신 가능하지만, 이는 영업출처라는 법인의 인격적 가치와 거래계의 신용을 보호하기 위하여 예외적으로 인정된 것이다.

5) Corynne McSherry, *Op Cit.*, p.46.

고 문화와 산업발전을 위한다는 유인이론이 정당화되는 주요 논거이기 때문이다.

나. 저작재산권의 연장 추세와 존속의 한계

1) 존속기간 연장의 경향

저작재산권이 존속하는 한 이용자는 권리자를 찾아 동의를 받아야 하고 이용에 대한 대가를 지급해야 하기 때문에, 저작재산권의 존속기간은 적절한 기간 동안만 인정되어야 한다. 창작을 독려하여 얻을 사회적 효용이 저작재산권 보호 제도 운영의 비용보다 크다고 보기 때문에 그 사회적 비용을 수인하는 것이기 때문에, 사회적 비용이 너무 오랜 기간 고정되는 것은 그 저작물의 창작성에 비하여 과도한 경제적 가치를 향유하게 하는 것일 수도 있기 때문에 존속기간의 과도한 연장은 유인이론의 관점에서 수정될 필요가 있다.

그러나 저작권의 보호기간은 계속해서 증가하고 있다. 자유로운 사용이 가능한 공공의 영역이 줄어드는 것이다. 1710년 앤여왕법이 제정되었을 때만 해도 그 보호기간은 앤여왕법 시행일 이전 저작물은 21년, 시행일 이후 창작된 저작물은 최초 발행일로부터 14년간 보호되었다. 그러나 현재 저작권 보호기간은 저작자 사후 70년, 업무상저작물은 출판으로부터 95년, 창작으로부터 120년으로 늘어났다.

2) 적절한 존속기간에 관한 기존의 논거

전 세계적으로 저작재산권의 존속기간이 연장된 데에는 몇 가지 특수한 사정이 있었다. 가령 베른협약은 1978년 저작자와 그 첫 2세대(총 3세대)의 후손에 대한 보호가 필요하다고 판단하여, 저작자 사후 50년까지도 그 가족이 그 경제적 권리를 누릴 수 있도록 할 필요가 있다고 보아[6] 저작권 보호기간을 연장시켰다. 비슷한 논거는 인류 평균 수명 연장에 따라 저작자 사후 70년의 보호기간이 정해질 때도 마찬가지로 이용되었다.

베른협약에 큰 영향을 미쳤고 결과적으로 미국과 우리나라에도 영향을 미친 유럽의 경우에는 세계대전이라는 특수한 사정이 있었다. 유럽에서의 제1차 세계대전은 1914년 8월부터 1918년 11월까지, 그리고 제2차 세계대전은 1939년 9월 1945년 5월까지 지속되었다. 전쟁 기간 저작자나 출판자가 그 저작물로부터 경제적 이익을 누리는 것은 어렵거나 불가능한 경우가 많았고, 그런 이유로 많은 유럽 국가들은 저작권 보호기간에 있어 전쟁기간에 상응하는 특별한 보호기간의 연장을 허락하였다.[7]

그러나 그 보호기간 연장의 논의에 있어 핵심적으로 사용되었던 논거는 그 권리창설과 정당화에 이용되었던 논거들과는 그 종류를 달리한다. 권리창설과 정당화에 이용되었던 논거에 따르면 그 존속기간의 연장에 있어서도 사회적 효용에 관한 사상적 논변이나 문화·산업의 발전과 같은 공동체적 목표가 고려되었어야 하지만 그렇지 않았다. 당시 저작권 보호기간 연장의 거의 유일한 논거였던 전쟁이라는 특수한 사실적 상황은 그 자체로 유럽에 적용되었고, 미국, 우리나라를 포함한 베른협약 가입국은 동일한 논거를 소개하며 여타 회원국이 보호기간을 그렇게 연장하였음을 논거로 저작권 보호기간을 연장한 것으로 보인다.

3) 시사점: 자생적 판단기준의 필요

이러한 연장 추이가 우려스러운 지점은 '저작권은 유한하다'는 원칙이 현대까지 이어오는 저작권의 헌법상 정당화 논거였다는 점이다. 만일

---

6) WIPO, *Guide to the Berne Convention for the Protection of Literary and Artistic Works* (1978) p.46. 그 표현에 따르면 저작자 사망 후 적어도 그의 생존 기간만큼은 그의 가족이 그를 기억하는 한 그 권리는 존속하는 것이 일반적일 것이라고 기술하였다.

7) Stephen Fishman, *The Public Domain: How to Find & Use Copyright-Free Writings, Music, Art & More* (Nolo, 2014) p.301.

현재까지 보호기간 연장에 크게 기여한 논거인 수명 연장 내지 전쟁 등이 계속해서 적용되면, 인류 수명의 연장과 함께 저작재산권이 얼마나 더 연장될 지가 불확실해져 실질적으로 영구적 권리와 다를 바 없어질 수도 있는 것이다. 더욱이 저작권이 애초에 보호를 받은 이유는 저작자를 보호하기 위함이었음에도 불구하고 현실적으로 많은 경우 저작권은 저작자로부터 유리되어, 즉 이전 내지 양도되어 경제적으로 이용되고 있거나 업무상 저작물로 보호되고 있기도 하다.

우리의 관점에서 더 문제적인 것은, 미 연방대법원의 *Eldred v. Aschcorft* 판결을 전후로 미국에서는 저작권과 표현의 자유에 대한 상당한 논쟁이 있었고 이에 대한 많은 비판적 논문이 나와 그에 대한 검토가 이루어진 바 있었지만, 우리나라의 경우는 이에 대한 헌법적 정당성이나 검토 없이 너무도 쉽게 저작권의 보호기간이 저작자 사후 70년, 업무상 저작물의 경우는 95년으로 늘어났고, 저작인접권의 보호기간이 사후적으로도 소급 연장되었다는 것이다.

참고로 우리 저작권법은 1957년 저작권법에 의하여 보호기간이 저작자 사후 30년이다가, 통상압박으로 1986년 저작권법 개정으로 사후 50년이 되더니, 2011년 개정에 의해서는 사후 70년으로 길어져, 불과 30년 만에 저작권의 보호 기간은 2배 이상이 되었다.[8] 이에 관한 공식 설명은, 그 개정 배경을 "미국, 영국, 프랑스 등 전 세계 약 70여 개국이 이미 보호기간을 70년으로 연장하는 등 저작권 보호기간 연장은 국제적 추세"[9]라고 설명하고, 그 효과를 "저작물의 보호가 보다 강화됨으로써 새로운

---

8) 이에 대하여 "협상 과정에서 미국은 우리의 문화 환경적인 요소는 도외시한 채 시종일관 보호기간의 연장을 주장하여 관철시켰고, 이는 결과적으로 우리 저작권법의 입법에 반영되어 시행되고 있다"는 비판적 평가가 있었다(박성호, 「저작권법」628면). 앞서 박준석, "한국 지적재산권법의 과거·현재·미래," 128면 이하에서도 언급한 바와 같이, 이는 사실상 현재 우리 저작재산권 보호기간의 논거라는 점에서 자생적 판단기준의 필요는 더욱 높은 것으로 보인다.
9) 「개정 저작권법 해설서」(문화체육관광부·한국저작권위원회, 2012) 37면.

저작물의 창작 촉진"과 "우리나라가 콘텐츠 수입국에서 점차 수출국의 지위로 변모하고 있는 상황에서 해외에서의 우리 콘텐츠 보호에도 긍정적인 역할을 할 것으로 기대됨"[10]이라고 제시된 바 있다.

그 개정배경과 효과에 관한 언급 중 국제적 연장 추세에 관한 논거는 그 자체로 규범적 근거가 약하고, 저작권 보호기간 연장이 창작 촉진에 실제로 영향을 끼치는 지에 관해서는 오히려 반대되는 연구가 있었던 관계로, 그나마 우리 공동체적 관점에서 유의미한 것은 우리나라가 수입국에서 수출국으로 그 위상을 달리하게 되었기 때문에 권리를 강화할 필요가 있다는 주장 정도가 될 것이다. 이는 다른 개발도상국과 통상조약을 체결할 때에 우리나라의 저작재산권 보호기간을 수입국 지위에 있는 다른 개발도상국에 요구할 수 있다는 취지이다.

정치현실상 국가적 득(得)과 실(失)을 따져 다른 산업적 우위를 점하기 위해 내지 국가안보와 같은 국익을 위하여, 저작재산권의 존속기간을 연장하기로 결정할 수는 있다. 그 과정에 있어 저작재산권 존속기간 연장의 논거가 우리의 경제적, 문화적, 사회적 특수성이 반영된 것이라면, 헌법 질서 상 저작재산권의 보호는 더욱 정당화될 수 있고, 자유로운 이용을 단순 지연시키는 결과에 이르지 않을 수 있을 것이다. 가령 저작재산권 보호기간의 연장이 국부의 증대를 위한 개별 협상에 있어서의 득과 실을 이익형량한 결과라거나, 우리나라의 기대여명에 따른 저작자 보호기간의 반영이라거나,[11] 우리의 저작재산권 보호 기제는 제한 사유가 포괄적이고 다양하여 저작재산권 제도의 유지 비용 자체가 낮다는 등의 논거가 우리 법현실에 부합하는 '공익'을 반영하는 논거가 될 수 있지 않을까 생각한다.

---

10) 위의 책, 37-38면.
11) 통계청 자료 기준 2006년 출생자의 기대여명은 78.8년이었고, 2015년 출생자의 기대여명은 82.1년이었다(http://kosis.kr/nsportalStats/nsportalStats_0102Body.jsp?menuId=10&NUM=1017 최종방문: 2017. 7. 15.).

다. 소결

저작재산권은 창작의 유인으로서 기능을 다하고 나면 공공의 문화자산으로 편입되어야 하는 유한성을 가진다. 그러나 이러한 유한성이 인간의 수명에 비추어 사실상 영구적이라면 그 효용은 제한적이다. 저작재산권의 존속기간의 적절한 선을 모색하는 것은 공익과 사익의 형량이 반영되는 동시에 여타 헌법적 가치를 고려해야 하는 난제이다. 다만 그 사회, 규범환경의 특수성이 반영되어야 하는 것이므로, 비록 현실적으로 어렵더라도 외국 규범을 만연히 도입하는 것에 대한 주의를 요한다.

2. 저작물의 물적(物的) 한계

가. '창작성'이 없는 객체의 저작권법상 보호

지적재산권은 계속해서 그 범위를 넓혀가고 있는데, 이는 저작권 분야 또한 예외가 아니다. 저작권이 보호하는 저작물도 초기에는 어문저작물에 그치던 것이, 음악저작물, 연극저작물, 미술저작물, 건축저작물, 사진저작물, 영상저작물, 도형저작물, 컴퓨터프로그램저작물, 데이터베이스로 확대되었다. 기술과 산업의 발전에 따라 새로운 형태의 창작적 소산이 축적되는 것은 다양한 문화적, 산업적 자산이 증대되는 것으로 사회적 효용에 기여하는 바가 있다. 저작권법이 급변하는 기술과 매체의 특성 상 존재 가능한 모든 형태의 저작물을 법률로 규정하는 것도 사실상 불가능하기 때문에, 저작권법이 모든 저작물을 규정해야 한다는 요청은 법현실을 반영하지 못한 것으로 볼 수도 있다.

그럼에도 불구하고 '창작성' 요건은 헌법규정에 따른 최소한의 개념 표징이다. 창작성 있는 저작물과 그렇지 않은 것을 창작성이 있는 저작물에 대한 법률과 같은 법률로 규율하는 것은 해석의 면에서 주의를 요한다. '창작성'이 무엇인지를 적극적 개념으로 규정하는 것은 어렵겠으나, 적어도 소극적 방식으로 '창작성이 없는 것'은 배제할 수 있고 실제로 배제하는 것이 저작재산권을 헌법에서 보호하는 취지에 부합하는 것이다.

그런 의미에서 저작인접권의 경우는 저작권법상 보호를 받음에 있어 실연자, 음반제작자 및 방송사업자가 최소한의 창작성을 발휘할 것이라는 점이 뒷받침되어 있고, 그러한 모종의 창작성의 존재가 인정되기 때문에 저작권법적 접근을 취하는 것 그 자체에 관한 비판은 설득력이 약하다. 그러나 애초에 창작성이 없는 객체를 저작권법에 포함시켜 마치 저작물의 범위 안에 열거될 수 있는 것처럼 규율하는 방식에는 문제가 있다. 저작재산권이 창작성이라는 가치의 구현과 발전을 위하여 존재하는 권리 기제라고 본다면, 적어도 창작성이 없는 것을 보호범위에서 배제하여야 보호받을 만한 가치가 있는 창작성 있는 저작물에 대한 실질적 보호가 가능하기도 한 것이다.

나. 데이터베이스의 경우

저작권법의 보호를 받지만 창작성을 요건으로 삼지 않는 단적인 예는 '데이터베이스'이다. 저작권의 큰 축을 세 개로 나눌 때 저작권, 저작인접권, 데이터베이스로 분류될 정도로 이질적인 성격의 데이터베이스는 애초에 편집저작물에 대한 보호 필요성으로 시작되었지만, 창작성을 요하지 않기 때문에 저작물에 해당한다고 보기에는 어려움이 있다. 더욱이 현행 저작권법에서 데이터베이스는 소재를 체계적으로 배열 또는 구성한 편집물로서 개별적으로 그 소재에 접근하거나 그 소재를 검색할 수 있도록 한 것(저작권법 제2조 제19호)이므로, 창작성 요건을 구비하지 않더라도 저작권법상의 보호받을 수 있게 되었다.[12]

데이터베이스가 엄밀한 의미의 저작물에 해당하지도 않는데 저작물의 물적 한계로서 어떤 의미가 있냐는 질문이 제기될 수도 있다. 문제는 데이터베이스를 저작권법적으로 보호한다는 것이다. 데이터베이스는 애초에 창작성 있는 것을 보호하는 저작권법과는 그 성질 자체를 달리하고, 현행 법으로는 창작성조차 요하지 않는 관계로 저작권 보호의 핵심인 창작성을 명시적으로 배제하는 이질적인 존재이다.

그 요건을 살펴보자면, 데이터베이스 보호는 "데이터베이스제작자"일 것을 요하고, 데이터베이스제작자는 "데이터베이스의 제작 또는 그 소재의 갱신·검증 또는 보충(이하 "갱신 등")에 인적 또는 물적으로 상당한 투자를 한 자"(저작권법 제2조 제20호)를 의미한다. 실제 사건에서는 "상당한 투자를 한 자"인지 여부가 주요 쟁점화[13]되고, 데이터베이스제작자임을 주장하는 자가 이를 증명해야 한다. 이러한 "상당한 투자" 요건이 중요하다는 사실은 데이터베이스의 보호필요성에도 불구하고, 이를 굳이 저작권법 안에 규정할 의미가 없다는 사실의 방증이기도 하다.

특히 2014년 개정으로 부정경쟁방지법[14]에 (차)목이 도입된 이상, 제2

---

12) 저작권법에 "데이터베이스제작자"를 정의하면서, 저작자와는 달리 "데이터베이스의 제작 또는 그 소재의 갱신·검증 또는 보충(이하 "갱신등"이라 한다)에 인적 또는 물적으로 상당한 투자를 한 자"(저작권법 제2조 제20호)를 규정하며, 상당한 투자를 요건으로 한다는 관점에서도 전통적 저작물과는 달리 산업적 유인으로서의 성격이 강한 권리인 것이다. 데이터베이스는 그 자체로 최소한의 창작성을 갖출 것을 요하는 창작물과는 본질적 성격을 달리 하기 때문에, 저작권법도 데이터베이스를 장을 달리하여 제4장에서 보호받는 데이터베이스의 범위를 한정하고, 그 권리를 복제·배포·방송 또는 전송으로 한정한다(저작권법 제93조). 그리고 권리제한과 보호기간도 모두 별도로 정한다(저작권법 제94조 내지 제95조).

13) 부산지방법원 2010. 9. 2. 선고 2010가합2230 판결에서는 상당한 투자가 없었음을 이유로 데이터베이스제작자로서의 권리를 부정한 바 있다.

14) 미국의 유용(misappropriation)에 대한 제한 법리가 데이터베이스의 보호방안이 될 수 있다는 의견으로는 정상조·박준석, 앞의 책, 327면; 한지영, 「데이터베이스의 법적 보호에 관한 연구」 법학박사 학위논문 (서울대학교 대학원, 2005) 50-53면. 2014년 부정경쟁방지법의 개정으로 대법원 2010. 8. 25. 선고 2008마

조 제1호 (차)목으로 타인의 상당한 투자나 노력으로 만들어진 성과 등을 공정한 상거래 관행이나 경쟁질서에 반하는 방법으로 자신의 영업을 위하여 무단으로 사용함으로써 타인의 경제적 이익을 침해하는 행위를 규율할 수 있는데, 굳이 창작성이 없을 것을 법률로 요하는 데이터베이스를 창작적 소산을 보호할 것을 목적으로 하는 저작권법으로 보호할 실익에 의문이 제기되는 것이다.

데이터베이스에 대한 저작권법적 보호는 결과적으로 또는 사실상 정보 자체에 대한 배타적 지배를 초래하게 되고 따라서 창작성이 결여된 정보의 단순한 집합물에 대해서까지 상당기간 그 이용을 금지하는 것은 합리적인 근거 없이 정보의 접근과 이용에 관한 국민의 기본적 권리를 본질적으로 침해함으로써 헌법 제21조(언론·출판의 자유)에 위반될 소지가 있기 때문이다.[15)]

다. 소결

저작권법상 데이터베이스는 애초에 배열과 집합에 관한 것이기 때문에 창작성을 요하지 않는 것을 특징으로 한다. 그러나 저작권법이 창작성을 핵심으로 하는 '저작자 등의 권리'의 구체화 입법이라는 측면에서 명시적으로 창작성을 요하지 않는 데이터베이스를 저작권법에서 보호하는 것은 문제가 있다. 데이터베이스의 보호 필요성은 창작의 소산을 보

1541결정의 취지가 반영된 (차)목이 도입된 이상, (차)목의 적용을 적극적으로 고려할 필요가 있다.

15) 정상조·박준석, 앞의 책, 327면. 이에 대하여 데이터베이스를 저작권 또는 그에 유사한 배타적 권리에 의해서 보호하는 것보다는 데이터베이스제작자간의 부정이용을 금지하는 방법론이 국내실정에 부합되는 것 아닌가 하는 의견을 제시하였는데, 실제로 우리나라의 부정경쟁방지법이나 그 외 민법상 관련 법리로 규율 가능한 것을 굳이 배타적 권리로 보호하는 것의 타당성에 의문이 제기된다.

호하는 저작권법에서 해소할 성질과는 거리가 멀고, 오히려 '상당한 투자를 한 자'에 대한 적극적 보호가 가능한 부정경쟁방지법에 의한 구제를 꾀하는 것으로 해결할 수 있다.

III. 권리 행사의 한계

1. 저작재산권 제한의 헌법적 함의

저작권법 제2관 '저작재산권의 제한'은 저작자 등의 권리의 일종인 저작재산권이 발생하였으나, 그에 대한 권리의 행사가 제한된다는 면에서 저작재산권의 '제한'이라는 의의가 있다. 그러나 전술한 바와 같이 이러한 '제한'은 저작재산권이 재산권의 일종이기 때문에 반드시 내포해야 할 사회적 구속성의 발현으로써 저작자 등의 권리가 인정되는 한 이용을 제한 받게 되는 이용자의 법익을 보호하기 위한 수반되어야 할 기제이다. 저작재산권은 사회적 효용을 극대화 하기 위하여 인정되는 권리인 관계로, 학문, 교육, 예술, 언론 보도, 비영리적 사적 이용, 필요적 일시적 사용 등의 공익적 목적으로 내지 필요한 경우 제한적으로 저작물을 '이용'할 수 있게 해야만 기존의 저작물로부터 새로운 창작행위가 가능하기 때문이다.

단적으로 학문적 연구는 기존의 연구성과에 더하여 나름의 기여를 할 것이 요구되는데, 기존의 연구에 대한 접근과 이용을 위한 환경 없이 그러한 연구는 사실상 불가하다. 예술의 경우도 마찬가지이다. 문학, 미술, 음악 등 장르를 막론하고 모든 예술 작품은 기존의 예술작품으로부터 새로운 감흥을 불러일으키는 것을 창조하려는 시도의 연속이다. 그것이 당대의 사조를 발전시키는 것이든 새로운 사조를 일으키는 것이든, 예술은 기존의 예술 작품을 반드시 접하고 이용하며 향유할 수 있어야 한다. 문화와 산업 발전을 위한 최소한의 전제 조건이자 사회적 기반으로써 저작재산권의 침해를 구성하지 않는 경우가 법정되어 저작재산권의 행사를 제한해야 하는 것이다.

저작재산권이 애초에 문화와 산업 발전을 위하여 창설됐다는 면에서 그러한 제한은 더욱 중요할 수밖에 없다. 잠재적 이용자가 저작재산권자로부터 이용 권한을 받기 위한 합리적 노력을 기울였으나, 현실적 이유로 그러한 동의를 받는 것이 불가할 때 저작물의 적법한 이용을 가능케 하기 위한 법정허락제도 또한 그러한 목적 달성을 위해 인정되는 것이다. 그러므로 저작재산권의 제한인 권리 행사의 한계는 저작재산권 자체의 형성 단계부터 고려되어야 할 내재적 한계와는 성격을 달리하나, 저작자 등의 권리를 사유재산으로 인정하는 한 반드시 권리자가 수인해야 할 공적 이용의 최소한이다.

2. 공정한 이용의 보호

광의의 '공정한 이용'은 추상적 구호에 그치지 않고, 이용자의 기본권 및 관련 사익, 그리고 자유롭고 공정한 정보의 이용 가능성이라는 공익의 집합을 표상한다. 그렇기 때문에 '공정한 이용'은 저작재산권 보호에 의한 공익의 희생 범위를 최소화하여 학문·예술의 자유를 증진시키는 한편 표현의 자유와의 직접적 충돌을 피하고자 한다.

'공정이용'(fair use)의 법리란 일반적으로 저작권 침해에 해당할 행위일지라도, 저작물 이용의 활성화를 위해 저작권자의 이익을 침해하지 않는 일련의 행위 태양을 '공정이용'으로 규정하여 일정한 경우 저작재산권자의 권리 행사, 즉 침해 주장을 불가하게 하는 것이다. 이는 모든 사건에 개별적으로 저작권자의 사전 동의 없이, 학문, 교육, 재판, 시사보도, 비영리 공연, 사적 이용 등의 열거적 사유에 일일이 사전 동의를 구하는 거래비용(transaction cost)을 배제하고, 저작권자의 경제적 손실이

없는 선에서 잠재적 저작물 이용자가 이를 자유롭게 이용할 수 있도록
하는 공익적 견지에서 인정되는 법리이다.

이러한 공정이용의 법리는 미국 판례법상 발달해오다가 1976년 저작
권법 (17 U.S.C. § 107)에 규정되었다. 1985년 미연방대법원은 *Harper &
Row v. Nation Enterprises* 사건에서 표현의 자유와 저작권법의 상관관계를
설명하면서, 공정이용 법리의 적용을 위한 기준을 구체적으로 설시한 바
있다. 그런 의미에서 '공정한 이용'은 저작재산권에 관한 공익적 한계에
관한 가장 기본적이고도 핵심적인 법리이자, 헌법 제22조 소정의 규정에
따라 저작재산권 제도를 유지하는 한, 학문과 예술의 자유와 그 전제인
표현의 자유가 구체적 사건에서 보호되기 위한 매개이자 돌파구이다.

참고로 '공정한 이용'에 관한 우리의 논의는 미국의 영향을 받았다.
후술하겠으나 *Harper & Row v. Nation Enterprises* 사건에서의 기준은 입법
적으로 우리나라에 현행 저작권법 제35조의3(포괄적 공정이용 조항)이
도입되기 전부터 대법원 판결에서 적용된 바 있으며, 현행 저작권법에
거의 그대로 반영이 되어 있다.

가. 이용자의 법익 보호 기제(機制)

1) '공정한' 이용의 헌법상 자리매김

'저작자 등의 권리'는 공동체 내 문화발전이라는 효용을 위하여 창설
된 도구적 권리의 성격이 두드러진다. 그렇기 때문에 목적 달성을 위하
여 잠재적 이용자의 이용을 일부 제한할 수는 있지만, 그럼에도 불구하
고 그러한 권리의 보호는 제22조 제1항의 학문·예술의 자유, 제21조 표
현의 자유와 같은 타인의 기본권을 제한하지 않는 선에서 정당화될 수
있다. 저작권법 제1조도 저작권법의 목적을 밝히며 "저작자의 권리와 이
에 인접하는 권리를 보호"하고 "저작물의 공정한 이용을 도모함으로써"
"문화 및 관련 산업의 향상발전에 이바지함"이라고 밝혀, '공정한 이용'

이 저작재산권 보호의 양대 축을 구성함을 명시적으로 밝히고 있다. 그렇기 때문에 저작물의 공정한 이용은 저작재산권에 대한 예외 내지 이용자에게 부여되는 특권[16]이라고 보는 것은 권리자 보호에 치우친 것으로 볼 수 있다. 한편, 저작권법상 인정되는 제한을 '이용자의 권리'로 파악하는 견해도 유력한데 이 견해는 이용자의 권리를 적극적 권리로 해석하여 저작재산권자의 권리 행사의 예외라기보다는 저작재산권을 사유재산으로 인정하는 반대급부로써의 이용자의 권리의 적극성과 그 보호의 필요성을 강조한 입장이다.[17]

'저작자 등의 권리'가 헌법상 재산권으로서 보호를 받을 것이라면 그 사회적 구속성의 구비여부는 더욱 엄격하게 보아야 한다. 이런 관점을 취하게 되면 '공정한 이용의 보장'은 권리자의 권리보호를 통한 유인제공이라는 공익과 함께 일반공중의 자유로운 이용이라는 공익 또한 달성하는 협력적 이념으로 이해할 수 있다. 이는 추상적 공익의 달성이 아닌 법현실에서 국민 개개인의 자유로운 이용을 통하여 개인의 언론의 자유, 예술의 자유, 학문의 자유, 직업의 자유 등의 기본권을 실질적으로 보호하는 동시에, 헌법 질서의 차원에서는 학문과 예술이 자유롭게 전파되고 표현에 담긴 사상(아이디어)이 자유롭게 교환되기 위한 정보 환경의 보호기제이기도 하다. 결국 저작자 등의 권리는 강력한 권리를 부여하는

---

16) 이에 대하여 저작물의 공정한 이용을 저작재산권에 대한 제한으로 보아 저작물 이용자에게 부여된 '특권'이라고 설명하는 입장도 있다(Julie Cohen, Lydia Pallas Loren, Ruth Okediji & Maureen O'Rourke, *Copyright in a Global Information Economy* (4th ed.) (Wolters Kluwer, 2015) p.861).

17) 자세한 내용은 Lyman Ray Patterson, *The Nature of Copyright: A Law of Users' Rights* (University of Georgia Press, 1991) 참조. 실제로 영국 저작권법 296ZE는 권리자가 기술적 보호조치를 취했으나 그 조치가 허용된 행위(permitted act)를 하지 못하게 하는 경우, 그 이용자는 그러한 기술적 보호조치에 대하여 장관(Secretary of State)에게 신고(complaint)를 할 수 있게 정하고 있다. (http://www.legislation.gov.uk/ukpga/1988/48/section/296ZE 최종방문: 2017. 7. 15.) Tanya Aplin & Jennifer Davis, *Intellectual Property Law* (Oxford University Press, 2017) p.268.

것 자체가 목적이 아니라, 문화와 산업발전이라는 공동체 목표를 달성하기 위해 인정되는 '적절한 보상'이기 때문이다. 그러므로 저작재산권의 권리보호에 대응되는 공익으로는 문화와 산업 발전만이 아니라 사회적 구속성의 반영으로서 '이용자의 법익 보호'가 고려되어야 한다.

2) '이용자'의 기본권 보호

현대사회에서의 '공공복리'는 언론, 교육, 표현, 학문, 예술 등의 분야적분류에 대한 보호에 그치지 않고, 공적 업무 수행, 공공성 있는 업무의 수행, 개인의 자유로운 행동과 그에 부수되는 행위 등을 보호할 필요성 등 다양한 형태로 나타난다. 저작물의 '이용'은 이용자가 구체적 상황에서 저작물을 이용할 '자유'를 의미한다. 이 이용자의 자유는 비록 이용자의 자유권의 형태를 갖출 정도의 권리성을 갖지는 않지만, 적어도 법정 요건을 구비하였다면 그 이용은 적법한 권한에 의한 이용으로 법적 보호를 받는다. 이런 보호는 단순 저작권법상의 '공정한 이용'에 그치는 것이 아니라, 이용자의 기본권 행사를 가능케 하는 법률상의 수단이라는 점에서 헌법적 의미가 있다. 개별 사건에서는 '공정한 이용'이 항변으로 기능한다고 보여도, 입법론적 관점에서 '공정한 이용'이라는 개념은 이용자의 학문과 예술의 자유와 표현의 자유 행사를 가능케 하는 공적 기제이다.

현대적 의미의 자유는 단순히 비지배(non-domination) 내지 비개입(non-interference)에 국한되지 않는다[18]는 점에서, 입법자로서는 이용자가

---

18) 단적인 예시를 인용하자면, 모든 문은 열려 있어야 한다. 내 의사로 문을 열 수 있는 상태더라도 그 문은 실제로 열려야 하고, 문을 열 내 의사는 한정적 문 중 한 개를 열 수 있는 성질의 것이 아니어야 하며, 한 번 그 문을 열고 싶었을 때 그 문이 열렸다고 해서 문을 열 자유가 있었다고 볼 수는 없되, 그 문은 내가 그 문을 열고 싶지 않을 때조차 열릴 수 있는 상태여야 하는 것이다 (Philip Pettit, "The Instability of Freedom as Noninterference: The Case of Isaiah Berlin", *121 Ethics 693* (2011) pp.698-699).

저작물을 이용할 필요 내지 기술적 이유로 이용하는 사실적 상태에 놓일 경우를 포섭할 수 있는 이용 환경을 마련해야 한다. 그리고 입법적 결정에 있어 관련 있는 고려 요소들은 기존의 일반적인 사고에 따라 관련성 내지 연관성이 있다고 여겨지는 어떤 것이라도 가능하다.[19] 물론 여기서의 관련성 내지 연관성이 있는 것은 직접적으로 적용되는 것에 우선 적용되어야 할 것이다. 그러므로 헌법 제22조에 함께 규정된 학문과 예술의 자유는 물론 이를 가능하게 하는 최소한이자 정치 공동체의 근간을 구성하는 표현의 자유에 대한 고려는 직접적 적용 법익으로 고려되어야 한다. 자유로운 사회의 기본은 결국 기존의 것에 대한 자유로운 논쟁을 필수적 전제조건으로 하고, 이는 공동체의 존립에 관한 중요한 전제에 해당[20]하기 때문이다.

3) 입법현황

이용자의 법익 보호를 위한 최소한의 기제인 공정한 이용은 다양한 분야, 층위, 방식 면에서 보장되어야 한다. 그리하여 현행 저작권법은 대표적으로 재판절차 등에서의 복제(제23조), 정치적 연설 등의 이용(제24조), 공공저작물의 자유이용(제24조의2), 학교교육목적 등에의 이용(제25조), 시사보도를 위한 이용(제26조), 시사적인 기사 및 논설의 복제 등(제27조), 공표된 저작물의 인용(제28조), 영리를 목적으로 하지 아니하는 공연·방송 등(제29조), 사적이용을 위한 복제(제30조), 도서관 등에서의

---

19) *Ibid.*, p.188.

20) 이와 비슷한 맥락에서, 표현의 자유는 분명 절대적인 것은 아니나 그 제한에 있어서 법원은 명분으로 제시된 이유를 그 표현 그대로 받아들여서는 안 된다는 비판도 설득력 있게 제시된 바 있다. 정치적 절차의 부패나 왜곡을 통하여 정치적 절차의 완전성을 훼손한다는 명분으로 표현의 자유를 제한하는 경우에 대한 우려인 것이다. Adrienne Stone, "Freedom of Political Communication, the Constitution and the Common Law," *U Melb LRS 1* (1998) (http://www.austlii.edu.au/au/journals/UMelbLRS/1998/1.html 최종방문: 2017. 7. 15.)

복제(제31조), 시험문제로서의 복제(제32조), 시각장애인 등을 위한 복제 등(제33조), 청각장애인 등을 위한 복제 등(제33조의2), 방송사업자의 일시적 녹음·녹화 등(제34조), 미술저작물 등의 전시 또는 복제(제35조), 저작물 이용과정에서의 일시적 복제(제35조의2) 등의 공정이용에 해당하는 경우가 열거되어 있다.

이들은 크게 언론의 자유를 대표로 한 표현의 자유를 보장하기 위한 이용(제24조, 제26조, 제27조), 학문 내지 교육을 위한 이용(제25조, 제31조, 제32조), 공적 업무수행 내지 공공자료의 이용(제23조, 제24조의2), 사회적 약자 보호를 위한 이용(제33조, 제33조의2), 영리성이 배제된 개인의 사적인 이용(제30조), 부수적 이용(제34조, 제35조의2) 등으로 분류할 수 있으나, 이러한 이용의 구체적 내용은 특정 분류에 완전히 부합하지 않을 수 있는 한편 여러 분류에 해당할 수도 있다.

열거적 조항을 일일이 살펴보지 않으면 안 된다는 것 자체가, 허용되어야 할 일반공중의 자유로운 이용의 태양을 규정하기가 그만큼 어려운 것이라는 방증이기도 하다. 비록 열거적 조항이 있고 해석에 의하여 포섭이 가능한 면도 있겠지만, 이 책에서는 입법 지도원리에 따른 한계적 요소를 살피는 것이므로 특별히 고려해야 할 이용자의 법익을 검토한다.

나. 이익형량의 대상이 되는 이용자의 법익

저작자 등의 권리를 보호하기 위해서는 이용자의 자유, 특히 헌법 제22조 제1항의 학문·예술의 자유를 일부 제한하는 것이 필연적으로 수반된다. 전술한 바와 같이 이는 공공복리를 위한 저작재산권의 최소한의 제한이다. 여기서 '공공복리'는 저작권법의 보호목적과 학문·예술의 자유가 공통적으로 지향하는 가치인 '창작활동의 유인제공 및 문화·산업발전'을 의미하는 것으로 보아야 할 것이다.

1) 학문의 자유

'저작자 등의 권리'는 헌법 제22조 제1항의 학문·예술의 자유를 실질적으로 보장하기 위한 권리이기 때문에, 이를 장려하는데 기여해야 할 뿐 이를 저해하는 요소로 작용해서는 안 된다.

특히 학술의 범위에 속하는 저작물의 경우 학술적인 내용은 만인에게 공통되는 것이고 누구에 대하여도 자유로운 이용이 허용되어야 하는 것이므로 그 저작권의 보호는 창작적인 표현형식에 있지 학술적인 내용에 있는 것은 아니라 할 것이다(대법원 1993. 6. 8. 선고 93다3073 (본소), 3080(반소) 판결).

그리하여 대표적으로 저작권법 제25조는 학교교육 목적 등에의 이용을 정하면서, '특별법에 따라 설립되었거나 「유아교육법」, 「초·중등교육법」 또는 「고등교육법」에 따른 학교, 국가나 지방자치단체가 운영하는 교육기관 및 이들 교육기관의 수업을 지원하기 위하여 국가나 지방자치단체에 소속된 교육지원기관은 그 수업 또는 지원 목적상 필요하다고 인정되는 경우에는 공표된 저작물의 일부분을 복제·배포·공연·전시 또는 공중송신할 수 있다. 다만, 저작물의 성질이나 그 이용의 목적 및 형태 등에 비추어 저작물의 전부를 이용하는 것이 부득이한 경우에는 전부를 이용할 수 있다(제2항)'고 규정하고 있다. 그러나 해석에 있어 복제의 부수는 일반적인 경우의 수강생 숫자를 훨씬 초과하는 500명 정도의 다수인이라고 할 때 그 수강자 수만큼 복제하는 것은 인정되지 않고, 복제의 형태에 있어서도 제본 등과 같이 복제물을 시판하거나 영구보존할 수 있을 정도의 형태로 복제하는 것은 허용되지 않는다[21]고 본다.

한편, 공표된 저작물을 영리를 목적으로 하지 아니하고 개인적으로 이용하거나 가정 및 이에 준하는 한정된 범위 안에서 이용하는 경우에는 그 이용자는 이를 복제할 수 있다. 다만, 공중의 사용에 제공하기 위

---

21) 「저작권 해설서」(한국교육학술정보원, 2008) 111면.

하여 설치된 복사기에 의한 복제는 그러하지 아니하다(저작권법 제30
조). 그러나 현실적으로 도서관에서 고서, 절판된 책과 같은 장서의 보
관, 관리 등을 이유로 대출을 불허하는 경우의 도서에 대해서는, 디지털
형태로 그러한 자료가 제공되지 않는 한 공중의 사용에 제공하기 위하
여 설치된 복사기에 의한 복사 밖에 이루어질 수 없다. 그러나 그 복사
에도 제한이 따른다. 단적인 예로 「국립중앙도서관 복제업무규정」[22]에
따르면 도서관 자료복사는 부분복사(1/3)만 가능하고, 고서 원문 데이터
베이스의 자료는 도서관 외부에서 직접 출력이 가능할 뿐이다.

저작권법의 자유이용 내지 공정이용은 원칙에 대한 예외의 형식으로
인정된다. 그런데 이용자로서는 그 예외에 해당하는지 여부를 직접 따
져보아야 한다. 이를 따져보더라도 위에서 본 바와 같이, 공공 도서관에
서의 이용이 제한됨은 물론이고, 수업이나 연구 목적과 같은 명백히 공
익적이고도 비영리적인 복제나 이용도 규범적으로는 많은 제한을 받게
된다. 이러한 입법구조는 자칫하면 학문의 자유를 실질적으로 저해하는
요소로 작용할 우려가 있다. 저작권법이 목표하는 문화창달과 산업발전
은 교육과 연구활동을 통해서 실현되는데, 그러한 활동을 현실적으로 어
렵게 하는 법적 장치에 대해서는 입법적 보완이 필요한 것이다. 가령,
명백히 교육, 연구목적의 복제나 이용에 대해서는 광범위한 예외를 인정
하되, 그러한 복제나 이용의 산물을 그 목적의 범위로부터 일탈하여 사
용하는 경우 엄중한 제한을 두는 방법을 고려할 수 있을 것이다.

2) 예술의 자유

피카소(Pablo Picasso)가 "좋은 예술가는 모방하고; 위대한 예술가는 훔
친다"[23]고 언급한 것처럼, 예술에 있어서 예술적 차용(creative appropriation)

---

22) 1969. 3. 29. 국립중앙도서관 규정 제13호; 2014. 1. 1. 규정 제490호로 일부개정
    된 것.
23) Pablo Picasso, "Good artists borrow; great artists steal." Neil W. Netanel, *Copyright's*

과 허용되지 않는 차용은 미묘한 경계선에 있다.

모든 창작물은 기존의 예술적 토양을 기반으로 창작된다. 어문저작물, 음악저작물, 연극저작물, 미술저작물, 건축저작물, 사진저작물, 영상저작물, 도형저작물을 막론하고 선대 창작자의 표현으로부터 '새로운' 창작성을 가진 별개의 창작물이 탄생할 수 있는 것이다. 특히 예술은 그 이전의 작품으로부터의 특정 이미지(심미감)에 편승하여 새로운 감흥을 불러일으키면서 그 예술적 가치를 인정받기도 한다. 19세기만 해도 저작자는 자신이 상당한 기여를 하고 원저작물의 수요를 대체하지 않는 한 기존의 저작물로부터 자유롭게 창작을 할 수 있었다.[24] 대표적인 사례는 법원이 권한 없이 「톰 아저씨의 오두막(Uncle Tom's Cabin)」을 독일어 번역한 작가에 대한 침해주장을 배척하면서, 번역은 단순한 원저작물의 복제가 아니라 새로운 창작물이라고 판시한 사건[25]이었다.

그러나 현대 저작권법, 가령 우리 저작권법 제5조는 2차적저작물이라 함은 원저작물을 번역·편곡·변형·각색·영상제작 그 밖의 방법으로 작성한 창작물로서 독자적인 저작권의 보호대상이 된다고 규정하여, 저작권자는 동법 제22조에 따라 2차적저작물작성권을 가진다.

위의 번역물을 예로 보자면, 원저작물의 저작권자가 2차적저작물 작성을 허락했다면 2차적저작물 작성자가 2차적저작물인 번역물에 대한 저작권자가 되는 것이나 「톰 아저씨의 오두막(Uncle Tom's Cabin)」사건과 같이 권한 없이 번역물을 작성한 경우는 2차적저작물 작성권 침해가 성립할 수 있는 것이다.

저작권학계에서 이와 관련한 문제를 지적할 때 가장 대표적으로 언급되는 예는 셰익스피어(Shakespeare)의 「로미오와 줄리엣(Romeo and Juliet)」이다. 만약 「로미오와 줄리엣(Romeo and Juliet)」에 저작권이 있었다면 브

Paradox (Oxford, 2008) p.58 재인용.

24) Neil W. Netanel, *Copyright's Paradox* p.59.

25) *Stowe v. Thomas*, 23 F. Cas 201 (C.C.E.D. Pa. 1853) (No. 13514)

로드웨이 뮤지컬인 「웨스트사이드 스토리(West Side Story)」는 탄생할 수 없었을 것이라는 것이다.[26] 미술저작물도 비슷한 경우를 떠올릴 수 있다. 대표적으로 마네(Manet)의 "올랭피아(Olympia; 1863)"는 티치아노(Tiziano Vecelli)의 "우르비노의 비너스(Venus of Urbino; 1538)"로부터, 뒤샹(Marcel Duchamp)의 "L.H.O.O.Q."(1919)는 레오르도 다빈치(Leonardo da Vinci)의 "모나리자(Mona Lisa; 1517 추정)"로부터 차용했다는 것이 명백하게 받아들여지는 작품들이 있는 것이다.

특정 예술의 형태에 대해서는 그 것이 고급예술에 해당하지 않는다는 이유로 보호할 법익이 있는 지에 대한 비판이 있을 수는 있다. 그러나 예술에 대한 평가는 시간적 배경에 따라 충분히 달라질 수 있다. 그것은 현대미술에 들어와서 더욱 그러할 뿐만 아니라, 구체적으로 다다이즘, 모더니즘, 포스트모더니즘, 팝아트 등 순수회화가 아닌 경우에는 그 미학적 해석에 의해 작품이 평가되는 경우도 많다는 점에 비추어 단순히 차용을 했다는 이유로 2차적저작물작성권이 침해되는지를 보는 것은 광의의 표현의 자유를 넘어, 구체적 기본권으로서 헌법 제22조 제1항 예술의 자유 침해 소지마저 있을 수 있다.

더욱이 그 예술이나 학문적 소산에 대해 영리성에 대한 판단이 개입되는 경우, 국가 문화발전기금, 보조금, 지원금, 연구비 등 다양한 형태의 금전적 지원을 받는 경우, 작품을 판매하여 그 수익으로 생계를 영위하는 경우, 특정 갤러리 소속으로 작품활동을 하는 경우 등 현대 자본주의 사회에서 많은 예술 내지 학문적 소산에 대한 평가에 있어, 특정 작품에 관하여 비영리성이 완전히 배제되지 않았다는 사실이 고려될 수도 있다.

이와 관련하여, 우리 법원은 2차적저작물 작성권 침해여부를 판단하는 기준으로 의거성과 실질적 유사성을 삼고 있다. 그리고 일관되게 "2

---

26) Melville B. Nimmer & David Nimmer, 3 Nimmer on Copyright, § 13.03[A][I][b], pp.13-36(2005); Neil W. Netanel, *Copyright's Paradox* p.59 Note. 20 재인용.

차적저작물로 보호받기 위하여는 원저작물을 기초로 하되 원저작물과 실질적 유사성을 유지하고 이것에 사회통념상 새로운 저작물이 될 수 있을 정도의 수정·증감을 가하여 새로운 창작성을 부가하여야 하는 것이므로, 어떤 저작물이 기존의 저작물을 다소 이용하였더라도 기존의 저작물과 실질적인 유사성이 없는 별개의 독립적인 신 저작물이 되었다면, 이는 창작으로서 기존의 저작물의 저작권을 침해한 것이 되지 아니한다"[27]는 기준을 적용하고 있다.

결국 실질적 유사성과 의거성의 판단에 따라 침해여부가 결정되는데, 법원은 드라마 '태왕사신기'의 시놉시스가 만화 '바람의 나라'의 성명표시권 및 동일성유지권 그리고 2차적저작물작성권을 침해했는지가 문제된 사건[28]에서, 의거성은 인정된다고 보되 설정의 유사성이나 영웅담 자체의 보편적 전개를 감안하여 실질적 유사성을 인정하기 부족하다고 보았다. 또한, 소설 '재상의 꿈'이 서적 '석굴암, 그 이념과 미학'의 복제권, 2차적저작물작성권을 침해했는지를 판단하면서, 일부 소설의 요소를 아이디어로 본 뒤, 주어와 술어의 선택, 문장의 완결성이 실질적으로 비유사하고, 사실에 관한 것은 창작성을 인정하기 어렵다는 점을 종합적으로 고려하여 저작권 침해가 아니라고 보았다.

한편, 법원은 침해사건에서 "복제"의 판단에 있어 일관되게 "저작물을 원형 그대로 복제하지 아니하고 다소의 수정·증감이나 변경이 가하여진 것이라고 하더라도 새로운 창작성을 더하지 아니한 정도이면 복제"[29]라고 판단하고 있다. 이러한 기준을 미학적 비평에 대한 고려 없이 기술적으로 적용하게 되면, 뒤샹(Marcel Duchamp)의 "L.H.O.O.Q."는 단순히 "모나리자"에 수염과 성적(性的) 제목을 붙인 복제물에 해당할 수도 있다.

---

27) 대법원 2010. 2. 11. 선고 2007다63409 판결; 대법원 2014.6.12. 선고 2014다14375 판결
28) 서울중앙지방법원 2007. 7. 13. 선고 2006나16757 판결: 확정
29) 대법원 2010. 2. 11. 선고 2007다63409 판결

그런 의미에서 현대미술에 관한 사건에서는, 법원과 대리인은 현대미술의 미학적 비평과 해석을 적극적으로 고려해야 진정한 의미의 창작을 독려하는 결론에 이를 수 있을 것이다.

3) 표현의 자유

가) 표현의 자유의 의의

우리 헌법 제21조 제1항은 "모든 국민은 언론·출판의 자유와 집회·결사의 자유를 가진다"고 규정한다. 표현의 자유는 단순히 발화의 자유나 언론의 자유에 그치는 것이 아니라, 자유로운 의사 형성에 관한 알 권리와 액세스권과 같은 권리를 포함하는 국민주권 및 민주주의 원칙을 실현하는데 필수불가결한 구성원의 참여와 견제를 가능케 하는 기본권이다.

표현의 자유가 민주주의 사회에서의 가지는 중요성은 이론의 여지가 없다. 헌법재판소도 "언론의 자유는 민주국가의 존립과 발전을 위한 기초가 되기 때문에 특히 '우월적 지위'를 지니고 있는 것"[30]이라고 판시한 바 있다.[31] 이에 따라, 표현의 자유에 대한 규제가 헌법에 부합하는지 여

---

30) 헌재 1991. 9. 16. 89헌마165, 판례집 3, 518 [합헌]
31) 물론 그 이후로 과잉금지원칙에 의해 심사한 경우도 있어(헌재 2002. 6. 27. 99헌마480) 반드시 우월적 지위이론을 택했다고 보기는 어렵다. 그러나 과잉금지원칙에 의한 경우에도 명확성 원칙과의 밀접한 관련성을 감안하여, 불명확한 규범에 의하여 표현의 자유를 규제하게 되면 헌법상 보호받아야 할 표현까지 망라하여 필요 이상으로 과도하게 규제하게 되므로 과잉금지원칙과 조화할 수 없게 되는 것이라고 설시하여, 실질적으로 엄격한 심사를 하고 있다.
표현의 자유 제한에 대한 합헌성 판단 기준의 예시로는 여러 이론이 제기된 바 있는데, 사전검열제를 금지하는 사전억제금지의 이론, 명확성 이론과 합헌성 추정의 배제원칙, 명백하고 현존하는 위험이 있어야 한다는 원칙, 보다 덜 제한적 수단을 선택하여야 한다는 필요최소한도의 규제수단의 선택에 관한 원칙, 비교형량의 원칙 또는 이중기준의 원칙 등이 있다. 이런 여러 고려 원칙에도 불구하고, 우리 법제에서 표현의 자유도 헌법 제37조 제2항에 의해서 제한이 가능한 기본권이라고 하더라도 언론출판의 자유가 가지는 기능에 비추어 그 제한은 엄격한 한계를 준수하여야 한다(정종섭, 앞의 책, 623면).

부를 판단함에 있어서 요구되는 합헌성판단의 기준을 다른 자유권의 규제보다 엄격하게 설정[32]하고 있으나, 그럼에도 불구하고 표현의 자유도 헌법 제37조 제2항에 의한 제한이 가능하기 때문에 표현의 자유도 저작재산권 보호를 통한 문화와 산업 발전이라는 목표를 위하여 일정 부분 제한될 수 있다.

그러나 저작권법 또한 어디까지나 헌법의 규율을 받는 법률이고, 저작권은 표현을 보호하는 동시에 표현의 자유는 그 표현에 담긴 내용을 보호한다는 측면에서 그 두 가지가 이론적으로는 분리된다고 하여도 소위 '아이디어와 표현의 융합' 현상에 의하여 이 두 가치는 잠재적 충돌의 위험을 내포하고 있다. 비록 1970년대 미국의 니머 교수가 저작권 존속기간의 제한, 아이디어와 표현의 이분법, 공정이용 법리 등을 통하여 그러한 충돌은 해소된다고 설명한 이래로 그러한 이론은 통설적으로 받아들여지고 있으나, 그러한 설명은 미국의 레식 교수, 나타넬 교수, 벤클러 교수 등을 비롯한 일군의 학자들의 거센 비판을 받고 있고 '카피레프트 운동(Copyleft)'로 대표되는 문화적 움직임과도 무관하지 않다.

그런 의미에서 저작권법은 표현의 자유와 긴장관계가 있는 권리라는 면에서 표현의 자유는 단순 언론의 자유로만 국한할 것이 아니라, 이용자의 법익 측면에서 알권리, 액세스권 등 광의의 표현의 자유에 관한 법익을 실현하는 기본권으로 이해해야 할 것이다. 그러므로 저작권법상 항변을 해석함에 있어서도 이는 단순 침해주장에 대한 항변에 그치지 않고, 규범적 통합성을 추구하는 법해석, 즉 헌법질서의 다른 가치를 훼손시키지 않는 해석이 필요한 것이다.

현대적 의미의 표현의 자유에서 사상이나 의견의 표현방법은 전통적인 구두 혹은 문자나 상형에 의한 방법 외에도, 텔레비전, 라디오, 영화, 음반 및 비디오물, 인터넷, 상징적 표현까지 포괄한다. 외국음반의 국내

---

32) 성낙인, 앞의 책, 1157-1158면.

제작도 의사형성적 작용이라는 관점에서 당연히 의사의 표현전파 형식의 하나에 해당한다고 할 수 있으므로 역시 언론출판의 자유의 보호범위 내에 있다.[33] 이들은, 저작권, 저작인접권의 보호객체와 거의 일치한다. 대의민주주의에서 표현의 자유는 그 자체로도 그러하거니와, 직접민주주의 요소가 가미될수록 더욱 중요한 헌법적 가치가 된다. 우리나라처럼 표현의 자유 보호 수준이 낮다고 평가되는 나라에서는 더욱 보호해야 할 가치이기도 하다. 다원화된 의견이 표출되고 자유로운 사상의 교환되며, 활발한 시민사회 형성을 위해 필수적인 헌법적 가치로서 표현의 자유는 저작권의 확장 추세에서 저해될 여지가 상당한 것이다.

나) 저작권과 표현의 자유의 갈등 관계

저작권과 미국 수정헌법 제1조 표현의 자유의 충돌과 갈등에 관하여 미국에서는 상당한 논의가 진행된 바 있다. 미국의 법제는 우리의 기본권 보호 기제와 그 국면을 달리하는 관계로 그 논의를 우리 법제에 그대로 적용하는 것은 어렵다.[34] 다만, 미국의 수정헌법 제1조에 상응하는 헌법 제21조는 언론·출판의 자유에 국한되는 권리에서 나아가 국민의 알권리, 액세스권, 개인정보보호 등의 법리와 밀접한 표현의 자유의 헌법적 가치를 실현시키는 공법적 근거이기 때문에, 표현의 자유와 저작권법 간의 갈등 국면에 관한 미국에서의 논의는 여전히 시사점이 있다.

미국에서는 수정헌법 제1조가 "표현의 자유를 제한하는 어떤 법률도"

---

33) 헌재 2006. 10. 26. 2005헌가14, 판례집 18-2, 379 [위헌]; 헌재 2005. 2. 3. 2004헌가8, 판례집 17-1, 51 [위헌]; 헌재 1999. 9. 16. 99헌가1, 판례집 11-2, 245 [위헌, 각해 등

34) 우리 헌법상 기본권도 그 본질적 내용을 침해하지 않는 선에서 국가안전보장·질서유지 또는 공공복리를 위하여 필요한 경우에 한하여 법률로써 제한이 가능하고(헌법 제37조 제2항), 다른 기본권과의 충돌 시 구체적 사안에서의 법익을 이익형량하여 헌법의 통일적 가치질서를 유지하는 선에서 서로 충돌하는 기본권이 조화롭게 해석되어야 한다.

제정할 수 없다고 규정한 데 반하여 저작권은 배타적 권리를 부여하기 때문에 이용자의 "표현의 자유"를 광범위하게 제한한다는 비판이 있었다. 니머 교수는 1970년 그러한 충돌을 방지하는 이론적 논거의 예시로 '아이디어와 표현의 이분법,' '공정이용항변,' '존속기간의 제한' 등을 제시한 바 있다.[35) 이에 대해 1970년대와 현재의 환경은 확연히 다르고 저작권의 존속기간은 계속 연장되는 추세이기 때문에 이에 대하여 헌법학계의 비판이 제기되었다. 그럼에도 불구하고, 미국의 판례는 '저작권이 표현(expression)을 보호하는 한 표현의 자유에 관한 법익(First Amendment interests)은 제대로 보호된다'는 *Harper & Row v. Nation Enterprises* 사건의 법리[36)를 대체로 유지하는 것으로 보인다.

그러나 이러한 미국에서의 논의를 우리나라에 그대로 받아들이긴 어렵다. 이론적 충돌을 해소하는 기제가 우리 법제에도 많은 부분 도입되긴 하였지만 우리의 이익형량 법리나 표현의 자유와 저작권에 대한 인식은 미국의 그것과 다를 수밖에 없다. 일반적으로 표현의 자유를 절대적으로 보호하는 미국에 비하여 나치의 역사적 경험으로 인해 표현의 자유를 상대적으로 낮은 수준으로 보호한다고 평가되는 독일에서조차 Germania 3 사건[37)에서 표현의 자유와 저작권의 갈등 관계[38) 관하여, 미

---

35) Melville Nimmer, "Does Copyright Abridge the First Amendment Guarantees of Free Speech and Press," *17 UCLA L. Rev.* 1180 (1969-1970)

36) *Harper & Row v. Nation Enterprises*, pp.555-560.

37) BVerfG, Beschluss der 2. Kammer des Ersten Senats vom 29. Juni 2000 - 1 BvR 825/98, Germania 3 -, NJW 2001, S. 598 [599]
   사실관계: Heiner Müller는 1996년 "GERMANIA 3 GESPENSTER AM TOTENMANN"이라는 희곡을 창작하였는데, Bertolt Brecht 등 다른 저작의 작품을 인용하였는데 인용된 부분은 이탤릭체로 희곡 내에서 복제되었다. Brecht는 저작권 문제를 삼았고 Müller 사망 후, Brecht는 주로 희곡 "Leben des Galilei"와 "Coriolan"의 저작 인용에 관하여 출판사를 상대로 소를 제기하였다. 여기서는 두 가지 쟁점이 문제되었는데 Müller 작품 내의 인용이 독일 저작권법(UrhG) 제24조의 인용에 해당하는지 여부와 독일 기본법 제5조(예술의 자유)와 제14조(재산권) 침해

국 연방대법원과는 상반된 결론을 내렸다. 독일 연방헌법재판소는 저작
권과 표현의 자유의 갈등은 상존하는 것이고, 저작권법의 관점에서 법적
으로 허용되는 인용의 범위를 초과한 경우라고 하더라도 그 인용은 기
본법 제5조가 보호하는 예술적 표현의 자유의 관점에서 넓게 인정된다
는 것이라고 본 것이다.

이 사건에서 독일 연방헌법재판소[39]는 저작물이 공공의 영역에 공표
되는 순간 저작물은 더 이상 저작권자만의 처분에 달려있지 않다는 점
을 주지하는 것이 기본적으로 중요하다고 보았다. 연방헌법재판소는 공
공의 영역에 저작물이 공표된다는 것은 저작물이 사회적 영역으로 편입
되는 것이자, 당대의 문화적 지적 배경에 독립적으로 기여할 수 있는 상
태가 된다는 의미이고, 시간이 지나면서 이는 사적 권리가 아니라 지적,
문화적 종류의 공공재가 된다고 보았다. 그리고 이는 저작권 보호기간
제한의 정당화 논거일 뿐만 아니라, 저작물이 예술적 참여를 위한 매개
로써의 사회적 역할을 더 잘 수행할 수 있도록 한다고 보았다.

이러한 예술의 사회적 관련성은 예술가가 일정 부분은 다른 예술가
에 의한 제한을 감수해야 하는 이유이자 실효적 조건이기도 하다. 그 이

여부였다.

38) Paul Goldstein, *Op. Cit.*, p.406.

39) 이 사건에서 연방헌법재판소는 표현의 자유와 함께 규정되어 있는 기본법 제5
조 제3항 제1문의 예술의 자유는 무제한적인 것이 아니고, 이는 다른 권리자의
기본권 및 헌법적 지위에 관한 다른 권리들에 의하여 제한될 수 있다고 확인
하였다. 이러한 제한은 기본법 제14조 제1항 재산권에 의하여서도 물론 가능하
고, 그 재산권은 지적재산권을 포함하며 특히 이 사건과 같은 저작권도 이에
해당한다. 그러나 재산권 또한 무제한적인 권리는 아니고 저작권에 의한 재산
권적 보호는 저작자에게 경제적 측면의 권리를 부여할 뿐이다. 생각할 수 있
는 모든 형태의 이용이 헌법적으로 보장된다는 의미가 아니라, 입법자는 반드
시 저작권의 범위를 한정하는 그 자체적으로 적절한 기둥을 찾아야만 한다.
그러한 기둥은 예를 들어 침해에 해당하지 않는 경우를 규정한 조항들로부터
도출될 수 있다(*1 BvR 825/98, Germania 3*, § 19)고 보았다.

익형량 기준에 따르면, 저작권법 또한 예술의 자유원칙의 관점에서 해석
되어야만 하고 다양한 헌법적 보호법익 사이의 균형을 이루어야만 한다.
다른 예술가들은 예술의 자유에 의한 보호의 일환으로, 금전적 성격이나
그 예술작품의 내용에 의해 위험을 부담하지 않고서 기존의 저작물과
관련한 예술적 담론과 창작 과정에 참여할 법익이 있다고 본 것이다. 이
러한 법익들이 저작권자가 자기 저작물에 관한 타인의 권한 없는 사용
에 대한 주장을 할 때에 고려되어야 하는 것이다.[40]

이렇듯 저작권 자체가 표현의 자유 법리와는 상충하지 않는다는 미
국적 관점과 확연히 다른 독일의 이익형량은, 개별회원국가의 법에 의하
여 유럽인권협약상의 권리가 구제될 수 없는 경우 헌법소원과 유사한
개인소원심판 사건을 심리하는 유럽인권재판소에서도 확인된다.[41] 유럽

---

40) *Ibid.* § 23

구체적 사안에서는 서막과 대미 두 장면 외에 9개 장면으로 구성되는 75쪽짜
리 Müller의 희곡 인쇄본 중 18쪽에 해당하는 "Measure 1956"이라는 장에서 인용
이 이루어졌다. 그러한 인용이 단순히 독일 저작권법(UrhG) 상 인용 조항(제51
조 제2항)이 허용하는 범위를 초과하는 것이라고 보아 청구인의 항변을 배척
했던 법원과 달리, 가사 그러한 인용이 일반적으로 허용되는 범위를 초과한 것
이라고 할지라도, 연방헌법재판소는 저작권에 대한 낮은 수준의 제한이, 더군
다나 매출의 저해와 같은 상업적 피해의 위험이 특별히 예측되지도 않는, 예술
가의 자유의 발달을 저해한다면 저작권자의 상업적 이해는 예술적 참여의 목
적을 위한 저작물 사용의 법익보다 후퇴해야 한다고 판단하였다(Ibid. § 24).
즉, 저작권 침해에 대한 인용 항변은 예술적 표현의 자유의 관점에서 넓게 인
정되어야 한다는 것이다.
물론 이 사건에서는 저작권과 표현의 자유 일반을 다룬 것은 아니었고, 그 법
리가 일반적으로 표현의 자유 전반에 특별한 논증 없이 유추적용될 수 있는
성질은 아닌 것으로 보인다. 그럼에도 불구하고, 저작권과 표현의 자유는 상충
하지 않는다던가, 광범위한 입법재량에 의할 성질의 것이라는 식으로 논증을
회피하지 않고, 직접적으로 예술적 표현의 자유와 저작권의 관계를 광의의 예
술의 자유의 맥락에서 짚어낸 독일 연방헌법재판소의 판시는 분명 헌법재판에
있어서 만연히 지적재산사건에는 입법자의 재량을 광범위하게 인정하려는 시
도에 대하여 재고할 요소들을 제공하였다.

인권재판소도 미국의 주류 입장과는 반대로 저작권과 표현의 자유 간에
는 직접적 갈등관계가 있다고 판단하였다.[42] 그로부터 한 달 뒤, 유럽인
권재판소는 저작물 공유를 통하여 정보를 수령하고 전송할 권리 침해
여부가 문제된 사건에서 고려해야 할 요소로 형량 대상이 되는 법익의
성격, 사실관계에서 당해 법익이 요구하는 보호의 정도 등을 제시하기도
하였다.[43]

---

41) 참고로, 유럽인권재판소의 결정은 그 자체로 회원국에 기속력을 가지지는 않
   으나, 회원국은 그 법리의 통일성을 위하여 이에 반하는 판단을 할 수 없고 현
   실적으로 국내법과 층위를 달리하는 공동체법으로서 규범력을 사실상 인정받
   고 있다. 관련 내용에 관해서는 신혜원, "유럽인권협약의 개인소원심판에 관한
   헌법적 연구," 법학석사 학위논문 (서울대학교 대학원, 2010) 참고.

42) *Ashby Donald and others v. France*, ECHR (2013, no. 36769/08) § 34, § 38
   사실관계: 이 사건은 사진작가인 청구인들이 패션쇼에서 촬영한 사진이 각 패션
   하우스의 저작권으로 귀속되는 사진저작물을 저작권자인 패션하우스의 동의 없
   이 자신의 웹사이트에 게시하여, 그 중 2인은 8,000유로 1인은 3,000유로의 벌금
   형을 선고받았고, 민사적으로도 프랑스패션연합(Fédération française de la couture)
   에 150,000유로를 손해배상으로 지급하라는 선고를 받아, 대법원까지 갔으나 원
   심이 유지된 사건이었다.
   청구인들은 프랑스 저작권법(*Code de la Propriété Intellectuelle* Article 122-9°)에
   기한 항변 외에도 표현의 자유(유럽인권협약 제10조)가 침해되었다고 주장하였
   고, 유럽인권재판소는 저작권물의 복제권 침해 또는 공표권 침해에 기한 저작
   권법 위반의 유죄판결은 표현의 자유를 제한하는 것으로 판단된다고 판시하였
   다(*Ashby Donald and others v. France*, ECHR (2013, no. 36769/08) § 44).
   다만 이 사건에서는 디지털 사진의 매매를 위하여 사진저작물을 복제하고 공
   표한 행위가 상업적 표현(*Ibid.*,§ 34)으로 포섭되었고, 이에 따라 유럽연합의 공
   동체적 규범은 국내법과의 관계에 있어 보충적으로 "인권"적 성질을 가진 주제
   에 적용되기 때문에 이에 해당하지 않는 상업적 표현은 체약국에게 광범위한
   재량(margin of appreciation)이 인정될 성질의 것이라고 보았다. 그 외의 다른
   사실관계를 종합적으로 고려하여 결과적으로 저작권 보호의 법익을 우선시 하
   였다.

43) *Neiji and Sunde Kolmisoppi v. Sweden*, ECHR (2013, no. 40397/12)

다) 문화형성과 사회적 약자의 보호

표현의 자유에 관하여 미국은 전통적으로 사상의 자유로운 시장론 (uninhibited marketplace of ideas)을 따랐고 이는 지금까지도 지배적 관점 이자 법원이 취한 입장이기도 하다.[44] 그러나 '민주적 문화' 형성을 중시 하는 관점에서는 저작권으로 경제적 이윤을 창출하는 것보다 문화를 형 성하는 것이 더 큰 의미를 지닐 수 있다.[45] 이러한 관점은 저작권의 보 호목적과 학문·예술의 자유의 보호 목적을 유사하게 볼 필요가 있는 우 리 법제에 더욱 적합한 설명을 제공하는 동시에, 사회적 약자에게 최소 한의 접근을 가능케 해야 한다는 요청을 잘 설명해줄 수 있다는 면에서 주목할 가치가 있다.

일반적 사상의 자유로운 시장론은 진리 발견의 장으로서의 시장의 중요성을 강조하였는데, 추상화가 수반되는 표현의 자유에 있어 규제 없 는 사상의 자유로운 시장에서 진리가 항상 승리할 것이라는 믿음은 설 득력이 없다는 비판이 유력하게 제기되었다.[46] 이러한 시장에서 사회적 약자 내지 소수자는 배제되기 마련이기 때문이다. 반대로, 매스 미디어 는 특정 집단에 의해 소유되어 오히려 다수의 주류적 생각에 반대하여 이를 시정할 수 있는 새롭고 혁신적인 생각이 등장할 수 있는 기회를 제 공하지 못한다는 점이 지적되기도 하였다.[47]

이에 대한 대안으로 자유로운 시장에서의 경쟁을 통하여 진리가 승

---

44) Andrew Koppelman, "Veil of Ignorance: Tunnel constructivism in Free Speech Theory," 107 Nw. U. L. Rev. 647 (2013) p.648.

45) 이화, ""미국 헌법과 저작권(1993)" 및 "수정헌법 제1조와 저작권(1993)"에 대한 해제," 「미국 헌법의 이해」 378면.

46) Frederick Schauer, "Facts and the First Amendment," 57 UCLA L. Rev. 897 (2010) pp.909-912.

47) Jack M. Balkin, "Digital Speech and Democratic Culture: A Theory of Freedom of Expression for the Information Society," 79 NYU L. R.1 (2004) pp.1, 30.을 요약한 박용상, 앞의 책, 74면. Jerome A. Barron, "Access to the Press- A New First Amendment Right," 80 Harv. L. Rev. 781 (1987) p.1641을 요약한 위의 책, 75면.

리할 수 있도록 이에 최소한으로 개입하는 국가상을 극복한 수정적 관점이 등장하였고, 이 관점은 민주사회에서 다양한 층위의 '공익'을 전면에 등장시켰다.[48] 이런 새로운 관점은 저작권과 그 입법형성의 한계의 고려요소로서 표현의 자유가 그 공동체 정치활동에 기여할 뿐만 아니라, 그 문화 자산을 풍요롭게 하고 사회적 약자에 대한 보호를 적극적으로 반영할 필요를 구체화한다는 점을 시사한다.

그런 맥락에서 저작재산권을 과도하게 보호할 경우 시각장애인이나 청각장애인은 스스로 기존의 문자로 기록된 어문저작물, 영상저작물 등을 비롯한 일체의 저작물에 접근할 기회를 차단당하게 될 뿐만 아니라, 장애인 시설조차 과한 비용을 부담해가면서 그들에게 저작물을 제공하지 않을 것이기 때문에 이들이 완전한 공동체 구성원의 권리를 행사하기는 사실상 불가해진다. 이들은 문화를 향유하고 그 발전에 이바지할 기회도 박탈당하는 것은 물론 최소한의 정치적 공동체에의 개입조차 기대할 수 없게 되는 것이다. 그러므로 저작재산권은 적어도 사회적 약자, 특히 그 저작물에 대한 인지와 접근이 차단되는 장애인과 그 장애인에게 직접적으로 의사소통의 매체를 제공하는 주체에게는 그 목적이 비영리적인 한 광범위하게 이에 대한 권리 행사가 제한될 필요가 있다. 투표권을 가진 공동체 구성원으로서 최소한의 의사 형성을 자유롭게 보장하기 위해서는 저작물에의 접근이 필요하기 때문이다. 참고로 2016년 기준 보

---

48) 그러나 이에 대해서도 현실적으로 모든 시민에게 공적 숙의에 참가할 것을 요구하는 것은 비현실적이며, 강제할 방법도 없고, 실제 공적 숙의는 일부 참여자에 의해 관리될 수밖에 없고 결국 엘리트주의에 빠질 위험이 있고, 공적담론의 중요성을 강조하다 보면 사적 언론에 대한 광범위한 제한이 정당화될 우려가 있으나 이는 사적 자치를 저해할 우려가 있다는 비판이 제기되었고(박용상, 앞의 책, 81면) 주류 판례도 아직 전통적 입장에 따르고 있다. 그러나 이런 새로운 관점은 대표적으로 미 연방정보위원회(FCC)의 공평원칙 수립에 영향을 주었고 언론의 사회민주적 기능을 보호하기 위한 정부의 조치를 합헌으로 보는데 기여하였다(위의 책, 80-81면).

건복지부 등록 청각장애인은 291,000명, 시각장애인은 252,000명으로 이들은 약 50만 명에 이른다.[49]

이와 관련하여, 저작권법은 제33조에서 "공표된 저작물은 시각장애인 등을 위하여 점자로 복제·배포할 수 있다. 시각장애인 등의 복리증진을 목적으로 하는 시설 중 대통령령이 정하는 시설(당해 시설의 장을 포함한다)은 영리를 목적으로 하지 아니하고 시각장애인 등의 이용에 제공하기 위하여 공표된 어문저작물을 녹음하거나 대통령령으로 정하는 시각장애인 등을 위한 전용 기록방식으로 복제·배포 또는 전송할 수 있다"고 정하여 시각장애인에 대한 저작물의 이용을 정하고 있다. 이어 제33조의2는 "누구든지 청각장애인 등을 위하여 공표된 저작물을 한국수어로 변환할 수 있고, 이러한 한국수어를 복제·배포·공연 또는 공중송신할 수 있다. 청각장애인 등의 복리증진을 목적으로 하는 시설 중 대통령령으로 정하는 시설(해당 시설의 장을 포함한다)은 영리를 목적으로 하지 아니하고 청각장애인 등의 이용에 제공하기 위하여 필요한 범위에서 공표된 저작물등에 포함된 음성 및 음향 등을 자막 등 청각장애인이 인지할 수 있는 방식으로 변환할 수 있고, 이러한 자막 등을 청각장애인 등이 이용할 수 있도록 복제·배포·공연 또는 공중송신할 수 있다"고 정하여 청각장애인 또한 자유로운 이용이 가능하도록 정하고 있다.

장애인의 권리는 단순히 장애인의 권리에 관한 논변만이 아니라 저작재산권의 제한의 법리로도, 예를 들어 시각장애인이나 청각장애인이 영화를 즐길 수 있는 환경이 가능하도록 저작재산권의 행사를 제한하는 방법으로도 가능한 것이다. 그리고 담론으로부터 소외된 장애인에게도 저작권의 제한 법리인 공정한 이용을 누릴 권능을 보유할 수 있게 하는 논거는 결국 표현의 자유이다.

---

49) E-나라지표 (http://www.index.go.kr/potal/main/EachDtlPageDetail.do?idx_cd=2768 최종방문: 2017. 7. 15.)

다. 소결

공정한 이용의 보호는 저작권법의 보호목적의 양 축을 이룰 만큼 중요한 가치이다. 이용자의 법익 보호는 공정한 이용을 헌법상 보호함으로써 얻게 되는 헌법 질서 외에도, 이용자의 기본권인 학문의 자유, 예술의 자유, 표현의 자유 등을 보호하기 위한 최소한의 기제로서 의의가 있다. 그 중 표현의 자유에 관해서는 갈등 국면은 해소됐다는 미국의 논의가 우리나라에도 상당한 영향을 끼친 것으로 보이나, 독일에서는 그와 상반된 이익형량이 이루어진 사건이 있었고 이는 우리 법제에서의 이익형량 시에도 고려해야 할 이용자의 법익과 그 기준을 생각해볼 기회를 제공한다. 우리 법제에 있어서도 이용자의 이익을 고려한 이익형량을 통하여 진정한 의미의 문화형성을 가능케하고 사회적 약자의 보호도 모색할 수 있는 의미의 공정한 이용의 보호가 필요할 것이다.

3. 법정허락제도

가. 의의

법정허락(statutory license)이란, 공표된 저작물의 이용이 불가피하나 저작재산권자를 알 수 없는 경우 내지 저작재산권자와 그 이용에 관한 협의가 되지 않는 경우 소정의 요건을 갖추어 상당한 보상금을 공탁하거나 지급한 후 저작물을 이용할 수 있게 하는 제도이다. 권리자로부터 저작물에 대한 정당한 이용허락을 받기 위해 합리적 노력을 기울였으나 그 저작권자의 동의를 받지 않는 한 당해 저작물의 이용이 제한될 수 있는데, 그런 경우 소정의 요건을 구비한 경우에 한해 상당한 보상금의 공탁 내지 지급을 전제로 법률에 허락의 효력을 부여하는 것이다.

나. 도입의 취지

이는 저작권자의 출처표시가 불명확하여 상당한 주의를 기울였는데도 저작권자를 알 수 없는 경우와 저작재산권자의 과도한 요구사항으로 인하여 저작물을 이용할 수 없는 경우에도 저작물의 이용이 제한되는 것은 과도하다는 이용자의 이익이 반영된 조항이다. 저작권법은 법정허락제도를 두어 저작물의 잠재적 이용자가 단순히 권한 없이 저작물을 이용하기에 앞서 상당한 노력을 기울였다면 소정의 요건을 갖추어 법정허락의 범위 안에서 이를 이용할 수 있게 하고 있다.

다. 입법현황과 그 검토

우리나라는 법정허락이 가능한 세 경우를 열거적으로 명시하는데, 저작재산권자 불명인 저작물의 경우 상당한 노력을 기울였어도 공표된 저작물의 저작권자나 그의 거소를 알 수 없어 그 저작물의 이용허락을 받을 수 없는 경우(저작권법 제50조), 공표된 저작물을 공익상 필요에 의하여 방송하고자 하는 방송사업자가 그 저작재산권자와 협의하였으나 협의가 성립되지 아니하는 경우(저작권법 제51조), 상업용 음반이 우리나라에서 처음 판매되어 3년이 경과한 후 그 음반에 녹음된 저작물을 녹음하여 다른 상업용 음반을 제작하고자 하는 자가 그 저작재산권자와 협의하였으나 협의가 성립되지 아니하는 때(저작권법 제52조)에는 대통령령이 정하는 바에 따라 문화체육관광부장관의 승인을 얻은 후 문화체육관광부장관이 정하는 기준에 의한 보상금을 당해 지적재산권자에게 지급하거나 공탁하고 저작물을 이용할 수 있게 규정하고 있다.

4. 소결

저작권법은 저작재산권이 '제한'되는 경우를 열거적으로 제시하지만, 현대 복지국가에서의 공공복리는 그 범위가 광범위하다. 그리고 공정한 이용의 보장은 열거되지 않은 경우라도 일반적 자유의 보장이라는 지향을 위하여서도 탄력적으로 운용될 필요가 있다. 특별히 헌법 제22조 제2항은 제1항을 실질적으로 보장하기 위한 권리라는 점에서 학문·예술의 자유를 저해해서는 안 되고, 미국에서 많은 비판에 직면한 논의를 비판 없이 받아들여 문화형성과 사회적 약자 보호의 여지를 차단할 우려가 있는 입법으로 나아가서는 안 된다. 저작자 등에 권리는 그 권리 자체의 강화가 목적이 아니라, 문화와 산업발전이라는 사회적 효용을 달성하는 선에서의 적절한 보상이 핵심이기 때문이다.

IV. 정리: 권리의 외연 설정 시 고려요소

저작재산권 입법의 사회적 구속성은 저작권 보호를 통한 유인제공이라는 공익을 위하여 개인에게 배타적인 사적권리를 부여하는 한 축과 공공의 영역 중 일부를 사유화하기 때문에 제한되는 일반공중의 자유로운 정보 이용 및 표현의 공적 가치과 이용자의 법익이 제한되는 한 축을 형량하는 방법으로 사회적 구속성을 구체화해 나갈 수밖에 없다. 특별히 저작재산권은 적절한 보상으로써 의미가 있는 것이기 때문에 다른 헌법적 가치를 훼손하지 않는 선에서 구체화되어야 한다. 저작재산권의 헌법상 창설된 재산적 권리로서의 한계적 요소는 개별 사건에서의 공익과 사익을 형량한 결과로서 '이용자의 법익을 훼손하지 않는 선에서 적절한 보상'으로 기능하느냐는 점에 주안점을 둘 수 있다.

제4절 이 장의 결론

저작재산권은 그 저작자 등의 권리보호를 통해 달성하려는 문화와 산업 발전의 공익 달성을 위하여 저작자 등의 권리 보호와 그로 인하여 훼손되어서는 안 되는 이용자의 공정한 이용의 균형을 통하여 정당화된다. 그렇기 때문에 그 입법은 헌법 제22조 제2항의 규정에서 지도하는 요건인 '창작성'을 적극적 요소로서 갖추어야 하고, 이는 권리, 객체의 측면에서 모두 반영되어야 한다. 한편, 저작재산권은 창작의 유인으로서 기능을 다하고 나면 공공의 영역으로 들어와 그 목적과 같이 문화와 산업 발전에 이바지하여야 하고, 저작재산권이 재산권으로 포섭된 이상 더욱이나, 사회적 구속성의 구체적 태양으로 시적, 물적 한계를 반영해야 한다. 시적으로는 실질적으로 영속적이지 않아야 하고, 물적 범위에 있어서도 창작성이 없는 것에 대한 무분별한 확장은 주의하여야 한다. 나아가 권리 행사에 있어서도 침해에 해당하지 않는 경우를, 즉 '공정한 이용'의 태양을 적극적으로 반영할 필요도 있다. 그리하여 열거적 경우로 여러 공공복리에 해당하는 규정을 두더라도, 제22조 제1항의 학문·예술의 자유와의 관계를 고려하고, 현대 직접 민주주의가 가미된 대의민주주의의 토양에서는 추상적으로나마 숙의의 장을 훼손할 우려가 있는 지를 검토하는 과정이 바람직하다. 이하에서는 그러한 기준에 따라 구체적 입법과 그 해석을 검토한다.

제4장 저작재산권 입법과 그 해석의 검토

제1절 검토의 대상과 그 선정 이유

우리 헌법의 저작재산권 규정은 궁극적으로는 저작재산권의 보호가 개인의 창작욕구를 고취시켜 공동체의 문화와 산업자산을 풍부히 하고 국부를 증대시킬 것이라는 목표를 헌법 차원의 '공익'으로 설정한 결과이다. 따라서 구체적 입법 단계에서는 저작자 등의 권리 보호로부터 도출되는 창작 유도의 법익과 이용자의 권리 보호를 통한 자유로운 정보 내지 표현의 이용의 법익 간의 이익형량의 문제가 대두된다. 법의 구조도 난해하고 예외도 방대한 저작재산권의 구체적 실현 모습이나 그 제한을 일반화하고 이에 대한 일반론을 도출하는 것은 무모한 발상일 수 있다. 그럼에도 불구하고 저작자 등의 권리 보호와 이용자의 법익 보호의 두 가지를 조화롭게 실현하는 지점을 모색하기 위하여, 세 주제를 추출하여 전술한 저작재산권의 입법의 지도원리와 고려요소의 헌법적 함의를 검토하고자 한다. 그리하여 헌법 차원에서의 저작재산권 입법의 현주소를 검토하고 그 개선방안을 모색한다.

주제를 선정함에 있어서는 '저작자 등의 권리 보호'와 '공정한 이용'으로 대표되는 '이용자의 법익 보호'의 두 축을 기준으로 하여, 기존의 입법과 그에 대한 사법적 해석을 통하여 우리 법제에서의 저작재산권의 구체화 현황과 이에 고려된 법익이 무엇이라고 인식하고 있는지를 확인할 수 있는 주제를 우선 순위로 하였다. 특히 헌법재판소 결정이 있는 주제에 관해서는, 우리 법제에서의 저작자 등의 권리 보호와 이익형량이 되는 법익은 무엇인지를 파악하고자 하였다. 그리하여 저작자 등의 권리 보호에 관한 주제로 '기술적 보호조치'를 선정하였고 이용자의 법익 보호에 관한 주제로는 '공정이용'과 '저작인접권 보호기간 연장'을 선정하였다. 구체적으로 '공정이용'에 관해서는 포괄적 공정이용 조항의 도입과 그 적용, 그리고 '저작인접권 보호기간 연장'에 관해서는 관련 헌법재판소 결정에서 찾을 수 있는 이익형량 대상이 무엇이었는지를 검토하였다. 이들 주제는 권리의 측면에서는 전통적 저작재산권 외에 어떤 권리까지 권리가 확장될 수 있을지, 확장 시 장려 내지 제한해야 할 실익이 있는 쟁점이 무엇인지 파악하기 위해 선정되었으며, 궁극적으로는 우리 헌법상 저작재산권이 더욱 균형 잡힌 권리로 발전하기 위한 방안을 모색한다.

그리하여 제2절에서는 '저작자 등의 권리 보호' 측면에서 '기술적 보호조치'의 헌법적 의미를 새기고, 이들이 입법의 지도원리를 더욱 잘 충족시키는 적절한 법률로 나아가기 위한 개선점을 검토한다. 제3절에서는 '이용자의 법익 보호(공정한 이용)'에 관하여 바람직한 방향으로 입법적 개선이 이루어졌으나, 다만 법원의 해석에 있어서 적절한 이용자의 법익 고려가 적절히 반영될 필요가 있음을 살핀다. 마지막으로는 저작인접권의 보호기간 연장에 관한 헌법재판소 결정을 살핀다. 우리 공동체의 판단을 미국에서의 유사한 연방대법원 판결과 비교한 뒤, 저작재산권과 관련된 '공익'은 단순 창작 유인에 그치지 않고 그 논리적 전제조건인 '이용자의 법익'을 고려하는 것으로 나아갈 필요가 있다는 헌법 질서적 요청을 검토한다.

제2절 저작자 등의 권리보호에 관한 입법

Ⅰ. 기술적 보호조치의 쟁점

기술적 보호조치는 법률상 7가지의 저작재산권에 열거되어 있지는 않지만, 저작권 침해에 대한 법률효과로 민사상 구제수단, 형사처벌, 행정적 구제수단과 함께 저작권자에게 인정되는 구제수단(저작권법 제6장의2)이다. 이는 저작권법 상 금지되는 행위로서 '기술적 보호조치의 무력화 금지 등'의 대상으로 열거된 일련의 기술적 보호조치를 의미한다.

기술의 발전과 함께 저작권의 침해가 손쉽고 빠르게 대량으로 이루어질 수 있고 실제로 그 피해 또한 즉각적이다. 이와 같은 디지털 환경에서 저작권자는 저작권이 자동적으로 집행되는(self-enforcing) 체제를 선호할 수밖에 없는데, 이러한 체제를 가능하게 하는 것이 저작물의 복제물에 수반되는 기술적 보호조치이다.[1] 권리자 입장에서는 기술과 매체의 발달에 따라 저작권의 침해가 방대하게 이루어진다면, 자신의 저작물에 대한 최소한의 통제를 위한 기제로서 스스로 예방적 보호조치를 취하는 것 또한 당연히 인정될 성질로 이해되는 것이다.

반면, 기술적 보호조치는 무방식주의를 취하는 우리 법제에서는 창작성이 없어 저작권법상 보호받는 저작물에 해당할 수 없음에도 불구하고, 저작재산권자가 스스로 그 것이 저작물이라고 판단하여 기술적 조치를 취하더라도 이를 방지하기가 어렵다는 점에서 문제가 있다. 저작권법상 보호를 받을 수 없는 객체에 대하여 저작물에게 인정되는 것과 동일한 수준의 기술적 보호조치가 인정될 경우, 그 권리자는 관련 법제를 악용

---

1) 이대희, "기술적 보호조치와 접근권의 문제점", 정보법학 제7권 제2호(한국정보법학회, 2003) 78면.

할 우려가 있는 것이다. 또한 헌법 제22조 제2항이 상정한 '저작자 등의 권리'에서 한 발 더 나아간 기술적 보호조치는, 저작재산권자에게 단순히 '권리'를 부여하는 것이 아니라 일반 이용자에게 또 다른 금지행위를 열거한다는 점에서 더욱 문제적일 수 있다. 특히 기술적 보호조치 중 일반적 접근 금지 내지 이용 차단의 경우는 그 자체로 접근과 이용을 원천적으로 차단할 수 있고, 저작권 보호기간이 도과하여 공공의 영역으로 들어와야 하는 저작물도 여전히 사적 지배에 남아있게 된다는 면에서 문제의 소지가 있다. 또한 기술적 보호조치 무력화 금지행위의 예외에는 저작권 침해에 인정되는 포괄적 공정이용 조항에 상응하는 것이 없이, 예외사유가 열거적으로 규정되어 있어 해석에 있어 이용자의 법익을 어떻게 반영할 지가 문제된다.

이하에서는 앞서 살펴본 '창작물에 대한 저작자 등의 권리' 측면에서 권리를 실질적으로, 실효적으로 보호하기 위한 기제가 어떤 근거로 정당화되고 그 남용의 우려는 어떻게 해소될 수 있는 지를 살핀다. 그 검토에 있어 저작자 등에게 인정되는 경제적 권리는 창작을 유인하는 것이고 적절한 보상이어야 하나, 일반 이용자의 법익을 과도하게 제한해서는 안 되는 것이라는 입법의 지도원리를 적용한다.

다만 기술적 보호조치는 예방적(prophylactic) 조치이기 때문에, 그 조치가 과도한 경우에는 이용자의 접근이나 이용을 원천적으로 차단한다는 점에서 문제적일 수 있는 동시에, 적극적인 침해행위에 대한 실효적 대안으로 기능할 수 있고 저작재산권자에게 그 보호조치를 취할 의무를 부여한다는 점에서 의미가 있다. 즉, 이용자가 일일이 저작권법상 자신이 할 수 있는 행위를 저작권법상 관련 조문과 위임입법을 검토하여 스스로 검열하지 않고도, 저작물이 제시된 선에서는 자유롭게 이용할 수 있다는 측면에서는 오히려 사회적 비용을 감소시키는 긍정적 기능도 있음을 살핀다.

Ⅱ. 입법현황

1. 기술적 보호조치의 의의

기술적 보호조치(Technical Protection Measures)란 저작물에 대한 접근을 제한하거나 복제를 방지하기 위해 취하는 기술적인 조치를 말한다.[2] 저작재산권자는 저작물 이용자의 복제, 송신, 2차저작물 작성 등을 방지하기 위하여 이러한 소정의 기술적 보호조치를 취할 수 있다. 이 규정은 기술의 발달로 누구나 권한 없이 저작물을 복제하고 유통시킬 수 있게 됨에 따라, 저작권자에게 소정의 방어적 선결조치를 취할 수 있도록 입법적으로 마련되었다. 이는 저작권법 제6장의2 기술적 보호조치의 무력화 금지 등에 열거된 금지행위를 저작권 침해행위와 별도로 독자적으로 보호하는 입법 방식을 택하는 방법으로 2011년 우리 법제에 도입되었다.[3]

2. 금지되는 행위: 권리의 실효적 보호

누구든지 정당한 권한 없이 고의 또는 과실로 제2조 제28호 가목의 기술적 보호조치를 제거·변경하거나 우회하는 등의 방법으로 무력화하여서는 아니 된다(저작권법 제104조의2 제1항). 구체적으로, 저작권법 제2조 28호는 기술적 보호조치란, (i) 저작권, 그 밖에 이 법에 따라 보호되는 권리의 행사와 관련하여 이 법에 따라 보호되는 저작물등에 대한 접근을 효과적으로 방지하거나 억제하기 위하여 그 권리자나 권리자의 동의를 받은 자가 적용하는 기술적 조치(가목; 소위 "접근통제조치")와 (ii)

---

2) 이해완, 앞의 책, 1164면.
3) 우리 법제에의 도입과 그 판례 및 유형화에 관한 자세한 내용은 임광섭, "저작권법상 기술적 보호조치에 관한 연구," 법학박사 학위논문 (서울대학교 대학원, 2017) 참조.

저작권, 그 밖에 이 법에 따라 보호되는 권리에 대한 침해 행위를 효과적으로 방지하거나 억제하기 위하여 그 권리자나 권리자의 동의를 받은 자가 적용하는 기술적 조치(나목; 소위 "이용제한조치")라고 규정한다.

또한 누구든지 정당한 권한 없이 다음과 같은 장치, 제품 또는 부품을 제조, 수입, 배포, 전송, 판매, 대여, 공중에 대한 청약, 판매나 대여를 위한 광고, 또는 유통을 목적으로 보관 또는 소지하거나, 서비스를 제공하여서는 아니 되고(저작권법 제104조의 2 제2항), 예비행위도 금지된다(저작권법 제104조의2 제2항 제1호 내지 제3호).

민사적으로 권리자는 제104조의2부터 제104조의4까지의 규정을 위반한 자에 대하여 침해의 정지·예방, 손해배상의 담보 또는 손해배상이나 이를 갈음하는 법정손해배상의 청구를 할 수 있으며, 고의 또는 과실 없이 제104조의2제1항의 행위를 한 자에 대하여는 침해의 정지·예방을 청구할 수 있다(제104조의8). 형사적으로 업으로 또는 영리를 목적으로 제104조의2제1항 또는 제2항을 위반한 자 내지 업으로 또는 영리를 목적으로 제104조의3제1항을 위반한 자. 다만, 과실로 저작권 또는 이 법에 따라 보호되는 권리 침해를 유발 또는 은닉한다는 사실을 알지 못한 자는 제외한다고 규정한 제136조에 따라, 5년 이하의 징역 또는 5천만 원 이하의 벌금에 처하거나 이를 병과할 수 있다.

기술적 보호조치는 권한 없는 자가 고의 또는 과실로 저작재산권자가 저작물의 접근 내지 이용에 직접적으로 적용한 제2조 제28호 가목의 기술적 보호조치를 제거·변경하거나 우회하는 등의 방법으로 무력화하는 것을 금지시키는 것이므로, 기술적 보호조치 무력화 행위를 하는 자는 단순히 타인의 저작물에 접근하는 자가 아니라 관련 보호조치를 무력화 의사를 가지고 무력화 시키는 자를 의미한다.

3. 예외: 이용자의 법익 반영

저작권법이 금지하는 기술적 보호조치 무력화 행위에 해당하더라도 일정한 경우에는 접근통제조치를 무력화하는 행위의 예외가 인정된다(저작권법 제104조의2 제1항 단서 제1호 내지 제8호). 그 예외 8가지는 아래와 같은데 주로 이른 바 공익을 위한 경우인 연구, 미성년자 보호, 개인정보보호, 국가법집행, 역분석 등이 이에 해당한다. 아래와 같은 예외들은 접근통제 기술적 보호조치 무력화를 위해 특별한 경우에 한하여 인정되는 것이기 때문에 저작물 이용자들을 위한 예외라고 보기에는 무리가 있을 수 있다[4]는 평가가 있을 정도로 예외의 요건은 다음과 같이 상당히 엄격하다.

첫째, "암호 분야의 연구에 종사하는 자가 저작물등의 복제물을 정당하게 취득하여 저작물등에 적용된 암호 기술의 결함이나 취약점을 연구하기 위하여 필요한 범위에서 행하는 경우. 다만, 권리자로부터 연구에 필요한 이용을 허락받기 위하여 상당한 노력을 하였으나 허락을 받지 못한 경우에 한한다"(제1호). 이 때 "연구" 자체에 방점을 맞춘다면 일반적 연구 목적을 위한 이용으로 이해할 수 있으나, 이 예외에 해당하기 위해서는 권리자로부터 허락을 받기 위한 상당한 노력을 기울이는 절차를 거쳐야만 한다.

둘째, "미성년자에게 유해한 온라인상의 저작물등에 미성년자가 접근하는 것을 방지하기 위하여 기술·제품·서비스 또는 장치에 기술적 보호조치를 무력화하는 구성요소나 부품을 포함하는 경우. 다만, 제2항에 따라 금지되지 아니하는 경우에 한한다"(제2호).

셋째, "개인의 온라인상의 행위를 파악할 수 있는 개인 식별 정보를 비공개적으로 수집·유포하는 기능을 확인하고, 이를 무력화하기 위하여 필요한 경우.

---

4) 이인호, 「정보통신기술의 발전과 기본권에 관한 연구」 183-184면.

다만, 다른 사람들이 저작물등에 접근하는 것에 영향을 미치는 경우는 제외
한다"(제3호).

넷째, "국가의 법집행, 합법적인 정보수집 또는 안전보장 등을 위하여 필요한 경
우"(제4호)

다섯째, "제25조제2항에 따른 교육기관·교육지원기관, 제31조제1항에 따른 도서
관(비영리인 경우로 한정한다) 또는 「공공기록물 관리에 관한 법률」에 따른
기록물관리기관이 저작물등의 구입 여부를 결정하기 위하여 필요한 경우.
다만, 기술적 보호조치를 무력화하지 아니하고는 접근할 수 없는 경우에 한
한다"(제5호).

여섯째, "정당한 권한을 가지고 프로그램을 사용하는 자가 다른 프로그램과의 호
환을 위하여 필요한 범위에서 프로그램코드역분석을 하는 경우"(제6호)

일곱째, "정당한 권한을 가진 자가 오로지 컴퓨터 또는 정보통신망의 보안성을
검사·조사 또는 보정하기 위하여 필요한 경우"(제7호)

여덟째, "기술적 보호조치의 무력화 금지에 의하여 특정 종류의 저작물등을 정당
하게 이용하는 것이 불합리하게 영향을 받거나 받을 가능성이 있다고 인정
되어 대통령령으로 정하는 절차에 따라 문화체육관광부장관이 정하여 고시
하는 경우. 이 경우 그 예외의 효력은 3년으로 한다"(제8호).

앞서 살펴본 바와 같이, 기술적 보호조치의 무력화가 예외로 인정되
는 경우는 교육, 연구, 미성년자 보호, 개인정보보호, 공무수행, 부수적인
이용, 정당한 권한이 있는 자의 조사, 그 외의 경우로 나뉠 수 있다. 이
예외들은 "그 조건이 매우 까다롭게 제한적이어서 실제 적용하는 데는
한계가 있다."[5] 그러나 접근통제조치 무력화의 예외가 없다면 기술적 보
호조치 무력화 금지는 그 자체로 권리자에게 편중된 것에 불과하여, 정
당한 저작물 이용에 수반되는 기술적 보호조치의 무력화가 일률적으로

---

5) 위의 책, 183면.

금지되는 결과가 야기된다. 현대 정보사회에서 접근은 이용의 전 단계로써 반드시 보장되어야 하는 단계라고 이해한다면, 접근통제조치 무력화 금지의 예외는 기술적 보호조치 무력화 금지에 대한 최소한의 이용자의 법익 보호 기제로 새길 수 있을 것이다.

III. 입법의 검토

1. 문제의 소재

기술적 보호조치는 접근통제조치 내지 이용제한조치의 형태를 취하고, 저작권의 물적 범위가 계속 확장되어 데이터베이스,[6] 컴퓨터프로그램저작물도 이러한 접근통제조치 내지 이용제한조치의 대상이다. 이러한 기술적 보호조치는 가령 소니(Sony)사의 플레이스테이션 게임콘솔에 적용된 정품인증시스템, 어도비(Adobe)사의 이북 리더(e-Book Reader) 프로그램에서 고객들이 내용은 볼 수 있지만 그 복제본의 제작, 이메일 송신 또는 인쇄 등을 막을 수 있게 한 기술적 보호조치, 리얼플레이어(RealPlayer)에서 파일의 무단복제를 통제하는 "Copy Switch" 시스템 등을 들 수 있다.[7]

그러한 조치들은 저작권의 침해여부와 무관하게 저작물에의 접근 자체를 통제할 수 있다. 문제는 진정한 의미의 저작권으로서의 창작성이

---

6) 데이터베이스에 대한 저작권법적 보호는 그 자체로 결과적으로 또는 사실상 정보 자체에 대한 배타적 지배를 초래하게 되고 따라서 창작성이 결여된 정보의 단순한 집합물에 대해서까지 상당기간 그 이용을 금지하는 것은 합리적인 근거 없이 정보의 접근과 이용에 관한 국민의 기본적 권리를 본질적으로 침해함으로써 헌법 제21조(언론·출판의 자유)에 위반될 소지가 있다(정상조·박준석, 앞의 책, 327면)는 지적은 앞서 살펴본 바와 같다.

7) 제시한 기술적 보호조치의 예시는 모두 이해완, 앞의 책, 1167면.

있는 저작물의 경우에는 이런 기술적 보호조치가 실효적 방어수단으로 서 정당화될 수 있겠으나, 창작성이 없거나 매우 낮아 실질적으로 보호 가치 있는 저작물이 아닌 경우에도 기술적 보호조치를 이용하여 대중의 접근 자체를 차단한다면 정보의 자유로운 이동은 원천적으로 차단된다 는 점이다. 더욱이, 접근통제 기술적 조치는 저작권 보호기간이 경과된 후에도 저작물에 적용된 기술적 보호조치가 해제되지 않는 이상－저작 권자가 저작물에 적용된 기술적 보호조치를 제거하거나 해당 저작물에 접근할 수 있는 코드를 일반에게 제공하는 등－보호기간과 무관하게 거 의 영구적으로 보호를 받게 되는 결과가 초래된다.[8] 또한 접근통제 기술 적 보호조치의 인정이 사실상 저작권자에게 새로운 권리인 접근권(access right)을 인정하는 것이라면 공기와 같이 일반인들이 자유로이 이용할 수 있는 정보나 기타 자료에 대하여 일종의 재산권(property right)을 창설하 는 것이 된다[9]는 비판도 유력하다.

마지막으로 현행 법제와 한미FTA의 내용 상 기술적 보호조치 무력화 금지 예외 사유에는 포괄적 공정이용 항변의 적용이 어려운 구조이기 때문에 저작권 침해에는 해당하지 않으나 그에 수반된 기술적 보호조치 무력화 금지행위의 경우에는 축소해석을 통하여 이용자의 법익을 적절 히 고려할 필요가 있다.

2. '예방적' 권리의 성격

기술적 보호조치는 이용자에게 특정 행위를 할 의무 또는 회피해야 할 의무를 부여하는 것이 아니라는 점에서 의미가 있다. 기술적 보호조 치 무력화 금지 규정은 권리자가 최소한의 예방적 조치를 통한 통제권 을 행사하려는 것을 일반 이용자가 권한 없이 적극적으로 무력화시키는

---

8) 이인호, 「정보통신기술의 발전과 기본권에 관한 연구」 181면.
9) 위의 글, 181-182면.

것을 금지하는 것을 의미한다. 그렇기 때문에 이용자가 일반적으로 공표된 저작물을 이용할 때 그 것이 공정한 이용에 해당하는지 저작권법과 위임입법을 보고 일일이 검토해야 하거나, 그런 수고스러움을 피하기 위하여 이용하지 않기를 택하게 만들 수 있는 일반적인 저작물의 이용과는 다르다. 따라서, 기술적 보호조치는 디지털 환경 하에서 전례 없이 커진 무단 복제의 위협에 대하여 가장 실제적인 대응방안으로써 권리자들 스스로 채택하는 기술적 보호조치에 적절한 수준의 법적인 보호를 부여함으로써 그 보호의 실효성을 높여주는 것[10]으로 이해할 수 있다.

이러한 조치는 권리자 입장에서는 기술을 활용하여 자신의 권리를 보호하면 국가가 이를 보호해주는 것이므로 그 자체가 예방적 구제수단으로써 의미가 있다. 한편, 이용자 입장에서는 그 기술적 제한조치가 창작성이 없는 것에 관한 것이 아니고, 일정 기간 도과 후 이용 가능한 것이 될 것이며, 그 해석이 과도하게 적용되지 않는 한, 자신에게 저작물이 제공된 대로 자유롭게 이용할 수 있다는 면에서 추가적 공정이용 사유에 해당하는지를 검토하지 않아도 된다는 비용 절감의 강점이 있다. 즉 침해 여부에 관한 검색비용을 아낄 수 있는 것이다. 따라서 기술적 보호조치는 권리자에게 조치를 취할 의무를 부과하는 한편, 이용자의 사회적 검색 비용을 절감시킴으로써 사회적 효용을 높이는 기능을 수행한다는 점에서 유인이론을 취하는 우리 법제에 긍정적으로 부합한다.

3. 남용의 우려

다만 기술적 보호조치 무력화 금지는 세 가지 경우에서 그 남용에 대한 우려가 제기된다—1) 창작성이 낮아 저작권법의 보호를 받을 수 없는데도 스스로 저작권법상의 보호를 부여하는 경우, 2) 저작권 보호기간이

---

10) 이해완, 앞의 책, 1165면.

만료되었음에도 불구하고 그 기술적 보호조치가 풀리지 않은 관계로 공공의 영역에 들어오지 않는 경우, 3) 기술적 보호조치 무력화 금지의 열거적 예외 사유에는 해당하지 않으나 그 자체가 공정이용에 해당하여 침해를 구성하지 않는 경우.

가. 창작성이 없는 저작물

무방식주의를 취하는 우리나라에서 저작물에 대한 접근 자체를 막을 경우, 기술적 보호조치는 저작권법상 보호 대상인 낮은 수준의 창작성에도 이르지 못하는 저작물을 보호하는 조치로 악용될 수 있다. 접근통제조치의 경우에는 창작성이 낮은 유사 저작물에 대해서도 접근 자체를 막는다는 점에서 더욱 문제적이다. 일단 저작자 입장에서 기술적 보호조치를 취하고 나면 그에 대한 접근통제를 일일이 해제하는 것은 어려운 일일 것이기 때문이다. 그리고 접근 자체의 차단은 기존의 기술이나 창작으로부터 새로운 창작을 할 기회를 박탈하는 것일 수도 있어, 문화와 산업 발전이라는 저작권 보호의 전반적 취지에도 반할 수 있다.

이런 문제에 대해서는 기술적 보호조치의 접근통제조치를 취한 주체에 대하여 창작성이 낮아 애초에 저작권법의 보호대상이 되지 않는다는 취지의 '이의신청' 절차를 두어, 이를 해소하는 방법을 고려해볼 수 있을 것이다. 실제로 이미 영국에서는 권리자가 기술적 보호조치를 취했으나 그 조치가 허용된 행위를 금지한 경우, 그 이용자는 그러한 기술적 보호조치에 대하여 관계부처에 신고할 수 있도록 하고 이에 관하여 장관의 명령으로 이에 대한 시정조치를 명령할 수 있다(영국 저작권법 296ZE).

나. 존속기간이 만료된 저작물

접근통제 기술적 조치는 저작권 보호기간이 경과되었기 때문에 공공의 영역으로 들어와야 할 저작물을 접근 불가하게 하여 이용 자체를 불가하게 만든다는 점에서 문제의 소지가 있다. 저작권자가 창작 당시 저작권법 보호기간 내에만 기술적 보호조치가 기능하도록 설정한 경우가 아닌 한 기술적 보호조치는 그 저작권 보호기간이 도과한 후에도 그대로 남아 사실상 저작재산권 보호기간을 연장시키는 효과를 누리게 하는 것이다.

이 경우 이용자의 능력에 따라 기술적 보호조치를 해제하고 사용할 수도 있겠지만 공유영역의 저작물임에도 이용자의 능력에 따라 접근이 제한된다고 하는 것은 애초에 저작권보호기간을 설정한 취지에도 맞지 않는다고 볼 수 있다.[11] 또한 예외 사유에는 존속기간이 만료된 저작물을 포섭할 만한 사유가 열거되어 있지 않아, 존속기간 만료에 기한 기술적 보호조치 무력화 행위가 적법하기는 쉽지 않아 보인다. 이런 문제적 요소는 기술적으로 허락되는 범위에서 기술적 보호조치에 시적 한계를 설정할 것을 의무화하는 방식으로 극복할 수 있을 것으로 보인다.

다. 저작권침해를 구성하지 않는 무력화 행위

기술적 보호조치 무력화 금지의 예외는 저작권법 제104조의2 제1항 단서 제1호 내지 제8호의 8가지 사유만이 인정된다. 그리하여 이용자의 행위가 공정이용에 해당하여 저작권 침해가 성립하지 않는 경우라도, 그 공정이용에 있어 기술적 보호조치 무력화 행위가 일부 개입되었고 그 기술적 보호조치 무력화 행위가 예외에 해당하지 않는 한, 저작권 침해는 성립하지 않더라도 기술적 보호조치 무력화 행위 금지 위반은 여전히 성립하는 것이다. 즉, "기술적 보호조치는 원래 직간접적으로 저작권 침해를 방지하거나 억제하기 위하여 도입되었는데도 불구하고 기술적

---

11) 탁희성, "저작권 보호를 위한 기술적 보호조치에 관한 소고", 형사정책연구 제 20권 제1호 (한국형사정책연구원, 2009) 1232면.

보호조치를 무력화하고 그 저작물의 공정 이용을 하는 경우에 저작권 침해를 성립하지 않지만 여전히 기술적 보호조치의 무력화 금지에 위반된다는 문제가 발생한다."[12]

물론 포괄적 공정이용 도입 전에도 인용조항을 통한 해석으로 공정이용의 법리를 사실상 적용하였으나, 인용을 '이용'으로 해석한 것에 대한 비판도 유력하다.[13] 그렇다면 이용자의 법익 보호의 근거는 저작권법의 목적을 밝힌 저작권법 제1조로부터도 그 근거를 찾을 수 있을 것이다. 그런 의미에서는 기술적 보호조치 무력화 금지의 예외의 열거적 사유에 해당하지 않더라도, 저작권법 제1조로부터 그 근거를 찾아 항변할 방법을 모색할 수는 있다.

그러나 현실적으로 저작권법 제104조의2 제1항 단서가 8가지로 열거되어 있고 그 외의 공정이용이 규정되어 있지 않은 관계로 기술적 보호조치 위반으로 주장되는 경우, 기술적 보호조치 위반에 대하여 공정이용 항변을 주장하기는 극히 어려울 것이다. 또한 한미FTA에 따르면 각 당사국은 기술적 조치의 무력화에 대한 충분한 법적 보호와 효과적인 법적 구제 수단을 마련하는 조치를 이행함에 있어서 그 예외와 제한은 여덟 가지의 행위에 한정하여야[14] 하는 관계로, 조약상으로도 열거적 사유 외의 공정이용 항변은 규범적으로 허용할 수가 없는 구조이다.

다만 이론적으로 기술적 보호조치는 권리자의 예방적 조치로 인정되는 권리라는 측면에서, 기술적 보호조치의 무력화 예외 사유에 해당하지

---

12) 임광섭, 위의 논문, 165면. 이 논문은 그에 대하여 직접적으로 헌법 제21조에 기한 표현의 자유 침해 주장이 어렵고, 저작권법 제35조의3 공정이용 항변이 기술적 보호조치에 적용될 수 없는 관계로, 기술적 보호조치 무력화 금지행위 자체를 '저작권 침해'와의 관련성이 있는 경우로 축소해석 해야 한다고 주장하였다. (위의 논문, 178면 이하)

13) 박준석, "저작권법 제28조 인용조항 해석론의 변화 및 그에 대한 비평," 법학, 제57권 제3호 (서울대학교 법학연구소, 2016)

14) 임광섭, 앞의 논문, 174면.

않으나 공정이용에 해당하는 목적과 이용을 위하여 기술적 보호조치를 무력화한 경우 그 이용 자체가 침해를 구성하지 않을 것이라면 그 이용에 수반된 행위는 여전히 기술적 보호조치 위반도 성립하지 않는 것이 타당하다는 견해[15]가 있었다. 이 견해의 여러 논거 중 '예방적' 조치로써 기술적 보호조치의 의의와 관련이 있는 논거는 두 가지가 있다. 저작권법 제2조 제28호가 접근통제조치에 관하여 '저작권의 행사와 관련하여'라고 그 요건을 명시[16]하고 있고, 법정 예외사유가 모든 비침해적 이용을 망라할 수 없을 뿐만 아니라 예외에 관한 고시 또한 그러한 내용의 망라는 불가하므로, "법정 예외 사유와 예외 고시가 있다는 것만으로는 저작권자의 이익과 이용자의 이익 사이에서 균형이 이루어졌다고 말할 수 없다"[17]는 것이다.

권리자에게 실효적 권리보호를 위한 자발적 예방적 조치에 관한 권리를 인정한다는 취지에서, 기술적 보호조치 금지에 관한 내용은 어디까지나 예방적 권리이기 때문에 위의 견해와 같이 예외가 있다는 것만으로 이용자의 이익에 대한 반영이 모두 이루어졌다고 볼 수는 없다. 그렇기 때문에 기존의 공정이용 법리의 적용이 현실적으로 어려운 선에서는 축소해석을 통한 이용자의 법익 보호 외에도 이용자의 항변의 일반적 근거 조항으로써 목적조항을 이용하는 방법을 고려할 수 있다.

---

15) 위의 논문, 167-236면. 이 견해는 그에 대한 해결책으로 접근통제조치의 축소해석을 제안한 바 있다.

16) 대법원 2015. 6. 29. 선고 2015도3352 판결에서도 확인 가능한 바와 같이 저작재산권 중 하나인 공연권의 행사와 관련된 접근통제조치는 공연권의 침해를 용이하게 하기 때문에 저작권법상 접근통제조치에 해당한다고 보았다.

17) 위의 논문, 195-196면.

Ⅳ. 평가

기술적 보호조치는 기술 발전에 따라 저작권 침해가 고도화되고 그 규모도 커진 관계로, 권리자에게 부여된 일련의 예방적 조치로 이해할 수 있다. 그러나 예방적 조치는 어디까지나 예방적 조치에 그쳐야 하고, 예방적 조치라고 하더라도 '저작자 등의 권리' 보호라는 선에서 저작물에 대한 관리와 통제를 위하여 존재하여야 할 뿐 저작권법의 취지를 잠탈하는 도구로 사용되어서는 안 된다. 창작성이 없는 저작물의 외관을 갖춘 것에 대한 보호를 제공할 우려와 저작권 보호기간 도과 후에도 그 기술적 보호조치가 남아 접근 자체를 막을 우려는 있으나, 이들은 입법개선을 통하여 극복할 수 있는 여지가 있다고 사료된다.

제3절 이용자의 법익 보호에 관한 입법

I. 서설

저작권법 제1조의 목적 조항에도 반영되어 있는 "공정한 이용"은 저작재산권의 정당화 논거이자 헌법적 가치의 반영이다. 우리 법제는 전술한 열거적 경우에만 공정이용을 보호해왔으나, 2011년 개정법에서는 일반조항으로 포괄적 공정이용규정(제35조의3)을 도입하였다. 그 이전에 제28조 인용조항에서의 '인용'의 해석을 넓게 하여 실질적으로 포괄적 공정이용조항처럼 활용했던 문제는 입법적으로 해결된 것이다. 그렇다면 공정이용 전반에 대한 법적 근거는 포괄적 공정이용 조항인지에 관한 의문이 제기될 수 있고, 나아가 포괄적 공정이용 조항의 도입으로 실질적으로 유효하게 공정한 이용을 보장할 만한 규범적 토양이 만들어졌는지를 이하 검토한다.

한편, 저작권법 제1조는 "저작자의 권리와 이에 인접하는 권리를 보호"한다고 규정하여 엄밀한 의미의 저작물은 아니더라도 이와 유사한 특성을 지니는 권리 중 일부, 특히 저작인접권을 저작권법적으로 보호하고 있다. 저작인접권은 저작권은 아니지만 저작권법에 의해 창설된 권리이기 때문에, 저작권과 마찬가지로 저작물의 공정한 이용을 도모함으로써 문화 및 관련 산업의 향상발전에 이바지함을 목적으로 한다. 그러므로 저작인접권은 저작권의 보호기간에 대한 일반 원칙이 적용되는 동시에, 논리적으로 저작권보다 오랜 기간 보호하는 것을 정당화하려면 이에 대한 추가적 논변이 필요한 권리이다. 이하 검토할 저작인접권의 보호기간에 관한 헌법재판소 결정은 단순 보호기간의 설정에 관한 것이 아니라, 보호기간의 연장의 문제로서 이미 소멸했던 권리를 다시 회복시키는 것에 관한 것인 관계로, 전술한 입법의 이론을 그대로 적용하는데 한계가 있다. 다만 여전히 입법에 있어 고려되어야 할 이용자의 법익과 같은 저작자 등의 권리에 대응되는 '공익'에 관한 판단을 살피는 선에서 이를 검토하고자 한다.

II. 공정이용에 관한 입법

1. 논의의 배경

저작물성에는 문제가 없다는 전제 하에, 저작권 침해 사건에서의 피고는 저작권법상 항변의 근거가 되는 조항, 대표적으로 제2관 저작권의 제한에 근거하여 자신의 행위는 침해를 구성하지 않는다고 항변할 수 있다. 이 경우 일차적으로는 저작권법상 이용이 인정되는 열거적 경우에 해당하는지를 살피고, 이에 해당하지 않는다면 저작권법상의 포괄적 공정이용 조항에 해당하는지 여부를 살필 것이다. 이 때 저작권법상 일련의 조항들은 구체적 사건에서 기본권 실현을 위한 근거이자 결과에 영향을 미치는 매개로 기능한다.

제35조의3 포괄적 공정이용 조항이 도입되기 전, 우리 법원은 현행 제28조(과거 제25조) 인용조항에서 '이용'을 '인용'으로 해석해왔다. 이 인용조항은 1986년 전면개정된 후 제25조에서 규정하던 것으로서, "공표된 저작물은 인용하여 이용할 수 있다. 이 경우에 그 인용은 공정한 관행에 합치 하는 것이고, 또한 보도, 비평, 연구 기타 인용의 목적 상 정당한 범위 안에서 행해지는 것이 아니면 안 된다."라고 규정하였다. 이러한 규정은 2006년 개정으로 인하여 위치만 바꾸어 현재 제28조로 이어지고 있다. 물론 이 때 제25조의 '인용'을 무리하게 '이용'으로 해석하는 것보다는, 저작권법 제1조의 목적조항에 비추어 열거적 경우에 해당하지

않는 공정이용의 경우를 포섭하는 방법도 있었을 것이다. 그러나 목적 조항에 근거한 항변이 많이 이루어지지 않는 실무적 환경에 더하여, 제 25조에 기한 항변을 법원이 검토한 바가 있기 때문에 제25조에 의한 판 례가 누적된 것으로 보인다.

구체적으로 포괄적 공정이용 조항 도입 전, 대법원은 "저작권법 제25 조[1]는 공표된 저작물은 보도·비평·교육·연구 등을 위하여는 정당한 범 위 안에서 공정한 관행에 합치되게 이를 인용할 수 있다고 규정하고 있 는바, 정당한 범위 안에서 공정한 관행에 합치되게 인용한 것인가의 여 부는 인용의 목적, 저작물의 성질, 인용된 내용과 분량, 피인용저작물을 수록한 방법과 형태, 독자의 일반적 관념, 원저작물에 대한 수요를 대체 하는지의 여부 등을 종합적으로 고려하여 판단"(대법원 1997. 11. 25. 선 고 97도2227; 대법원 2006. 2. 9. 선고 2005도7793 등)한다고 하였다. 즉, 법적 근거는 '인용조항'임에도 불구하고, 실질은 미국의 포괄적 공정이 용 조항의 대표적으로 적용한 판례로 논의되는 *Harper & Row Publishers, Inc. v. Nation enterprises* 의 기준을 그대로 적용하였던 것이다. 이는 이용 과 인용이 별개의 관념임에도 불구하고 인용을 마치 이용인 것처럼 해 석하여 사실상 공정이용 항변의 근거로 활용한 것이다. 물론 당시 저작 권법은 포괄적 공정이용 조항 없이 공정이용에 해당하는 경우를 열거적 으로만 나열하였던 사실적 배경이 있었다.

사정이 그러하다면, 저작권법에서 기본권의 대사인효가 미치는 매개 조항으로는 민법 제103조의 공서양속, 제2조의 신의성실·권리남용, 제 750조의 불법행위에 상응하는 일반조항들을 고려할 수 있게 된다. 이에 따라 이용자의 법익을 위한 근거로 저작권법 제1조 목적조항,[2] 제28조의 인용조항,[3] 제35조의3 포괄적 공정이용조항[4] 등을 종합적으로 고려할

---

1) 현행 저작권법 제28조
2) 이 법은 저작자의 권리와 이에 인접하는 권리를 보호하고 저작물의 공정한 이용 을 도모함으로써 문화 및 관련 산업의 향상발전에 이바지함을 목적으로 한다.

수 있다. 그 중 제28조의 인용조항은 '인용'을 '이용'으로 해석한다는 점에서 많은 비판을 받았던 바, 이는 제35조의3 포괄적 공정이용 조항이 도입된 이상 더욱 그러할 것으로 보인다. 그리하여 이용자의 법익을 위한 근거로는 저작권법 제1조 목적조항 및 제35조의3 포괄적 공정이용조항을 고려할 수 있다.

2. 포괄적 공정이용 조항의 도입

가. 공정이용 법리의 발달

공정이용 법리는 미국에서 발달하여 우리나라에 도입된 법리이다. 그런 의미에서 대표적인 미국에서의 사례를 통하여 그 해석과 운용을 살펴본다. 공정이용 관련 대표 판례는 대통령 회고록에 관한 사건이었다. "하퍼앤로 출판사(Harper & Row, Publishers; 원고)"가 「타임(Time)」에 출판하기 위해 포드대통령과 계약한 미공개 메모를 미국의 잡지 「네이션(The Nation; 피고)」이 입수하여 원래 200,000자 기사 중 300~400자를 그대로 옮겨 출판한 것이었다. 당시 포드 전 대통령과 계약한 미공개 메모

---

3) 공표된 저작물은 보도·비평·교육·연구 등을 위하여는 정당한 범위 안에서 공정한 관행에 합치되게 이를 인용할 수 있다.
4) ① 제23조부터 제35조의2까지, 제101조의3부터 제101조의5까지의 경우 외에 저작물의 통상적인 이용 방법과 충돌하지 아니하고 저작자의 정당한 이익을 부당하게 해치지 아니하는 경우에는 저작물을 이용할 수 있다. 〈개정 2016.3.22.〉
② 저작물 이용 행위가 제1항에 해당하는지를 판단할 때에는 다음 각 호의 사항 등을 고려하여야 한다. 〈개정 2016.3.22.〉
1. 이용의 목적 및 성격
2. 저작물의 종류 및 용도
3. 이용된 부분이 저작물 전체에서 차지하는 비중과 그 중요성
4. 저작물의 이용이 그 저작물의 현재 시장 또는 가치나 잠재적인 시장 또는 가치에 미치는 영향

는 닉슨 전 대통령의 사면에 관한 내용이었고, 원고는 이로 인하여 계약
서 상 조항에 따라 계약을 해제하였고 이어 피고에게 저작권 침해소송
을 제기했던 것이다. 원심[5]은 공정이용 항변을 받아들였지만, 연방대법
원의 판단은 달랐다.

이 사건에서 법정의견[6]은 저작물 사용의 목적(영리성), 저작물의 성
질, 저작물 전체에 비추어 이용된 양적 비중과 상당성, 잠재적 시장에 미
치는 영향(수요대체여부) 4가지 요소를 종합적으로 고려해야 하며, 한
요소가 우위를 차지하지는 않는다고 밝혔다. 이 사건에서는 피고의 목적
이 뉴스보도였다고 해도 경제적 이익을 누리는 이상 영리성이 있다고
보았다. 그리고 피고가 미간행 원고임을 알면서 절취했다는 점, 그 저작
물이 미간행 상태였다는 점, 이용된 부분이 핵심적인 부분이라는 점, 이
용된 부분이 원고의 저작물에서는 작은 비중이었지만 피고의 간행물에
서는 13%를 차지했다는 점을 종합적으로 고려하여 피고의 공정이용 항
변을 배척했다.

사실관계 상 고의적 절취행위가 있었던 점, 미국 보통법상 간행과 미
간행의 법적 평가를 달리했던 사정이 있었던 점, 사용의 양태가 변개를
가하지 않은 사실에 관한 기술 그대로를 옮긴 것이었다는 점에서, 원고
의 손해배상청구를 인용한 결과는 수긍할 수 있다. 그러나 이 때 문제가

---

5) *Harper & Row, Publishers, Inc. v. Nation Enterprises,* 723 F.2d 195 (2d Cir. 1983), reversed by 471 U.S. 539, (1985)

6) Majority: O'Connor, joined by Burger, Blackmun, Powell, Rehnquist, Stevens
Dissent: Brennan, joined by White, Marshall
이 사건에서 연방대법원은 저작권 발달의 역사적 배경을 근거로 헌법제정자들
은 저작권 자체를 표현의 자유를 위한 수단으로 의도하였고, 표현에 대해 매매
가능한 권리의 확립(저자:"저작권의 확립")은 표현에 담긴 아이디어를 창작하
고 전파하는(저자:"표현의 자유") 유인(誘引; incentive)이자 동인(動因; the engine
of free expression)이라고 본 것(*Harper & Row v. Nation Enterprises,* 471 U.S. 539,
560 (1985)이라고 설시하면서, 저작권과 표현의 자유는 같은 목표를 지향한다
고 전제하였다.

된 저작물은 미국 대통령 중 유일하게 임기를 채우지 못하고 사임한 닉슨대통령의 워터게이트 사건이 공적 성격이 강한 역사적 사건에 관한 것이었다. 그 대상이 되는 저작물도 전직 대통령의 회고록이었으며 그들의 사생활에 관한 것도 아니었다. 간행 주체도 언론기관임이 명백했다. 만약 사실관계가 조금만 달랐더라면 공정이용 항변이 충분히 받아 들여지기에 충분한 사건이었으나,[7] 이 사건 이후로 저작권과 표현의 자유의 갈등이 있는 많은 사건에서 저작권의 재산권적 보호의 법익을 이유로 표현의 자유는 배척되었다.

그런 의미에서 반대의견의 Brennan 대법관의 "저작권법은 법적 독점이 다양한 간접적 사용과 광범위한 지속적 정보와 아이디어의 전파를 질식시키지 않을 때에만 "자유로운 표현의 엔진"으로 기능한다. 예술과 과학의 진보와 표현의 자유의 가치를 보장하기 위해서라도, 아이디어와 정보는 재산권적 주장에 의해 쉽게 제한되어서는 안 된다"[8]는 지적은 분명 의미가 있다.

나. 입법적 도입: 이용자의 법익 반영

우리나라는 열거적으로 공정사용의 태양을 규정한 바 있으나, 비교적 근래에 영미식 포괄적 공정사용 조항을 도입하여 구체적 사건에서 융통성 있게 공정이용의 포섭이 가능하도록 개정이 이루어진 바 있다. 이 포괄적 공정이용 조항이라 불리는 '저작물의 공정한 이용'에 관한 규정은

---

7) 공적인물이론, 역사적 사건에 관한 보도의 특권, 사실적 기술에 대한 광범위한 이용의 인정 법리 등 고려될만한 요소가 상당하다.

8) The copyright laws serve as the "engine of free expression," ante, at 558, only when the statutory monopoly does not choke off multifarious indirect uses and consequent broad dissemination of information and ideas. To ensure the progress of arts and sciences and the integrity [p590] of First Amendment values, ideas and information must not be freighted with claims of proprietary right.

한·미 FTA체결에 따른 이행조치의 일환으로 2011. 12. 2. 법률 제11110호로 개정된 저작권법 제35조의 3으로 신설되었다.

그 신설 이유에 관하여서는 여러 설명이 가능하겠으나 한·미 자유무역협정의 합의사항을 저작권법에 반영하는 것을 주목적으로 이루어진 2011년 저작권법 개정에서 포괄적 공정이용조항이 포함된 가장 큰 원인은, 당시 저작권법에 새로 반영될 한·미 자유무역협정 상의 합의사항들이 저작권 강화에만 중심을 두고 있다는 사정을 고려하여 그 상대방인 이용자들의 권익을 지켜 나아가 저작권법 목적조항이 지향하는 균형점을 지키기 위한 특별한 대항조치였다고 추정하는 것이 가장 합리적"이라는 견해가 유력하다.[9]

이는 포괄적 공정이용조항으로서 미국 연방저작권법(Title 17 of the United States Code) 제107조의 내용을 거의 그대로 반영한 내용으로 국내에 입법되었다. 이 내용은 비교적 최근 입법화되었지만, 이미 법원에서는 다수의 저작권법 제28조 인용조항에서 그 법리 자체를 충분히 다뤄왔다. 그리고 그 해석에 있어서 미국의 대표적인 해석례는 국내에서 이 조항을 받아들이는 과정에서도 빠짐없이 검토되었다. 비교법적 관점에서 보자면, 우리나라는 이로 인하여 열거적 저작권 제한규정과 포괄적 제한규정을 병렬적으로 입법한 국가에 해당하게 되었다.

다. 개정 내용과 그에 대한 검토

현행 저작권법 제35조의3은 다음과 같이 열거적 경우 외의 포괄적 공정이용 판단 요건을 아래와 같이 제시한다.

제35조의3(저작물의 공정한 이용) ① 제23조부터 제35조의2까지, 제101조의3부터

---

9) 박준석, "저작권법 제28조 인용조항 해석론의 변화 및 그에 대한 비평," 법학, 제57권 제3호 (서울대학교 법학연구소, 2016) 194면.

제101조의5까지의 경우 외에 저작물의 통상적인 이용 방법과 충돌하지 아
니하고 저작자의 정당한 이익을 부당하게 해치지 아니하는 경우에는 저작
물을 이용할 수 있다.

② 저작물 이용 행위가 제1항에 해당하는지를 판단할 때에는 다음 각 호의 사항
  등을 고려하여야 한다.
  1. 이용의 목적 및 성격[10]
  2. 저작물의 종류 및 용도
  3. 이용된 부분이 저작물 전체에서 차지하는 비중과 그 중요성
  4. 저작물의 이용이 그 저작물의 현재 시장 또는 가치나 잠재적인 시장 또는
     가치에 미치는 영향

제35조의3 공정한 이용에 해당하는 경우, 전술한 바와 같이 잠재적
이용자는 저작권자의 허락 없이 당해 저작물을 이용할 수 있고, 이는 분
쟁사건에서는 침해주장에 대한 항변으로서 효과를 가진다. 저작권법 제
4절 제2관 저작재산권의 제한에 속하는 공정이용 조항은 저작권법 제3
절 저작인격권에는 적용되지 않는다. 그리고 저작권 제한사유에 해당한
다고 하여도 보상금의 지불을 조건으로 하는 경우에 해당하는 경우에는,
보상금을 지불하지 않는 한 지적재산권의 제한규정의 적용을 받을 수
없을 수 있을 것이다.[11]

또한 공정이용 법리는 저작권자가 합리적이고 통상적인 이용에 묵시
적으로 동의했을 경우에 적용될 성질의 것이라는 면에서, 이미 공정이용

---

10) 2016. 3. 22. 법률 제14083호로 일부개정 되기 이전 신설조항 제2항 제1목은 "영
    리성 또는 비영리성 등" 이용의 목적 및 성격이라고 규정했었으나, 전술한 이
    유와 마찬가지 이유로 공정이용 판단 시 고려사항 중 목적 및 성격에서 삭제
    되었다.
11) 육소영, "저작물의 공정이용에 관한 법리와 경제학적 분석," 경제법 연구, 제5
    권 제1호(한국경제법학회, 2006) 54-55면.

법리에는 불확정 개념들이기는 하지만 "합리적이고 통상적인" 이용이 헌법적 정책의 일부로서 재산권의 제한 범위로 반영되어 있는 것으로 볼 여지가 있다. 저작권 또한 재산권으로서의 성질을 가진다는 점, 저작권법상 포괄적 공정이용을 보호하기 위한 조항의 도입으로 그 공익과의 비교형량의 범위가 법체계상 확장된 점을 고려하면, 특별히 언론·표현의 자유가 요청되는 경우를 제외하고는, 보충적 포괄적 공정이용 조항 내에서 일반 공중의 공정한 이용에 관한 공익이 반영될 수 있을 것이다.

한편, 2016. 3. 22. 법률 제14083호로 일부개정 되기 이전 신설조항 제1항은 "제23조부터 제35조의2까지, 제101조의3부터 제101조의5까지의 경우 외에 저작물의 통상적인 이용 방법과 충돌하지 아니하고 저작자의 정당한 이익을 부당하게 해치지 아니하는 경우에는 보도·비평·교육·연구 등을 위하여 저작물을 이용할 수 있다"고 규정하여, 그 "목적"을 보도·비평·교육·연구 등을 위한 것이라고 한정했었다. 그러나 이는 "다양한 분야에서 저작물 이용행위를 활성화함으로써 문화 및 관련 산업을 발전시키는 중요 목적을 수행하여야 할 것이나, 그 목적 및 고려 사항이 제한적이어서 목적 달성에 어려움이 있는 바 이를 정비할 필요가 있다"는 이유로 삭제되었대교육문화체육관광위원장 제안, 저작권법 일부개정안(대안)-위원회 제출안 (2016. 2.) 2면]. 전술한 바와 같이, 현대사회에서의 공공복리를 열거적으로 한정하고 목적을 제한하는 것은 숙의의 장을 저해할 수 있다는 면에서, 목적을 한정하여 해석할 여지가 있는 부분을 삭제한 개정은 바람직하다고 평가할 수 있다.

라. 소결

공정이용항변은 열거적으로 공공복리의 일부 예를 제시하는 것에서 나아가 포괄적 공정이용 조항의 도입으로 인하여 열거적 경우가 아닌 경우에도 항변이 가능하도록 입법적으로 개선되었다. 이는 기존의 일반

조항으로 저작권법 제1조 목적조항이 광의의 공정이용항변의 근거로 이용되던 것에서 나아가, 직접적 근거로 삼을 수 있는 일반조항으로서 기능한다는 점에서 의의가 있다. 기존에는 '인용'에 의하여 제한적으로 해석되어 공정이용 항변이 배척되었던 패러디 항변의 경우를 검토하여, 저작자 등의 권리 주장에 대한 이용자의 항변의 사례를 검토한다.

3. 패러디 항변에의 적용

가. 문제의 소재

패러디는 원작품을 변형시키거나 왜곡시킴으로써 원작품 자체나 사회 전체를 풍자하거나 비평하는 창작방법을 말한다.[12] 패러디는 개념 상 모방(模倣)을 전제로 하는데, 그렇기 때문에 원저작물로부터 2차적 저작물에 해당여부가 문제되는 수준의 변형이 있을 수밖에 없고 원저작권자와 저작권 침해 내지 명예훼손과 같은 분쟁이 문제되기도 한다. 패러디는 물론 비평이 허용되지 않는 영역이나 불쾌감을 주는 경우가 있을 수 있다는 한계가 있는 동시에, 한편으로는 원작품의 진지함, 형식성을 깨고 원작품을 비평하거나 다른 사회 현상을 절묘하게 빗대어 사상을 표현함으로써 대중이 원작품에서 느낄 수 없었던 또 다른 문화영역을 접할 기회를 제공한다.[13]

이하에서는 저작권자의 저작재산권 침해 주장에 대하여 기존의 '비평을 위한 인용'만 입법적으로 있던 시기보다 포괄적 공정이용 조항의 도입으로 패러디가 넓게 인정될 수 여지가 있는 긍정적 면을 검토한다. 특히 포괄적 공정이용 조항은 직접적으로 표현의 자유, 직업수행의 자유 등을 요체로 하는 항변의 성공 여부가 달려있다는 면에서 의의가 있다.

---

12) 정상조·박준석, 앞의 책, 437면.
13) 함석천, 앞의 논문, 64면.

나. 포괄적 공정이용 규정의 적용

저작권법 제35조의 3으로 신설된 '포괄적 공정이용' 조항은 다양한 경우의 공정이용의 직접 근거로 사용될 여지가 크다. 이는 저작권법이 미처 예상치 못한 공정한 이용이 기존의 열거적 경우에 해당하지는 않더라도 개별 사건별로 이익형량하여(case by case; ad hoc balancing) 구체적 타당성 도모할 수 있다는 점에서 그 자체로 의의가 크다.

미국에서의 대표적인 패러디 사건은 *Campbell v. Acuff-Rose Music, Inc.* 사건[14]이다. 2 Live Crew라는 랩 그룹이 영화 귀여운 여인(Pretty Woman)의 주제곡 "Oh, Pretty Woman"의 패러디 노래를 만들기 위해 원곡 권리자인 Acuff-Rose Music에 사용권을 허여할 것을 요청하였으나, 이를 거절당했음에도 불구하고 패러디 노래를 만들어 그로부터 거의 1년 안에 25만 장 가량의 음반을 판매하였다. 이에 권리자는 저작권 침해의 소를 제기하였다. 1심은 피고의 공정이용 항변을 받아들였지만, 항소심은 이를 배척하였고 결국 연방대법원에까지 이른 사건이다.

이 사건에서는 미국법 상 포괄적 공정이용의 요건의 구비여부가 문제되었다. 우리의 포괄적 공정이용 조항과 유사[15]한 그 요건은 (i) 저작

---

14) *Campbell v. Acuff-Rose Music, Inc.*, 510 U.S. 569 (1994)
15) 제35조의3(저작물의 공정한 이용) ① 제23조부터 제35조의2까지, 제101조의3부터 제101조의5까지의 경우 외에 저작물의 통상적인 이용 방법과 충돌하지 아니하고 저작자의 정당한 이익을 부당하게 해치지 아니하는 경우에는 저작물을 이용할 수 있다.
② 저작물 이용 행위가 제1항에 해당하는지를 판단할 때에는 다음 각 호의 사항 등을 고려하여야 한다.
　1. 이용의 목적 및 성격
　2. 저작물의 종류 및 용도
　3. 이용된 부분이 저작물 전체에서 차지하는 비중과 그 중요성
　4. 저작물의 이용이 그 저작물의 현재 시장 또는 가치나 잠재적인 시장 또는 가치에 미치는 영향

물의 이용 목적과 성격, (ii) 저작물의 성격, (iii) 이용된 부분이 저작물 전체에서 차지하는 비중과 그 중요성, (iv) 잠재적 시장에 미치는 영향이었다. 이 사건에서 법원은 상업성이 중요한 요소이나, 문화는 변형적 발전에 의하여 이루어져왔고 패러디의 비판적 기능을 고려하여, 원곡의 로맨틱한 이미지를 조롱, 성관계에 대한 직접적 요구, 아버지가 되지 않아도 된다는 안도감 등으로 치환했다는 점에서 비평적 요소가 있다고 보았다.[16] 두 번째 요건에 관해서는 권한 없이 원저작물을 이용했으나 패러디는 대중에게 널리 알려진 원저작물을 대상으로 하는 장르라는 점에서 이는 중요하게 여겨지지 않았다. 세 번째 요건에서는 이용된 부분이 반드시 원저작물을 떠올릴 수 있어야(conjure up)한다는 점을 지적하며, 원저작물과의 상당한 유사성을 필연적 요소로 보았다. 마지막 요건에 대해서는 창작성 있는 요소가 가미되어 2차적 저작물(derivative work)로서의 비평적 패러디 시장은 원저작물의 시장과는 별개의 시장이라고 보았다. 이러한 점을 고려하여 이 사건에서는 상업적 목적은 고려되어야 할 여러 요소 중 하나에 불과하다는 점이 크게 작용하여, 그 항변은 받아들여졌다.

그러나 그 이후 *Dr. Seuss Enterprises, L.P. v. Penguin Books USA, Inc.* 사건[17]에서는 패러디 작가가 새로운 저작물을 만드는 수고스러움을 회피하거나 쉽게 주목을 끌기 위하여 단순히 원저작물을 따라한 경우에는 변형적 이용에 해당하지 않고, 높은 창작수준의 저작물을 보호할 법익이 공정이용의 법익보다 우월하며, 시장대체성 요건 검토에 이르러서는 당해 패러디물은 분명 상업적이라는 이유가 종합적으로 고려되어 피고의 공정이용항변이 배척된 바 있었다. 이 사건에서는 소송법적으로 공정이용 항변이 "적극적 항변(affirmative defense)"이기 때문에 피고들은 주요 주제와 서사적 요소의 의거성이 없다는 사실에 관한 증거를 제출하지

---

16) *Campbell v. Acuff-Rose Music, Inc.*, 510 U.S. 583 (1994)
17) *Dr. Seuss Enters., LP v. Penguin Books USA, Inc.*, 109 F.3d 1394 (9th Cir. 1997)

못했다는 점도 고려[18]되었다.

다. 판례 및 시사점

한국에서 대표적인 패러디 사건은 서태지와 이재수 사이의 소위 '컴백홈' 사건[19]이다. 개그맨인 이재수는 서태지의 'Come Back Home'을 음치와 박치가 부르는 형태로 변형한 '컴배콤'이라는 노래와 뮤직비디오를 공개하였고, 이에 대하여 서태지가 저작권 침해(복제권, 배포권, 공연권 등) 침해를 주장하여 가처분신청을 한 사건이다.

법원은 일차적으로 신청인의 저작물 'Come Back Home'은 우리나라의 많은 노래가 그러하듯 저작권신탁계약에 따라 사단법인 한국음악저작권협회에 양도된 것이므로, 신청인이 저작재산권자라고 볼 수 없다고 보았다. 또한 영상저작물인 뮤직비디오도 신청인에게 저작권이 있는 것이 아니므로, 뮤직비디오에 대한 권리를 소명하지 않는 이상 저작재산권을 주장할 수 없다고 보았다. 이에 따라, 신청인은 일신전속적 권리인 저작인격권에 기한 주장만 가능한 상황이었다. 이에 대해 법원은 "피신청인들이 신청인의 이 사건 원곡의 가사와 곡을 임의로 변형한 노래를 녹음하여 이 사건 음반을 제작·판매하고, 또한 그러 한 노래를 담은 뮤직비디오를 '컴배콤'이라는 제목으로 인터넷 등을 통하여 방송·전시하고 있으므로, 피신청인들은 특별한 사정이 없는 한 위와 같은 행위로써 이 사건 원곡에 대한 신청인의 동일성유지권[20]을 침해하였다고 할 것이다"고 보

---

18) *Ibid,* p.67.
19) 서울지방법원 2001. 11. 1. 2001카합1837 결정.
20) 저작권법 제13조
    ① 저작자는 그의 저작물의 내용·형식 및 제호의 동일성을 유지할 권리를 가진다.
    ② 저작자는 다음 각 호의 어느 하나에 해당하는 변경에 대하여는 이의(異議)할 수 없다. 다만, 본질적인 내용의 변경은 그러하지 아니하다. 〈개정 2009.4.22.〉

았다.

이 사건은 아직 우리나라에 공정이용 조항이 도입되기 이전의 것이었다. 그럼에도 불구하고, 당시 법원은 '패러디가 당해 저작물에 대한 자유이용의 범주로서 허용될 여지가 있음'을 인정한 바 있었고, 실제로 당시 비평에 관한 저작권법 제25조의 적용에 있어 고려해야 할 요소는 상기 미국 *Campbell v. Acuff-Rose Music, Inc.*의 고려요소, 즉 현행 포괄적 공정이용 조항의 법정 고려요소와 거의 일치했다.

그러나 법원은 그 공정이용 가능성에 대한 검토를 함에 있어 '컴배콤'은 "이 사건 원곡에 나타난 독특한 음악적 특징을 흉내 내어 단순히 웃음을 자아내는 정도에 그치는 것일 뿐, 이 사건 원곡에 대한 비평적 내용을 부가하여 새로운 가치를 창출한 것으로 보이지 아니하고, 피신청인들은 자신들의 노래에 음치가 놀림 받는 우리 사회의 현실을 비판하거나 대중적으로 우상화된 신청인도 한 인간에 불과하다는 등의 비평과 풍자가 담겨있다고 주장하나, 패러디로서 보호되는 것은 당해 저작물에 대한 비평이나 풍자인 경우라 할 것이고, 당해 저작물이 아닌 사회현실에 대한 것까지 패러디로서 허용된다고 보기 어려우며, 이 사건 개사곡에 나타난 위와 같은 제반 사정들에 비추어 이 사건 개사곡에 피신청인들의 주장과 같은 비평과 풍자가 담겨있다고 보기도 어렵다"고 판시하여, 공정이용 항변을 배척하였다.[21] 항변이 성공하지 못한 관계로 저작

---

1. 제25조의 규정에 따라 저작물을 이용하는 경우에 학교교육 목적상 부득이하다고 인정되는 범위 안에서의 표현의 변경
2. 건축물의 증축·개축 그 밖의 변형
3. 특정한 컴퓨터 외에는 이용할 수 없는 프로그램을 다른 컴퓨터에 이용할 수 있도록 하기 위하여 필요한 범위에서의 변경
4. 프로그램을 특정한 컴퓨터에 보다 효과적으로 이용할 수 있도록 하기 위하여 필요한 범위에서의 변경
5. 그 밖에 저작물의 성질이나 그 이용의 목적 및 형태 등에 비추어 부득이하다고 인정되는 범위 안에서의 변경

21) 제35조의3 도입 이전이기는 하나, 미국 판례법리를 그대로 적용하였음에도 불

인격권 침해 주장은 인용되었던 것이다. 그 이후로도 "짝 패러디 사건"
이나 "음악 미리듣기 서비스" 등 사건에서 실제로 공정이용 항변에 유사
한 항변을 법원이 받아들인 경우는 드물다.[22]

공정이용에 있어 적용되는 기준들은 구체적 사건에 따라 매우 다르
게 포섭될 수 있다. 그렇기 때문에 공정이용 요건을 법원이 어떻게 적용
할지를 예측하는 것은 특별히 더욱 어렵다.[23] 우리나라의 예는 물론 미
국의 경우를 보더라도, 상업적 성격이 중요한 판단요소인 것처럼 보이더
라도 상업적이라는 이유만으로 공정이용항변이 배척되지 않는 경우도
있는 한편 상업적인 성격이 시장대체성에 있어서 주요 근거로 이용된
경우도 있었다.

패러디는 필연적으로 원저작물과 원저작자에 대한 도전적 시도일 수
밖에 없고 일정 수준의 불쾌감을 줄 가능성이 있다. 그러나 비평의 수준
을 높게 본다면, 저작물에 대한 가치판단이 많이 개입하게 되고 실질적
으로 법원이 내용기준(content-based) 규제를 할 가능성이 있게 된다. 그
러나 법원이 적극적으로 내용기준 규제까지 적용하기 시작하면, 가처분
사건은 실질적으로 사법부에 의한 사전검열의 효과를 낼 수 있게 된

구하고 각 요소에 대한 검토는 이루어지지 않았다. 이러한 판례의 경향은 상
당기간 지속되었고 제35조의3 도입 이후에도 이어지는 것으로 보이는데, 이에
대해 "종전에 다른 법이나 저작권법 분야에서 여러 가지 요소를 복합적으로
고려해야 하는 불확정개념에 관한 설시에서처럼 하나로 뭉뚱그린 판단이 이루
어지고 있다"는 비판론이 있는데(박준석, "저작권법 제28조 인용조항 해석론의
변화 및 그에 대한 비평," 209면), 당사자가 사건에 수긍하기 위해서는 이런 부
분에 대한 판단은 필요하다는 점에서 동의한다.

22) 김우성, "패러디 항변의 도그마를 넘어서," 법학, 제56권 (서울대학교 법학연구
원, 2015) 196면 이하.

23) Edmund Wang, "The Line Between Copyright and the First Amendment and Why Its
Vagueness May Further Free," *13 U. Pa. J. Const. L. 1471* (2011) p.1485 이에 대하
여 그렇기 때문에 오히려 표현의 자유 보호를 위한 보호영역의 확장이 용이하
게 이루어질 수 있다는 의견도 있었다. *Ibid.*, p.1493.

다.[24] 물론 특정 종교나 성, 인종에 관한 비난과 같은 문화적 금기사항이나 명예훼손적 표현에 대해서는 그 사회와 문화에 적합한 비평의 수준을 찾는 것이 필요할 것이다.[25] 비평이 비난이나 명예훼손 내지 인격권에 심대한 해를 끼치는 수단으로 활용되는 것이 정당화될 수 없다는 것은 우리 헌법 제21조 제4항에서도 표현의 자유의 한계로 설정된 바와 같기 때문이다.

그러나 우리 전통문화에서도 해학과 풍자는 있어왔고[26] 이들은 동시대에는 도발적인 시도로 평가되고 억압받았더라도 현대에 이르러서는 우리 전통문화의 자산으로 평가 받고 있다. 예술에 대한 평가는 시대와 문화에 따라 달라질 수밖에 없는 것이다.

이미 기존의 저작권법제 상 자신이 원치 않는 저작물의 출판을 막으려면, 잠재적 침해를 예상하는 자는 그 저작권을 취득하는 방법으로 가장 간단하게 그 출판을 막을 방법이 있다. 그러나 실제로 출판이 된 패러디물의 비평의 범위를 좁게 본다면 포괄적 공정이용 조항이 도입되어도 '항변'으로서 '비평'이 받아들여지지 않는 한, 저작권 침해를 주장하는 사건에서 공정한 이용에 해당한다고 볼 만한 건강한 비평의 경우에도 포괄적 공정이용 항변을 이용할 실익은 더욱 줄어들 수 있다.[27]

---

24) Mark Lemley and Eugene Volokh, *Op. Cit.*, p.200.

25) 함석천, 앞의 논문, 76면.

26) 고려시대 이규보의 국선생전(麴先生傳), 이곡의 죽부인전(竹夫人傳)이나, 조선시대의 별주부전(鼈主簿傳), 김만중의 구운몽(九雲夢), 박지원의 호질(虎叱), 양반전(兩班傳), 허생전(許生傳) 등이 대표적이다. 서민 문화로는 봉산탈춤, 양주별산대놀이 등도 있었다. 시대상을 반영하는 풍자는 고유한 창작일 수도 있지만 기존의 구전설화나 다른 저작물을 모방하여 이루어지는 경우도 다수 있다. 우리 전통문화만 아니라 구전되어 오던 민요나 설화를 이야기 형식으로 글로서 엮어낸 대표적인 경우로는 이솝우화가 있을 것이다.

27) 비록 부정경쟁방지법 관련 사건이나, 부정경쟁방지법 시행령 제1조의2에 기한 패러디 항변에 관하여 '패러디스트의 이익, 패러디를 통한 상표이용 허용에 대한 공중의 이익과 상표의 사용으로 인하여 상표권자가 받는 불이익의 비교형량, 공정한 거래관행에의 부합 여부 등을 종합적으로 판단해야 한다'는 일반론

4. 소결

공정이용 항변은 저작재산권 보호의 큰 두 축 중 하나를 구성하는 것이기 때문에, 저작자 등의 권리보호에 상응할 정도의 비중으로 고려되어야 한다. 저작재산권자의 권리가 강화되는 추세에 비추어 그러한 이용자 측면에서의 공익은 더욱 주의 깊게 보장되어야 하는 것이다. 그런 의미에서 저작권법 제35조의3으로 도입된 포괄적 공정이용항변의 근거가 되는 조문이 도입이 된 것은 긍정적이고, 2016년 개정으로 인하여 "보도·비평·교육·연구 등을 위하여"라는 표현이 삭제되어 열거적 경우로 해석될 만한 소지를 제거한 것 또한 전체적 방향에 있어 바람직하다. 그런 의미에서 과거에는 받아들여지기 어려웠던 비평을 핵심으로 하는 패러디 항변이 제한적으로나마 포괄적 공정이용항변을 통하여 받아들여질 여지가 생겼다. 비록 해석의 한계가 있을 수 있겠으나, 규범적 환경의 개선은 궁극적으로 창작성 있는 저작물을 보호하는 것 외에, 이를 이용하여 건전한 비평을 가능하게 할 이용자의 법익을 보호할 만한 근거를 마련했다는 점에서 긍정적이다.

Ⅲ. 저작인접권의 보호기간 연장에 관하여

1. 문제의 소재

저작인접권은 일응의 창작성을 갖춘 실연자, 음반제작자 및 방송사업자에게 부여되는 저작권에 인접한 권리로서, 저작권법에 의한 보호를 받고 저작권법 제1조의 동일한 목적의 규율을 받는다. 저작인접권은 저작

을 설시하면서, 공정사용 항변을 배척한 바 있었다(서울중앙지방법원 2018. 10. 4. 선고 2016가합36472 판결; 2018. 11. 1.기준 미확정).

권법의 규율을 받는 경제적 권리라는 측면에서 저작재산권과 마찬가지로 저작권법 제1조 목적의 '저작자 등의 권리 보호'와 '이용자의 법익'을 고려해야 한다. 문제는 다수의 통상조약 체결로 인하여 저작권과 저작인접권 간, 저작인접권 간 보호기간의 차등이 생기기 시작하였다는 점이다. 저작권 자체의 보호기간에 관한 주제와 그 보호기간 연장이나 소멸한 권리를 회복시키는 것에 대한 주제가 중첩되는 것이다. 이 책에서는 논의의 범위를 한정하기 위하여, 저작인접권 보호기간의 연장에 관한 판단 시 헌법재판소가 고려한 '공익'을 살펴본다. 다만 우리 헌법재판소 결정 사건은 이미 소멸한 저작인접권을 회복시키는 내용도 포함되어 있었기 때문에 소급효의 문제가 논의될 수밖에 없는 점이 있어 판단의 한계는 있다. 그럼에도 불구하고, 헌법재판소가 이익형량에 있어 무엇을 저작권법상 보호받는 '공익'으로 상정했는지를 검토하여 저작재산권의 한계적 요소로서의 '공익'의 현주소를 살펴본다.

2. 저작인접권 보호기간 연장의 특수성

저작권법은 저작물을 전달하는 주체들에게 저작권과 유사한 권리의 다발인 저작인접권을 부여하고 있다(저작권법 제3장의 제64조 내지 제90조). 이들은 저작자는 아니나 창작행위라는 공통의 개념 표징을 가지고 그에 준하는 활동을 통하여 저작물을 전달, 유통시키는 역할을 하므로 저작권법에서 보호하는 것이다. 창작행위라는 저작물의 최소한의 요건을 공통으로 하고 문화발전이라는 목표를 공유하는 점에서는 관련된 '공익'은 극히 유사하지만, 그 보호수준은 전통적 저작권에 비해 높다고 보기는 어려울 것이다.

가. 보호기간 연장의 위헌성이 다투어진 외국례

미국에서는 우리보다 앞서 저작권의 보호기간 소급연장에 관하여 치열한 다툼이 있었다. 1998년 미국 상원은 이미 저작권 보호기간이 진행 중인 저작물에 대해서도 보호기간을 저작자 사후 70년, 업무상 저작물이나 익명 저작물의 경우는 공표시점으로부터 95년, 창작으로부터 120년으로 연장하는 Sonny Bono Copyright Term Extension Act (이하 "CTEA")를 통과시켰다. 이 법이 도입된 배경은 우리나라는 물론 미국 및 유럽의 많은 국가를 회원국으로 하는 베른협약과 유럽의 보호기간 연장이다.

베른협약 회원국을 다수 보유한 EU는 1993년 '저작권보호기간의 통일화를 위한 지침(Council Directive 93/98/EEC of 29 October 1993 harmonizing the term of protection of copyright and certain related rights)'[28]을 통과시켰고, EU 회원국들은 저작권 보호기간을 저작자 사후 70년으로 연장하였다. 이에 따라, 미국 관련 산업종사자들은 같은 베른협약 가입국이지만 EU 회원국의 저작물은 20년이 추가된 저작자 사후 70년의 기간의 보호를 받는데 자신들의 저작권은 저작자 사후 50년만 보호받으므로, 권리보호의 공백으로 형평성 문제가 있고 자국 저작권의 보호에 취약하다는 주장을 하였다. CTEA의 도입으로, 그 이전 1976년 저작권법에 따라 1998년이면 보호기간이 만료되는, 즉 공공의 영역으로 들어올 저작권들의 보호기간이 20년 더 연장되었다. 대표적으로 월트디즈니사(Walt Disney Company)의 미키마우스의 초기 애니메이션이 직접적으로 보호기간 연장의 혜택을 누리게 되었다.[29]

법안 단계부터 이 법은 많은 헌법학자들의 비판을 받았고, 실제로 법이 시행되고 얼마 지나지 않아 원고 Eric Eldred는 CTEA의 위헌성을 다투

---

28) Council Directive 93/98/EEC (현재 이 지침은 Directive 2006/116/EC로 대체되었다.)

29) William M. Landes and Richard A. Posner, *The Economic Structure of Intellectual Property Law* (The Belknap Press of Harvard University Press, 2003) p.220.

었다. 원고는 자신의 웹사이트(www.eldritchpress.org)에서 비영리 인터넷
출판사를 운영하는 자로서 그는 나타니엘 호손(Nathaniel Hawthrone)의
작품과 같은 고전의 온라인 출판본을 보유하고 있었고, 그의 사이트에
있던 책들 중에는 절판되었거나 물리적인 출판본을 구하기가 어려운 책
들도 있었다.[30] 원고가 이 웹사이트를 만들 때만 해도 이 책들은 공공의
영역에 있었다. 그러나 CTEA 이후 그의 사이트에 게시했던 책 중 일부는
보호기간의 연장으로 인하여 다시 저작권법의 보호를 받게 되었고, 이들
은 CTEA에 따르면 저작권법 위반에 해당하게 되었다. 이에 원고와 그 외
의 공공의 영역에 있는 저작물을 주로 출판하는 영리 또는 비영리단체
들이 원고로 추가되어, CTEA는 지적재산조항, 수정헌법 제1조 등에 위배
된다고 주장했다.[31]

법정의견[32]은 헌법은 연방의회가 저작권에 시적 한계를 설정하도록
규정했을 뿐 그 보호기간은 입법자의 재량에 의할 성질의 것이므로 그
기간이 "영구적"이 아닌 한 보호기간은 합헌이라고 판단했다. 또한, 표현
의 자유에 관한 주장에 대해서는, 저작권은 그 자체로 합헌적이고 수정
헌법 제1조는 의회가 저작권법의 "전통적 외양을 변경"하려고 할 때에
고려될 성질이라고 보아 여전히 합헌이라고 보았다.[33]

---

30) Herman Tavani, "Locke, Intellectual Property Rights, and the Information Commons,"
   Ethics and Information Technology Vol. 7 (2005), p.94.
31) 이 때 대표적인 원고 대리인은 로렌스 레식(Lawrence Lessig) 교수였다.
32) Majority: Ginsburg, joined by Rehnquist, O'Connor, Scalia, Kennedy, Souter, Thomas
   Dissent: Stevens, Breyer
33) 그 외에도 18세기와는 비교할 수 없을 정도로 인간의 기대수명이 늘었으므로
   저작권법상 보호기간도 연장되어야 한다는 점을 지적하였다. 이는 베른협약에
   서 저작자의 후손을 보호하기 위한다는 논거를 참조한 것으로 보인다. 그리고
   미국은 독일이 전쟁기간 중 저작권 행사 기회를 사실상 박탈당했다고 보호기
   간을 저작자 사후 70년으로 연장하면서, 유럽연합이 보호기간을 70년으로 늘
   렸기 때문에 불공적 무역 극복, 즉 자국 저작권 산업 보호를 위해 이를 늘린
   것이다. *Eldred v. Ashcroft*, 537 U.S.186, 221 (2003); 이인호, 「정보통신기술의 발
   전과 기본권에 관한 연구」 178면.

반대의견[34]은 저작권과 표현의 자유는 정보의 생산과 전파라는 유사한 목표를 달성하려 함에도 불구하고 특정 법률이 그 조화로운 수준을 넘어가는 순간 헌법제정자들이 양자를 통해 약속했던 공공의 표현에 관한 이익이 박탈된다고 지적하였다. 그 주요 논거는 결국 CTEA의 보호기간 연장은 헌법적으로 실질적으로 저작권을 "사실상 영구적(virtually perpetual)"으로 만들고, 그로 인해 신규 창작의 장려나 공공영역의 지식을 증대와 같은 공익과의 조화라는 가장 중요한 내재적 한계를 일탈한다는 것이었다.

특히 Stevens 대법관은 법률은 합헌성 추정을 받더라도, 실제 헌법 해석상 오류가 있는 입법이 사법심사의 대상이 되면 합헌성 추정이 있다는 이유로 사법기관이 위헌적 상황을 무효화할 권한이 제한된다는 뜻으로 해석되어서는 안 된다고 지적하였다.[35] 그러한 사실은 저작권법처럼 합헌이라고 보았던 누적적 판결이 있었다고 해서 달리 볼 것은 아니라고 하였다.

또한 Breyer 대법관은 저작권을 순수하게 경제적 규제로 볼 수는 없고 오히려 표현에 대한 규제라고 보아야 한다고 지적하며 관점의 변화를 촉구했다.[36] 이제까지 저작권과 표현의 자유의 긴장관계는 저작권의 내재적 장치만으로 충분하다고 봤던 것과 달리, Breyer대법관은 당해 법률의 사법심사에 적용되어야 할 특별한 고려사항을 제시하였다. (i) 당해 법률이 공익이 아닌 상당한 사익을 부여하는 법률로서, (ii) 헌법 규정이 표상하는 표현의 가치를 훼손하는 심각한 위협을 가하고, (iii) 그 헌법 규정에 관한 중요한 목표를 달성할 정당화 논거를 찾을 수 없을 때, 법률은 헌법적으로 필요한 합리적 논거를 결여한다고 보아야 한다고 판단했다. 그 기준에 따르면, (i) 당해 법률은 본디 헌법이 "과학의 진보를 장려하기 위해" 제정한 법률이지 특별한 사익의 부여를 목적으로 하는 법

---

34) Dissent: Stevens, Breyer
35) *Eldred v. Ashcroft,* 537 U.S.186, 253 (2003)
36) *Ibid,* p.244.

이 아니고,[37] (ii) 법률은 공공에게 사용료(royalty) 지급의무나 저작자의 동의를 받을 의무를 부과하는 등 표현에 관한 비용을 사용자에게 전가시키는데, 보호기간 연장은 권리를 이전하지 않은 기존의 저작자에게만 혜택이 가고, 디지털 시대에 예술가, 학자, 교사, 데이터베이스 운영자, 연구자 등 누구든 사용할 때마다 "동의"를 구할 과도한 제도적 부담을 부과하여 표현 자체의 비용을 증가시키며,[38] (iii) 경제학적 이익이론, 국제적 통일화 경향, 특정 집단의 배제, 인구학적·기술적 변화라는 다수의견의 논거는 이 법률을 정당화할 적법하고 진지한 논거가 될 수 없다[39]고 보아, 헌법에 위배된다고 보았다.

실제로 이렇듯 저작권법의 정당화 논거의 전제를 다시 한 번 생각해 보게 하는 '공익'이 기대보다 크지 않다는 것은 법경제학적으로도 뒷받침된다. 실제로 저작권을 20년 또는 25년 이상 연장하는 것은, 현재 가치를 하락시키기 때문에, 유인효과도 거의 없고 (그러므로 특별히 그 보호기간이 도과 했을 때 공공의 영역을 풍부하게 할 추가적인 저작물을 생산하지도 않고), 모든 저작권의 보호기간 연장은 기존의 저작물에 적용되어 왔기 때문에 오히려 공공의 영역을 과하게 축소시킬 뿐[40]이라는 유력한 의견도 제시된 바 있다.

나. 우리나라에서 논의의 토대

우리 저작권법도 2011년 개정 시 저작권 보호기간을 저작자 사후 70년으로 규정하였다. 이는 한·EU 자유무역협정의 이행조치의 일환이었

---

37) It does so by "motivat[ing] the creative activity of authors" through "the provision of a special reward." *Ibid.* p. 429. The "reward" is a means, not an end.

38) *Eldred v. Ashcroft*, 537 U.S.186, 248 이하 (2003)

39) *Eldred v. Ashcroft*, 537 U.S.186, 254 이하 (2003)

40) William M. Landes and Richard A. Posner, *Op. Cit.* pp.218-219.

고, 2년의 시행 유예기간을 두어 법률 제10807호로 2013. 7. 1.부터 시행
되었다. 저작인접권, 그 중 음반 및 실연에 대한 보호기간을 50년에서 70
년으로 연장하는 규정도 2011년 개정 시 한·미 자유무역협정의 이행조치
의 일환으로 반영되어 2013. 8. 1.부터 시행되었다. 이 때 저작인접권은
1987. 7. 1.부터 1994. 6. 30. 사이에 발생한 저작인접권에 대해 그 발생한
해의 다음해부터 기산하여 50년 보호[41]하였다.

결과론적으로 말하자면 EU 보호기간 연장이 우리에게 미친 여파는
미국에 비하면 적었다. 미국의 경우는 저작권 보호기간의 연장이 관련
산업관계자의 로비에 의하여 받아들여진 반면 우리는 통상압력으로 받
아들였다는 점, 우리 법은 소멸하였거나 소멸 중인 저작권 전반에 보호
기간 연장을 일괄 적용하지 않았고, 형평성에 관한 이의가 제기된 저작
인접권 중 일부에 대해서만 보호기간을 연장하였다는 차이점은 있었다.
그러나 이에 관하여 우리나라에서도 위헌법률심판제청(헌법재판소법 제
41조)이나 법령에 관한 헌법소원(헌법재판소법 제68조 제2항)이 제기될
만한 소지는 있었고.[42] 실제로 사건화 되었다. 참고로 이 때 발의되었던
여러 저작권법 개정안들 중 2011. 3. 25. 저작권법 일부개정법률안(한선
교 의원 대표발의)에는 저작권의 소급보호내용도 들어 있었다.

위와 같은 양상을 보면, 당연히 소급입법이라는 주장이 제기되는데,

---

41) "이 시기는 이선희, 김광석, 김건모, 이문세, 서태지와 아이들 등이 활동했던
한국대중음악의 르네 상스기로서 이 시기의 명곡·명음반의 국내외적 충분한
보호 필요"하다고 설명한 바 있다. 「개정 저작권법 해설서」(문화체육관광부·한
국저작권위원회, 2012) 47면.

42) 저작재산권의 사법심사를 상정할 수 있는 경우는 크게 두 가지이다. 저작재산
권자가 자신의 저작재산권이 침해된다고 주장하는 경우와 반대로 저작재산권
의 보호로 인하여 자신의 다른 기본권이 침해된다고 주장하는 경우이다. 어느
경우이든 법률의 위헌성이 문제되는 경우, 위헌법률심판제청(헌법재판소법 제
41조)이나 법령에 관한 헌법소원(헌법재판소법 제68조 제2항)이 청구될 수 있
고, 이에 기한 행정처분 등으로 인하여 저작재산권 내지 표현의 자유를 침해받
았다고 주장하는 경우 헌법소원(헌법재판소법 제68조 제1항)을 청구할 수 있다.

우리 법제는 부진정소급입법과 진정소급입법을 분류상 나누어 원칙적으로 부진정소급입법은 허용된다고 보는 입장이다. 소급입법에 대한 우리의 지배적인 이론은, 새로운 입법으로 이미 종료된 사실관계에 작용케 하는 진정소급입법은 헌법적으로 허용되지 않는 것이 원칙이며 특단의 사정이 있는 경우에만 예외적으로 허용될 수 있는 반면, 현재 진행중인 사실관계에 작용케 하는 부진정소급입법은 원칙적으로 허용되지만 소급효를 요구하는 공익상의 사유와 신뢰보호의 요청 사이의 교량과정에서 신뢰보호의 관점이 입법자의 형성권에 제한을 가하게 된다는 것이다.[43]

부진정소급입법이 원칙적으로 허용되는 이상 소급효를 요구하는 공익상의 사유와 소멸한 저작물에 대한 신뢰보호의 요청 사이의 이익형량이 이루어져야만 하는데, 신뢰보호의 이익을 보호기간이 만료된 저작물을 이용할 '사익'으로 포섭하는 한 사적 신뢰보호의 이익은 '공익'에 비해서는 보호수준이 낮다고 보기가 쉬울 것이다. 즉, 이용자의 법익을 단순 반사이익이라고 규정하는 순간 저작권보호의 공익이 이용자의 저작권 보호기간이 도과한 저작물을 이용할 사익보다 크다는 방향으로 이익형량이 이루어지는 것이다. 실제로 우리 헌법재판소도 소멸된 저작인접

---

43) 헌재 1998. 11. 26. 97헌바58, 판례집 10-2, 673 [합헌]
　　이 사건은 우루과이라운드 협상 타결의 이행으로서 법인세율 인하와 농어촌특별세의 신설로 인한 과세처분에 불복하여 시작된 사건이었다. 헌법재판소는 이 사건에서 "농어촌특별세법은 우루과이라운드 협상의 타결에 따른 후속대책의 일환으로 추진되는 농어촌 개발사업 등에 필요한 재원을 조달하기 위하여 10년을 시한으로 농어촌특별세를 신설하면서도, 법인세를 본세로 하는 농어촌특별세는 특별히 적용기간을 2년으로 단축하고 있고, 개정된 법인세법에 따라 법인세율이 종래 34%에서 32%로 인하된 것을 감안하여 그 차이인 2%만을 농어촌특별세로 부과함으로써 기업의 실질적 부담증가는 없도록 배려하고 있으므로, 비록 동법 부칙 제3조 제3항에서 그 시행일 이후 최초로 종료하는 사업연도의 개시일부터 적용토록 하고 있더라도 입법취지에서 엿보이는 공익 목적의 중요성, 신뢰침해의 방법과 정도, 침해받은 신뢰의 보호가치 등을 종합적으로 비교·형량할 때 위 부칙조항이 헌법상의 신뢰보호원칙에 위반한 것이라 하기 어렵다"고 판시하였다.

권을 회복시키는 개정 저작권법에 대해서도 형평성에 관한 언급 외에는 다른 특별한 논증 없이 저작인접권 회복의 공익이 더 크다고 보았다(헌재 2013. 11. 28. 2012헌마770 결정). 이런 틀에 따르면 보호기간의 연장에 있어, 특별한 경우가 아닌 한, 저작권의 보호기간은 이론적으로 얼마든지 소급연장이 가능한 것이다.

더욱이 헌재 1998. 11. 26. 97헌바58와 같은 기존의 헌법재판소 결정에 비추어 보건대, 국제조약에 의한 법개정으로 인한 부진정소급입법은 실질적으로 완화된 기준이 적용된 것으로 보인다. 다만 이 책에서는 소급입법에 관한 내용을 본격적으로 다루는 것은 아니므로 이에 대해서는 공공의 영역에 이미 들어갔던 저작물을 다시 사인의 권리 영역으로 들여오는 입법은 저작권이 본래 예정했던 한계적 요소에 반하는 성격이 있다는 화두를 던지는 선에서 그치겠다.

3. 헌법재판소 결정의 검토

가. 사실관계

이 사건은 앞서 살펴본 미연방대법원의 *Eldred v. Ashcroft* 사건과 비슷하게 소멸된 음원을 이용하여 음반을 제작·판매하는 청구인이 1987. 7. 1.부터 1994. 6. 30. 사이에 발생하였으나 20년의 보호기간이 경과하여 소멸된 저작인접권을 2012. 3. 15.부터 회복하여 잔여 보호기간을 포함하여 50년간 존속시키는 내용의 저작권법 부칙 제4조가 청구인의 음반제작 및 판매에 관한 재산권을 침해한다고 주장하며 헌법소원심판을 청구한 사건이었다.

나. 결정의 내용

헌법재판소는 과거 소멸한 저작인접권을 회복시키는 저작권법 (2011. 12. 2. 법률 제11110호) 부칙 제4조 제2항(이하 '심판대상조항'이라 한다)이 헌법 제13조 제2항이 금지하는 소급입법에 의한 재산권 박탈에 해당하는지 여부와 저작인접권을 회복시키는 심판대상조항이 음반 제작자의 직업 수행의 자유를 침해하는지 여부에 관한 두 쟁점에 관하여, 모두 재산권 박탈에 해당하지 않고, 음반제작자의 직업 수행의 자유를 침해하지 않는다고 결정[44]했다. 헌법재판소는 이 문제를 단순히 청구인 1인의 관점에서 재산권 및 직업수행의 자유의 침해 여부만을 판단하고 있어 아쉬움을 남긴다.[45]

우선 소급입법에 대한 쟁점에서는 부진정소급입법이기 때문에 헌법 제13조 제2항의 소급입법에 해당하지 않고, 재산권 침해 여부 검토 단계에 있어서 신뢰보호만이 문제가 된다고 보았다. 구체적으로 부칙 제4조는 "청구인이 이미 제작하여 판매하고 있던 음반의 소유권을 박탈한다거나 음반의 판매수익을 환수한다든지, 청구인이 음반을 제작하기 위해 투자한 시설이나 장비 등의 사용·수익을 금지시키는 것이 아니므로, 어떠한 구체적인 권리를 침해하는 것이 아니"라고 보았다. 또한, 음원의 무상 활용의 이익은 "저작인접권자의 권리가 소멸함으로 인하여 얻을 수 있는 반사적 이익에 불과할 뿐"이라고 보아 애초에 헌법상 보호받는 재산권이 아니라고 보았다.

청구인의 직업수행의 자유 침해 여부에 있어서도 목적의 정당성에서 "저작인접권자들 간의 공평을 도모"한 것이어서 정당하고, "효력을 회복시켜 잔여 보호기간만큼 존속하도록 한 것은 위 입법목적의 달성에 적합한 수단"이라고 보았다. 입법목적 달성을 위한 대체수단이 존재하지

---

44) 헌재 2013. 11. 28. 2012헌마770, 판례집 25-2하, 583 [기각]
45) 이인호, 「정보통신기술의 발전과 기본권에 관한 연구」 247면.

않고, 50년보다 단기의 보호기간을 두는 방안은 입법취지에도 어긋나 채택하기 어렵다고 보아 피해의 최소성 원칙에도 반하지 않는다고 보았다.

이 결정에서는 특기할 만한 부분은 "기존의 저작인접권 보호기간을 연장하면서 심판대상조항을 두어 이미 소멸한 저작인접권을 회복함으로써 추구하고자 하는 공익이 청구인이 입는 불이익을 능가하는 것인지"를 논한 부분이다. 결정은 그 전제가 되는 "입법자는 새로운 인식을 수용하고 변화한 현실에 적절하게 대처해야 하기 때문에, 국민은 원칙적으로 현재의 법적 상태가 항상 지속되리라는 것을 신뢰할 수 없다"는 기존의 법리를 따르면서, 보호기간의 소급 연장에 관한 입법형성권을 광범위하게 인정하였다.

한편, 청구인이 "스스로의 위험부담으로 법률이 부여한 기회를 활용한 경우에 지나지 않는" 음원을 무상으로 활용하는 방식은 세계적으로 저작인접권의 보호기간이 연장되는 추세에 있음에 비추어 볼 때 저작인접권 보호기간이 짧아 소멸했던 권리를 회복시킨 것은 형평성을 위한 것으로, 법률 개정을 통하여 추구하고자 하는 공익은 중대하다[46]고 판시하였다.

다. 결정의 검토

당해 사건에서 '공익'이 저작자 등의 권리 보호 내지 공정한 이용을 보호하는 성질에 관한 것인지를 검토하는 선에서 특기할 만한 부분은, "기존의 저작인접권 보호기간을 연장하면서 심판대상조항을 두어 이미 소멸한 저작인접권을 회복함으로써 추구하고자 하는 공익이 청구인이 입는 불이익을 능가하는 것인지"를 논한 부분이다.

---

46) 헌재 2013. 11. 28. 2012헌마770, 판례집 25-2하, 583, 590 [기각]

1) 보호기간 연장에 관한 입법형성의 범위

헌법재판소 결정은 "입법자는 새로운 인식을 수용하고 변화한 현실에 적절하게 대처해야 하기 때문에, 국민은 원칙적으로 현재의 법적 상태가 항상 지속되리라는 것을 신뢰할 수 없다"는 기존의 판시를 토대로 하긴 했으나, 변화하는 환경에 대응하는 입법자의 재량을 주요 논거로 인정한 *Eldred v. Ashcroft* 사건과 상당히 유사하게도 보호기간 연장의 문제를 단순 입법형성의 문제로 치환하였다. 그리하여 "공정한 이용"에 관한 이용자의 권리는 고려되지 않았다.

그러나 입법형성 단계에서의 재량은 무제한적으로 인정되는 것이 아니다. 입법자는 합헌성 원칙에 부합하는 선에서 입법재량을 행사할 수 있을 뿐이다. 그렇기 때문에 앞서 저작재산권 입법의 지도원리에서 살펴본 바와 같이, 입법자는 저작재산권의 특수성을 적용한 입법의 지도원리와 그 고려요소가 작동하는 선에서 재량을 행사할 수 있을 뿐이다. 입법자의 광범위한 형성의 자유에 해당한다는 논거가 사실상 많은 입법을 정당화 논거로 활용된다고 하여도, 저작재산권의 입법에 있어 '저작자 등의 권리' 보호만으로 편중된다거나, '창작성' 있는 저작물에 대한 보호를 도외시한다거나, '공정한 이용'을 저해하는 입법은 입법형성의 한계를 일탈한 것에 해당한다. 더욱이 재산권 제한적 법률의 경우에는 비례의 원칙에 따라야 한다는 기존의 법리[47]에 비추어 보건대 사회적 관련성의 정도가 높은 저작재산권의 입법형성의 한계는 더욱 엄격히 볼 필요가 있다.

그러므로 당해 헌법재판소 결정에 있어서도 특별한 논증 없이 저작인접권의 보호범위에 관한 판단은 입법재량의 범위에 속하는 것이라고 결론을 내리기 보다는, 저작재산권에 관한 입법이 입법재량의 범위 내에 속하는 것인지를 먼저 규명하는 과정이 있었어야 하는 것으로 보인다.

---

47) 헌재 1999. 4. 29. 94헌바37 등, 판례집 11-1, 289 [위헌]

2) 보호기간 연장에 있어서의 '공익'

이 사건에서 결정은 청구인이 "스스로의 위험부담으로 법률이 부여한 기회를 활용한 경우에 지나지 않는" 음원을 무상으로 활용하는 방식은 "세계적으로 저작인접권의 보호기간이 연장되는 추세에 있음에 비추어 볼 때" 저작인접권 보호기간이 짧아 소멸했던 권리를 회복시킨 것은 형평성을 위한 것으로, 법률 개정을 통하여 추구하고자 하는 공익은 중대하다[48]고 판시하였다. 여기서 "법률 개정을 통하여 추구하고자 하는 공익"으로 포섭되는 것으로 적시된 것으로는 "세계적으로 저작인접권의 보호기간이 연장되는 추세"와 "형평성" 정도가 있는데, 세계적 저작인접권의 보호기간 연장 추세는 그 자체로 공익에 포섭될 만한 것이라고는 보기 어려운 관계로 "형평성"이 공익인 것으로 이해할 수 있다.

그러나 저작인접권에 관한 법률 개정에서의 "공익"이 단순 "형평성"은 아니라는 점은 앞서 살펴본 바와 같다. 저작인접권이 최소한의 창작성이 인정된다는 이유로 저작권에 인접하는 권리로 포섭되는 이상, 창작적 소산에 적용되어야 하는 저작자 등의 권리 보호 외의 시적 한계와 공정한 이용의 보호라는 법익 또한 '공익'인 것으로 보아야 한다. 특히 여기서 문제되는 시적 한계에 있어서, 저작재산권은 본디 일정기간이 도과하면 공공의 영역으로 들어오기 때문에 정당화되는 권리라는 특수성은 간과된 것으로 보인다. 이미 저작권 보호기간이 연장되는 추세에 있다는 이유로, 연장을 받은 다른 저작권자 내지 저작인접권자와의 형평성을 위하여 보호기간이 짧았던 저작인접권의 보호기간을 연장하는 것은 '공익'이기보다는 저작인접권자의 '사익'에 가까운 면이 있는 것이다.

그 취지를 선해(善解)한다면 저작인접권의 보호기간을 연장하고 소멸했던 권리를 회복시키는 것이 저작인접권자의 '사익'임에도 불구하고 이를 '공익'이라 칭한 이유는, 그 사익의 보호가 창작의 유인이라는 공익에

---

48) 헌재 2013. 11. 28. 2012헌마770, 판례집 25-2하, 583, 590 [기각]

봉사하기 위한 도구라는 전제가 깔려 있기 때문이라고 볼 수는 있다. 그러나 사익적 권리의 회복이 '공익'에 봉사한다고 말하기 위해서는 적어도 구체적으로 저작자 등의 권리 보호를 통해 달성하려는 두 가지 공익-창작의 유인 또는 문화 및 산업의 발전- 중 어느 '공익'에 봉사하는 것인지를 밝히는 것이 명확했을 것이다. 다만 이 경우 이미 있던 저작인접권의 존속기간의 연장 내지 소멸한 권리의 회복이 그 자체로 인류 공동의 문화자산을 증대시킨다고 볼 수는 없는 관계로, 굳이 공익을 특정하자면 창작의 유인이라는 공익이 남을 것이다. 그리하여 저작인접권 회복으로 추구하고자 하는 공익은 여타 저작권과의 "형평성"과 "저작인접권자의 재산적 권리를 통한 추가적 창작의 유인"이 있을 것이라고 상정할 수는 있겠으나, 이미 소멸했던 권리를 회복시키거나 이미 창작이 완료되어 존속기간이 도과 중인 권리로부터 추가적 창작의 유인에 대한 고려는 찾을 수 없었다. "저작인접권을 보호하고자 하는 공익은 중대"하다는 표현이 반복되었을 뿐이다.

　논의의 층위를 달리하여, 소멸한 저작인접권을 회복시킬 저작인접권자의 '사익'을 '공익'으로 포섭할 것이라면, 본래 공공의 영역에 있는 음반의 제작판매를 영위하는 이용자인 청구인의 권리도 사익이 아닌 '공정한 이용'을 위한 권리 행사로서의 공익도 있다고 볼 소지가 있다. 즉, 그 권리의 객체의 이용을 가능하게 하기 위해 저작물의 공공의 영역으로의 편입시키는 그 자체로부터 도출되는 공익과, 이용자의 사익을 장려함으로써 강화되는 위축효과의 방지 내지 공공의 자유로운 정보이용 환경이 확장된다는 공익을 고려할 수 있는 것이다.

　3) '공익'에 '이용자의 법익' 포함 여부
　헌법재판소는 "소멸된 저작인접권이 회복됨에 따라 청구인은 저작인접권자와의 협의를 거치거나 저작인접권자에게 보상금을 지급하여야만 음반을 제작·판매할 수 있기 때문에 음원의 무상 활용 가능성이 없어지지만, 음원을 무상 사용함으로 인한 이익은 저작인접권자의 권리가 소멸함으로 인하여 얻을 수 있는 반사적 이익에 불과할 뿐"이라고 보았다. 헌법재판소는 기존 법률에서의 보호기간이 경과하여 권리가 소멸되어 공공의 영역(public domain)으로 들어가 누구나 자유롭게 이용할 수 있는 이익을 단순한 '반사적 이익'으로 치부하고 있다.[49]

전술한 바와 같이, 저작재산권의 존속으로 인하여 희생되는 이용자의 법익은 일차적으로 "이용자의 자유로운 이용"이다. 현실적으로 재산적 권리는 구체적인 성격을 가지지만 정치적 권리는 추상적인 경향이 농후하므로, 1대 1로 양자가 대립하는 경우 대체로 구체적인 재산권이 승리한다[50]는 점을 감안하더라도, 이용자가 저작물을 자유롭게 이용할 자유나 배타적인 저작권의 보호 강화로 인하여 공공의 영역으로 들어왔어야 할 저작물이 여전히 저작권자에게 귀속이 된다는 문제의식이나, 학문·예술의 자유 내지 표현의 자유의 법익에 대한 고려는 특별히 찾기 어렵다.

이 구체적 사건에서 저작인접권의 보호기간이 도과한 음반을 제작, 판매하는 사람의 영업적 사익이 음반제작 및 판매에 관한 재산권, 직업수행의 자유 내지 신뢰보호의 정도가 낮다고 평가할 수 있다고 하여도, 저작재산권 보호에 있어서 '이용자의 법익' 보호라는 '권리 보호'와 함께 고려되어야 할 양대 '공익'에 대한 논증 없이 바로 형평성의 공익이 '중대'하다고 볼 수 있는지는 의문이 남는다.

한편, 저작인접권의 보호기간을 연장시키거나 소멸된 권리를 회복할 공익에 이용자의 법익을 포함시키지 않을 것이라면, 그러한 접근법은 적

---

49) 이인호, 「정보통신기술의 발전과 기본권에 관한 연구」 248면. "이미 소멸되어 공공의 영역으로 들어간 저작물을 공중이 자유롭게 이용할 권리는 단순한 '반사적 이익'이 아니라 헌법이 핵심적으로 보호하고자 하는 가치이다. 헌법재판소는 이 사건을 청구인의 재산권이나 직업수행의 자유의 관점에서가 아니라 헌법 제21조와 제22조가 보장하고자 하는 '공공의 문화향유권'이라는 새로운 관점에서 접근했었어야 하는 것이 아닌가 생각된다." (위의 책, 248-249면)
50) 안경환, 앞의 책, 362면.

어도 우리 헌법이 취한 유인이론으로라도 정당화되어야 할 것이다. 그러나 유인이론에 따르더라도 창작의 요인으로서 기능을 소진한 뒤 공동의 문화자산으로 편입될 시점을 연장하는 것 또한 정당화되기는 어렵다. 그러므로 단순히 저작인접권의 보호기간 연장이 문화와 산업을 발전시킬 것이라는 기대로 저작인접권자의 사익을 공익으로 치환하여 정당화하는 것은 한계가 있을 수밖에 없다.

이런 흐름에 비추어 볼 때, 우리 헌법재판소 결정에 있어서의 '공익'은 창작의 유인과 문화와 산업 발전이라는 목적을 지칭하는 것으로 해석할 수 있으나, 그런 '공익'의 포섭에 있어서 이용자의 법익에 대한 고려는 희박한 가운데 권리자의 사익을 '공익'과 사실상 동일시하는 것으로 보인다. 입법만이 아니라 최후의 보루인 사법심사 단계에서도 권리자의 사익을 정당화하기 위한 '창작의 유인'을 만연히 '공익'이라고 포섭하는 것은 헌법 가치 질서 전반의 정합성 관점에서 주의를 요한다.[51]

4) 저작재산권 보호의 '공익'

이러한 공익에 관한 불확실한 해석은 다른 사람들 상호 간에 컴퓨터 등을 이용하여 저작물등을 전송하도록 하는 것을 주된 목적으로 하는 특수한 유형의 온라인서비스제공자는 권리자의 요청이 있는 경우 당해 저작물등의 불법적인 전송을 차단하는 기술적인 조치 등 필요한 조치를 하여야 한다고 규정한 저작권법(2006. 12. 28. 법률 제8101호로 개정되고, 2009. 4. 22. 법률 제9625호로 개정되기 전의 것) 제104조 및 이를 위반한 경우 과태료를 부과하도록 한 저작권법 제142조 제1항, 제2항에 대한 위헌소원 사건[52]에서도 찾을 수 있다.

---

51) 이에 대하여 "헌법 제22조 제2항의 권리보호가 제21조의 언론자유의 헌법적 가치를 달성하기 위한 수단적 지위에 있다는 점을 충분히 인식하지 못한 것이 아닌가 생각된다"는 비판도 있다(이인호, 「정보통신기술의 발전과 기본권에 관한 연구」 248면).

문화체육관광부 장관은 청구인들에게 권리자의 요청이 있는 경우 저작권법 제104조에 의하여 해당 저작물의 불법적인 전송을 차단하는 기술적 조치 등 필요한 조치를 할 의무가 있음에도 불구하고 이를 위반하였다고 하여 저작권법 제142조에 의하여 과태료 부과처분을 하였다. 청구인들은 과태료 부과처분에 이의를 제기하였고 그 사건들이 법원으로 통보된 뒤, 법원 사건 계속 중 위 조항에 대하여 위헌제청신청을 하였으나 그 신청이 기각되자 헌법소원 심판청구를 하였다.

헌법재판소는 이 사건에서 저작권법이 특수한 유형의 온라인서비스제공자가 권리자의 요청을 받았을 때 그 전송을 차단할 의무를 부여한 것은 "저작물 등의 불법적인 전송을 차단함으로써 저작권 등을 보호하고, 문화 및 관련 산업을 향상·발전시키기 위한 것으로서 정당한 목적 달성에 기여한 적합한 수단에 해당"한다고 보았다. 특히 이 사건은 권리자의 요청이 있는 경우에 해당 저작물에 대한 불법적인 전송을 차단하는 조치를 취할 것을 요구할 뿐인 점에 비추어, 침해최소성도 쉽게 인정이 되었다. 법익균형성에 있어서도 "특수한 유형의 온라인서비스제공자에게 한정된 범위에서 기술적 의무 등을 부과한 것이 직업의 자유에 대한 중대한 제한이 된다고 보기는 어려운 반면, 달성되는 공익은 매우 중요하다는 점에서 법익균형성의 원칙에도 위반되지 않는다"고 보았다.

여기서 헌법재판소는 "저작물 등 불법전송으로 인한 폐해를 방지하여 문화 및 관련 산업의 향상·발전을 도모할 공익은 매우 중요하다고 할 것"이라고 판단하였다. 병합된 사건 중 2009헌바52 사건의 청구인은 '저작권법 제104조는 '불법전송' 외에 '검색'과 '적법전송'까지 차단하게 하고, 이는 저작권자의 권리를 특별히 두텁게 보호할 목적만으로 일반 국민의 표현의 자유와 알권리를 침해하는 것'이라고 주장했으나, 이에 대해서는 검토가 이루어지지 않았다. 불법 저작물에 의한 폐해 방지가 정

---

52) 헌재 2011. 2. 24. 2009헌바13 등, 판례집 23-1상, 53 [합헌]

당화되는 것은 문화 및 관련 산업의 향상·발전을 도모한다는 점이 반드시 뒷받침 되어야만 하는 것임에도 불구하고, 특별한 논증 없이 바로 저작권 보호의 공익은 "매우 중요"하다고 판단되고 있다.

4. 소결

저작인접권 보호기간의 소급 연장은 저작재산권에 대한 권리 형성의 단계부터 고려되어야 할 내재적 한계와 그 보호기간 연장의 '공익'과 보호기간 연장으로 인하여 침해되는 '사익' 내지 '공익'의 이익형량이 필요한 주제이다. 그럼에도 불구하고, 헌법재판소는 그 결정에서 이용자의 법익을 단순 '반사적 이익'으로 보고 재산권성을 부정하였다. 저작재산권의 특수성에 비추어 보건대, 저작인접권의 보호기간 소급 연장은 공공의 영역으로 들어왔던 저작물을 다시 사유의 영역으로 돌린다는 측면에서 특별한 정당화 논거 없이는 '공익'이 있다고 포섭하기 어려움에도 불구하고, 마치 오히려 이용자가 자신의 법익이 중대하다는 것을 증명해야 하는 듯한 구조로 이익형량이 이루어진 것이다. 우리 법제가 유인이론을 취한다고 보더라도 유인이론의 의미는 권리자의 사익 보호가 공동체의 공익과 일치한다는 의미는 아닌 관계로 저작재산권 보호에 있어서의 '공익'에 '이용자의 법익'을 고려한 새로운 접근법이 필요한 시점이 되었다고 생각된다.

제4절 이 장의 결론

저작재산권 입법과 해석에 관한 몇 가지 주제는 결국 '저작자 등의 권리'와 '공정한 이용' 중 무엇을 더 큰 보호가치 있는 법익으로 볼 것이냐는 문제로 귀결된다고 보았다. '저작자 등의 권리'에 열거된 저작재산권에 속하지는 않으나, 그 권리를 실효적으로 보호하기 위한 예방적 기제로서 인정되는 기술적 보호조치는 그 것이 이용자의 법익을 과도하게 제한하지 않는 선에서 사회적 효용을 증대시키는 실효적 수단으로 활용될 수 있다. 이용자의 법익 보호 측면에서는, 공정이용을 광범위하게 인정할 만한 여지를 열어준 포괄적 공정이용 조항(제35조의3) 도입으로 인하여 비평에 대한 항변의 여지가 커졌음을 검토하였다. 또한 저작인접권에 관한 헌법재판소 결정을 통하여 보호기간의 설정, 소멸한 저작인접권의 회복 시에 고려한 '공익'의 의미에 '이용자의 법익'이 반영되어야 할 필요가 있음을 검토하였다.

제5장 결 론

지금까지 저작재산권 개념의 정당화 논변을 다각도로 검토하고 헌법상 창설된 재산권의 일종인 저작재산권에 대한 입법형성의 내용과 그 사회적 구속성의 반영인 한계를 살펴본 뒤, 개별 주제에 그러한 입법의 지도원리와 고려요소를 적용한 내용과 그에 대한 고찰은 아래와 같다.

○ 저작재산권은 사상적으로 노동과 인격에서 그 무형적, 정신적 노작의 소산을 경제적으로 이용하는 것을 정당화하는 입장과 국가공동체의 결단에 의하여 문화와 산업 발전을 통한 국부증대의 유인으로서 경제적 권리의 부여를 정당화하는 입장의 상호관계로 발달하였다. 역사적으로 그 경제적 권리의 부여 필요성은 로마시대까지 거슬러 올라갈 수 있고, 근대에 이르러서는 입헌주의 초기부터 당시 재산권 개념에 편승하여 왕권에 대한 저항을 실질적으로 보장하기 위한 강한 권리로 발달하였다. 그 과정에서 학문의 진흥, 창작유인의 제공, 저작자 등의 제한적 권리 보호 등의 명분이 각 공동체에서의 공익적 제한 요소를 반영하며 구체화되었고, 미국과 독일 바이마르에서는 헌법 단계에서의 실정화된 기제로 발달해왔다.

○ 우리 헌법상 저작재산권은 헌법 제22조 제2항 '저작자 등의 권리'를 보호한다는 규정을 그 근거로 한다. 헌법사적으로 저작권의 보호 필요는 개화기부터 대두되어 제헌헌법에 이르러서는 본격적으로 '문화창달'과 '국부증대'라는 목적을 위하여 헌법에 규정되었다. 우리 헌정사에 비춘 저작권은 저작자의 창작의욕 고취를 통하여 문화와 산업 발전을 달성하기 위하여 존재한다고 이해할 수 있는 것이다. 그 성격에 관해서는 크게 비재산권설과 재산권설, 구체적으로는 자유권설, 중첩적(재산권)보장설, 사회적 기본권 병존설 등이 제시된 바 있으나, 궁극적으로 재산적 권리를 통한 '저작자 등'의 보호라는 의미에서 중첩적 보장설이 타당하다. 그러한 저작재산권은 저작권법에서 구체화되어 7

가지 저작재산권으로 개별화되어 있고, 금지청구, 형사와 행정적 제재에도 처해질 수 있는 강한 권리성을 가진다.

○ 특수한 재산권으로서 저작재산권은 그 입법에 있어 합헌성 요청에 부합해야 한다. 저작재산권의 입법은 헌법 제22조 제2항을 그 지도원리이자 입법의 고려요소로 삼아, 구체적 표현인 창작성 있는 저작물을 창작하는 행위, 그 행위주체, 행위의 결과인 저작물에 대한 보호를 제공하는 동시에, 헌법 가치 질서의 보호 요청 즉 재산권의 일종이기에 요구되는 사회적 구속성의 구체적 반영으로써 이용자의 법익을 보호할 요청을 반영하여야 한다. 여기서 이용자의 법익은 학문·예술의 자유는 물론, 문화발전과 사회적 약자의 보호의 선결조건인 표현의 자유와 같은 기본권 등을 조화롭게 해석하는 권리로 구체화되어야 한다. 이는 저작재산권에 대한 제한보다는 재산권으로서 권리 자체의 형성의 한계로서, 우리 헌법의 해석상 비배타적인 특수한 재산권의 일종인 저작재산권은 창작성 있는 구체적 표현인 저작물이 일정기간의 존속기간이 도과하면 소멸하는 권리로 이해할 수 있다.

○ 저작권법은 '저작자 등의 권리'를 보호하는 것을 핵심으로 하기 때문에 결국은 그 권리를 실효적으로 보호할 수 있는 예방적 조치에 대한 입법도 유의미하다. 그렇기 때문에 입법적으로 기술적 보호조치의 남용을 막고 그로 인한 폐해 발생 시 이를 해소할 수 있는 절차적 방어권을 제공하는 입법적 환경을 구비한다면, 기술적 보호조치는 단순히 권리자의 특권이라거나 이용자의 법익을 침해하는 기제가 아니라, 이용자를 저작권 침해를 하지 않도록 검색할 의무로부터 자유롭게 하는 동시에 권리자에게는 광범위한 침해로부터 스스로 방어할 기제를 제공하는 장치로 작동할 수 있다. 사회적 비용을 감소시키는 기제로써 이용자와 권리자 모두에게 실효적인 '저작자 등의 권리' 보호로서 인정 실익이 있는 것이다.

○ 그러한 일반론을 '이용자의 법익' 측면에서 '공정이용'에 관한 기존의 논의에 적용하건대, 저작권 침해 주장에 대하여 '공정한 이용'을 주장하는 자는 저작물성을 부인하는 것 외에, 그 이용에 대한 항변으로 애초에 자신의 이용행위는 저작권 침해에 해당하지 않음을 주장할 수 있다. 비교적 근래 포괄적 공정이용 조항을 도입한 현행 저작권법은, '인용'을 사실상 '이용'으로 포섭해왔던 과거의 해석과 달리, 저작권법 제1조의 목적 조항과 함께 공정이용을 널리 인정할 규범적 환경을 마련하였고, 이에 따라 기존에는 인정되기 어려웠던 '비평'을 요체로 하는 패러디 항변의 인정 가능성도 확대되었다.

○ 저작권법은 자유로운 정보이용이라는 이용자의 법익을 희생해가면서 달성하고자 하는 공익을 위하여 사익적 권리가 정당화되는 법이기 때문에, 그 보호기간의 연장 내지 소멸한 권리의 회복에 있어서도 특별한 고려요소로서 '공익'이 무엇인지가 문제된다. 저작인접권의 회복은 사익적 요소가 강함에도 불구하고, 헌법재판소는 그러한 사익을 '공익'으로 포섭한 경우가 있었다. 그러나 저작재산권의 특수성에 비춘 '공익'은 '이용자의 법익을 침해하지 않는 창작의 유인'으로서 '저작자 등의 권리의 본질적 부분을 침해하지 않는 공정한 이용을 보장할 공익'으로 이해해야 하고, 표현의 자유, 학문·예술의 자유 등의 헌법 가치 질서도 종합적으로 고려할 필요가 있다.

저작권은 검열로부터의 자유로운 표현을 위해 등장했다. 그러나 일반인이 파악하기 어려운 방대한 예외규정과 위임입법을 보면 실제로 자유로운 표현과 사상의 흐름을 위한 법인지 의문이 제기될 때가 있다. 그 구조가 원칙적으로 타인의 모든 창작물에 대한 이용을 금지하되 예외적으로 자유로울 경우에 해당하는지를 스스로 판단할 것을 요구하고 있기 때문이다. 그러나 우리 헌법 제22조 제2항과 저작권법의 목적을 종합적으로 검토하건대, 저작자 등의 권리는 단순히 사적 권리를 부여하기 위하여 등장한 것이 아니라 사회적으로 필요한 목표를 달성하기 위한 수단으로 사인에게 경제적 권리를 부여한 결과 탄생한 권리로 이해해야 한다. 그런 의미에서 이 책은 그 조화로운 지점을 찾기 위한 저작재산권의 특성을 규명하고, 한국 헌법규정과 역사를 검토하였으며 이에 기한 입법의 주요 고려요소를 탐구하고자 하였다.

저작재산권도 공동체 최상위 규범인 헌법 안에서 규율되어야 한다. 사회변화에 따라 탄력적 입법 운용이 필요하다고 해서, 헌법 제22조 제2항에 명시된 '저작자 등의 권리'를 소홀히 보호할 수는 없다. 동시에 저작자 등의 권리를 과도하게 보호하여 표현의 자유를 저해하고 공중의 자유로운 정보이용, 학문·예술의 자유, 그리고 경제질서에 반할 소지가 있는 법률에 대한 심사를 소홀히 할 수도 없다. '입법적 결단'이라는 단어 뒤에 숨어 빠른 사회변화에 압도되기보다 여타 헌법적 가치를 고려한 종합적 논증과 심사로 빠른 사회변화마저 조화롭게 포섭하는 이익형량 과정을 거친다면, 저작재산권은 진정한 의미의 문화창달과 국부증대에 이바지하는 더욱 균형 잡힌 권리로 발전할 수 있을 것이다.

참고 문헌

[국내문헌]

〈단행본〉

김남두 엮어 옮김, 「재산권 사상의 흐름」(도서출판 천지, 1993)

김철수, 「헌법학개론」(박영사, 2007)

나종일·송규범, 「영국의 역사(상)」(한울, 2005)

_____, 「영국의 역사(하)」(한울, 2005)

박균성, 「행정법강의」(박영사, 2012)

박지향, 「영국사(개정판)」(까치, 2009)

박영도, 「입법학입문」(한국법제연구원, 2008)

박용상, 「언론의 자유」(박영사, 2013)

박성호, 「저작권법」(박영사, 2014)

서희경, 「대한민국 헌법의 탄생」(창비, 2012)

성낙인, 「헌법학」 제6판 (법문사, 2016)

안경환, 「미국 헌법의 이해」(박영사, 2015)

오승종, 「저작권법」(박영사, 2016)

유진오, 「(新稿)憲法解義」(일조각, 단기4286[1953])

이승영, 「17세기 영국의 수평파운동」(민연, 2001)

이영록, 「우리 헌법의 탄생 – 헌법으로 본 대한민국 건국사」(서해문집, 2006)

이인호, 「정보통신기술의 발전과 기본권에 관한 연구」 헌법재판, 제25권 (헌법재판소, 2014)

이해완, 「저작권법」 제3판 (박영사, 2015)

정상조·박준석, 「지식재산권법」 제3판 (홍문사, 2013)

정종섭, 「한국헌법사문류」(박영사, 2002)

_____, 「헌법과 기본권」(박영사, 2010)

_____, 「헌법학원론」(박영사, 2015)

한수웅, 「헌법학」 제6판 (법문사, 2016)

허 영, 「헌법이론과 헌법」(박영사, 2006)

_____, 「한국헌법론」전정 13판 (박영사, 2017)

홍완식, 「입법학연구」(피앤씨미디어, 2014)

검찰청, 「검찰연감」(검찰연감 편집위원회, 2015)
국회도서관 입법조사국, 「헌법제정회의록: 제헌국회」(국회도서관 입법조사국, 1967)
법제처, 제4권 경제편 「헌법 주석서」(법제처, 2010)
특허청, 「한국특허제도사」(특허청, 1988)
한국저작권단체연합회 저작권보호센터, 「2016 저작권 보호 연차보고서」(한국저
　　작권단체연합회, 2016)
한국저작권위원회, 「개정 저작권법 해설서」(문화체육관광부·한국저작권위원회, 2012)
한국저작권위원회, 「저작권 해설서」(한국교육학술정보원, 2008)
헌법연구자문위원회, 「(국회의장 자문기구)헌법연구 자문위원회 결과보고서」(헌
　　법연구자문위원회, 2009)
헌법재판소 헌법재판연구원(한동훈), 「프랑스 헌법상 재산권」(헌법재판소 헌법재
　　판연구원, 2015)

〈논문〉

권영준, "저작권과 소유권의 상호관계: 독점과 공유의 측면에서," 경제규제와 법,
　　제3권 제1호(서울대학교 공익산업법센터, 2010)
권형준, "입법재량론에 관한 연구," 헌법학 연구, 제12권 제3호(한국헌법학회, 2006)
김남두, "소유권에 관한 철학적 성찰: 사유재산권과 삶의 평등한 기회-로크를
　　중심으로," 철학연구, 제27권(철학연구회, 1990)
김수용, "해방 후 헌법논의와 1948년 헌법제정에 관한 연구," 법학박사 학위논문
　　(서울대학교 대학원, 2007)
김우성, "패러디 항변의 도그마를 넘어서," 법학, 제56권 (서울대학교 법학연구원,
　　2015)
김윤명, "앤(Anne)女王法에 관한 著作權法制史的 意義," 산업재산권, 제20호(한국
　　산업재산권법학회, 2006)
김인철, "저작권과 표현의 자유의 갈등-미국의 논의를 중심으로," 월례발표회(한
　　국헌법판례연구학회, 2011)
　　　　, "저작권과 표현의 자유의 갈등," 법학연구, 제21권 (연세대학교 법학연구
　　원, 2011)
김종보, "지적재산권 강화경향과 정보공유와의 관계에 대한 고찰: 헌법이념상 저

작권개념을 중심으로," 법학연구, 제46권 제1호(부산대학교 법학연구소, 2005)

김종호, "지적재산권 보호의 법적 근거에 관한 해석론으로서 철학적 논거," 홍익법학, 제13권 제3호, (홍익대학교 법학연구소, 2012)

김주영, "정보시장의 균형을 위한 정보의 공공성에 관한 헌법학적 연구," 법학박사 학위논문 (서울대학교 대학원, 2007)

김형성, "재산권,"「기본권의 개념과 범위에 관한 연구」헌법재판연구, 제6권 (헌법재판소, 1995)

남형두, "저작권의 역사와 철학," 산업재산권, 제26호(한국산업재산권법학회, 2006)

명재진, "IT(정보기술) 기본권의 체계화에 관한 연구," 헌법논총, 제20집 (헌법재판소, 2009)

박민영, "공법상 지적재산권개념의 재조명," 법학논집 제19집(청주대학교 법학연구소, 2002)

박성호, "지적재산권에 관한 헌법 제22조 제2항의 의미와 내용," 법학논총, 제24권 제1호 (한양대학교 법학연구소, 2007)

박준석, "무체재산권·지적소유권·지적재산권·지식재산권 – 한국 지재법 총칭(總稱) 변화의 연혁적·실증적 비판 –," 법학, 제53권 제4호(서울대학교 법학연구소, 2012)

_____, "한국 지적재산권법의 과거·현재·미래," 저스티스, 제136권 (한국법학원, 2013)

_____, "저작권법 제28조 인용조항 해석론의 변화 및 그에 대한 비평", 법학, 제57권 (서울대학교 법학연구소, 2016)

발명진흥회, "구한국내각고시 제4호 – 저작권법(2)," 발명특허 제6권 제2호 (한국발명진흥회, 1981)

송석윤, "바이마르헌법과 경제민주화," 헌법학연구, 제19권 제2호(한국헌법학회, 2013)

신미연, "저작권은 자연권인가 성문법상 권리인가," 원광법학, 제27권 제1호(원광대학교 법학연구소, 2011)

육소영, "저작물의 공정이용에 관한 법리와 경제학적 분석," 경제법 연구, 제5권 제1호(한국경제법학회, 2006)

_____, "지적재산권과 표현의 자유," 공법학 연구, 제12권 제4호(비교공법학회, 2011)

육종수, "헌법상 무체재산권의 보장," 공법연구, 제15집(한국공법학회, 1987)

윤권순, "구텐베르크 활판인쇄기술 발명에 대한 영국사회의 법적 대응," 과학기

술과 법, 제6권 제2호(충북대학교 법학연구소, 2015)

윤영미, "재산권 보장과 헌법재판소의 역할," 헌법학연구, 제21권 제3호(한국헌법학회, 2015)

이규홍, "저작권법상 기술적 보호조치의 법적 보호에 관한 연구−기술적 보호조치를 중심으로−," 연세 의료·과학기술과 법, 제1권 (연세대학교 법학연구원, 2010)

이규홍·정필운, "헌법 제22조 제2항 관련 개헌론에 관한 소고," 법조, 제59권 제11호 (법조협회, 2010)

이대희, "기술적 보호조치와 접근권의 문제점", 정보법학 제7권 제2호 (한국정보법학회, 2003)

이발래, "입법형성권의 본질과 한계," 일감법학, 제5권(건국대학교 법학연구소, 2000)

이부하, "입법자의 입법형성권의 내용과 한계," 법과 정책연구, 제13권 제1호(한국법정책학회, 2013)

_____, "사법(私法)에 있어서 헌법합치적 재산권질서," 토지공법연구 제48집 (한국토지공법학회, 2010)

이시우, "지적재산권의 헌법적 의미에 관한 소고," 계간저작권, 1996년 여름호 (한국저작권위원회, 1996)

이영록, "유진오 헌법사상의 형성과 전개," 법학박사 학위논문 (서울대학교 대학원, 2000)

이우영, "미국의 위헌심사기준으로서의 '이중기준'," 법학, 제50권 제1호 (서울대학교 법학연구소, 2009)

_____, "입법과정과 입법의 민주적 정당성," 법학, 제52권 제4호 (서울대학교법학연구소, 2011)

_____, "표현의 자유 법리와 헌법재판소의 위헌법률심사기준," 법학, 제53권 제2호(서울대학교 법학연구소, 2012)

이인호, "지적재산권의 헌법적 한계," CLIS Monthly 2003년 1호(정보통신정책연구원, 2003)

이형하, "언론 출판의 자유와 저작권의 상충과 조정," 헌법논총, 2집 (헌법재판소, 1991)

임광섭, "저작권법상 기술적 보호조치에 관한 연구," 법학박사 학위논문 (서울대학교 대학원, 2017)

전종익, "재산권의 보호영역," 헌법논총, 16집 (헌법재판소, 2005)

정상조, "창작과 표절의 구별기준," 법학, 제44권 제1호 (서울대학교 법학연구소, 2003)

_____, "우리나라의 데이터베이스 보호," 세계의 언론법제, 제19호 (한국언론재단, 2006)

정종한 외, "특허사건에 대한 특허심판원의 심판 및 법원의 판결 동향에 관한 통계적 연구," 지식재산연구 제7권제2호(한국지식재산학회, 2012)

정필운, "정보사회에서 지적재산의 보호와 이용에 관한 헌법학적 연구: 저작물을 중심으로," 법학박사 학위논문 (연세대학교 대학원, 2009)

_____, "헌법 제22조 제2항 연구," 법학연구 제20권 제1호 (연세대학교 법학연구원, 2010)

차진아, "재산권 보장의 상대화와 입법자의 역할," 고려법학, 제76호 (고려대학교 법학연구소, 2015)

탁희성, "저작권 보호를 위한 기술적 보호조치에 관한 소고", 형사정책연구 제20권 제1호 (한국형사정책연구원, 2009)

표명환, "헌법상 재산권의 내용규정과 헌법재판소의 보장 법리에 관한 고찰," 법학연구, 제46권 (한국법학회, 2012)

한인섭, "대한민국 임시헌장(1919. 4.11) 제정의 역사적 의의," 법학, 제50권 제3호 (서울대학교 법학연구소, 2009)

한지영, "데이터베이스의 법적 보호에 관한 연구," 법학박사 학위논문 (서울대학교 대학원, 2005)

_____, "중세 이후 특허법제사에 관한 연구," 산업재산권, 제25호(한국지식재산학회, 2008)

함석천, "패러디, 지적재산권과 표현의 자유," 저스티스, 제91호 (한국법학원, 2006)

[외국문헌]

〈단행본〉

加藤雅信 (김상수 역), 「소유권의 탄생」(법우사, 2005),

Alexander, G. S. and Eduardo M. Peñalver, *An Introduction to Property Theory* (Cambridge University Press, 2012)

Alexander, I., *Copyright Law and the Public Interest In the Nineteenth Century* (Hart Publishing, 2010)

Aplin, T. & Jennifer Davis, *Intellectual Property Law* (Oxford University Press, 2017)

Boyes, W., *Managerial Economics: Markets and the Firm* (Cengage Learning, 2011)

Canning, J., *A History of Medieval Political Thought: 300-1450* (Routledge, 2014)

Cass, Ronald A., *Law of Creation* (Harvard University Press, 2013)

Cohen, J., Lydia Pallas Loren, Ruth Okediji & Maureen O'Rourke, *Copyright in a Global Information Economy* (4th ed.) (Wolters Kluwer, 2015)

Deazley, R., *Origin of the Right to Copy* (Hart Publishing, 2004)

Dworkin, R., *Taking Rights Seriously* (1977; 1997) (Bloomsbury Academic, 2013)

Farber, D. A., *The First Amendment* (Foundation Press, 2003)

Fishman, S., *The Public Domain: How to Find & Use Copyright-Free Writings, Music, Art & More* (Nolo, 2014)

Füssel, S, *Gutenberg und seine Wirkung.* 최경은 옮김, 「구텐베르크와 그의 영향」 (연세대학교 대학출판문화원, 2014)

Garvey, J. H. and Frederick Schauer, *The First Amendment* (West Publishing, 1996)

Goldstein, P., *International Copyright: Principles, Law, and Practice* (Oxford University Press, 2001)

Hegel, G. W. F., *Grundlinien der Philosophie des Rechts*, 임석진역, 「법철학 I」(지식산업사, 1989)

Landes, W. M. and Richard A. Posner, *The Economic Structure of Intellectual Property Law* (The Belknap Press of Harvard University Press, 2003)

Lange D. and J. Powell, *No Law – Intellectual Property in the Image of an Absolute First Amendment* (Stanford Law Books, 2008)

Lessig, L. *Free Culture: The Nature and Future of Creativity*, (1st pub. in 2004) (Petter Reinholdtsen, 2015)

Locke, J. Two Treaties of Government, 이극찬 역, 「시민정부론」, 1970년 초판 인쇄 (연세대학교 대학출판문화원, 2014)

Lowry, S. T. & Barry Gordon, *Ancient and Medieval Economic Ideas and Concepts of Social Justice* (Leiden, 1998)

May, C., *The Global Political Economy of Intellectual Property Rights: The New Enclosures?* (Routledge, 2013)

McSherry, C., *Who Owns Academic Work?- Battling for control of Intellectual Property* (Harvard University Press, 2001)

Merges, R. P., *Justifying Intellectual Property* (Harvard University Press, 2011)

Mumford, L. *Technics and Civilization.* 문종만 역, 「기술과 문명」(책세상, 2013)

Netanel, N. W., *Copyright's Paradox* (Oxford, 2008)

Nimmer M. & David Nimmer, *3 Nimmer on Copyright (2005)*

Nozick, R., *Anarchy, State, and Utopia*. 남경희 역, 「아나키에서 유토피아로: 자유주의 국가의 철학적 기초」(문학과 지성사, 1983)

Patterson, L. R., *The Nature of Copyright: A Law of Users' Rights* (University of Georgia Press, 1991)

Pettit, P., *Republicanism: A Theory of Freedom and Government* (OUP Oxford, 2002)

Posner, R. A., *Economic analysis of law*, 8th ed. (Aspen Publishers, 2011)

Rawls, J., *A Theory of Justice* (The Belknap Press of Harvard University Press, 1971)

Rose, M., *Authors and Owners: the Invention of Copyright* (Harvard University Press, 2002)

Roszak, T., *(The) Cult of Information*, 정연식, 정주현 옮김 (현대미학사, 2005)

Schlatter, R., *Private Property: The History of An Idea* (Rutgers University Press, 1951)

Sherman, B. & Lionel Bently, *The Making of Modern Intellectual Property Law: The British Experience,* 1760-1911(Cambridge University Press, 2003)

Wolfe, C., *The Rise of Modern Judicial Review* (Rowman & Littlefield Publishers, Inc., 1994)

Pew Research Center, *Global Support for Principle of Free Expression, but Opposition to Some Forms of Speech* (November 2015)

〈논문〉

Benkler, Y., "Free As the Air to Common Use: First Amendment Constraints on Enclosure of the Public Domain" *74 NYU L. Rev. 354* (1999)

Breyer, S., "The Uneasy Case for Copyright," *84 Harv. L. Rev. 281* (1970)

Carlyle, A. J., "The Theory of Property in Medieval Theology," in *Property, Its Duties and Rights* (1st ed.) (Macmillan and co., 1915)

Demsetz, H., "Toward a Theory of Property Rights," *57 American Econ. Rev. 347* (1967)

Denicola, R., "Copyright and Free Speech: Constitutional Limitations on the Protection of Expression," *67 Cal. L. Rev. 283* (1979)

Ellickson, R., "Two Cheers for the Bundle-of-Sticks Metaphor, Three Cheers for Merrill and Smith," *ECON JOURNAL WATCH 8(3)* (2011)

Emerson, T. I. "Toward A General Theory Of The First Amendment," *72 YALE L. J.*

877 (1963)

Goldstein, P., "Copyright and the First Amendment," *70 Colum. L. Rev. 983* (1970).

Hesse, C., "The Rise of Intellectual Property, 700 B.C.－A.D. 2000: An Idea in the Balance Author(s)," *Daedalus, Vol. 131, No. 2* (2002)

Hettinger, E., "Justifying Intellectual Property," *18 Phil. & Pub. Aff. 31* (Wiley, 1989)

Hohfelt, W. N., "Some fundamental legal conceptions as applied in judicial reasoning," 23 *YALE L. J. 16* (1913)

Horowitz, S. J., "A Free Speech Theory of Copyright" *2009 Stanford Tech. L. Rev. 2* (2009)

Hughes, J., "Locke's 1694 Memorandum (and more incomplete copyright historiographies)," *27 Cardozo Ar.t & Ent. L.J. 555* (2010)

_____, "Philosophy of Intellectual Property," *77 Geo. L.J. 287* (1988)

Karl Kroeschell, 양창수 역, "게르만적 소유권개념의 이론에 대하여," 법학, 제34권 1호(서울대학교 법학연구소, 1993)

Klein, D. and John Robinson, "Property: A Bundle of Rights? Prologue to the Property Symposium," *ECON Journal Watch, Vol. 8, No. 3,* (2011)

Koppelman, A., "Veil of Ignorance: Tunnel constructivism in Free Speech Theory," 107 *Nw. U. L. Rev. 647* (2013)

Lemley, M. A., "Property, Intellectual Property, and Free Riding," *83 Tex L. Rev. 1031* (2004-2005)

Lemley, M. A. and Eugene Volokh, "Freedom of Speech and Injunctions in Intellectual Property Cases," *48 Duke L. J. 147* (1998)

Lessig, L., "The Path of Cyberlaw," *104 YALE L. J.1743* (1995)

_____, "Copyright's First Amendment," *48 UCLA L. Rev. 1057* (2000-2001)

Merrill, T. W., "Property and the Right to Exclude," *77 Neb. L. Rev. 730* (1998)

Nachbar, T. B., "Monopoly, Mercantilism, and the Politics of Regulation," *91 VA. L. REV. 1313* (2005)

Nash, J. R. and Stephanie M. Stern, "Property Frames," *87 Wash. U. L. Rev. 449* (2010)

Nimmer, M. "Does Copyright Abridge the First Amendment Guarantees of Free Speech and Press," *17 UCLA L. Rev. 1180* (1969-1970)

Netanel, N., "Copyright Alienability Restrictions and the Enhancement of Author Autonomy: A Normative Evaluation," *24 Rutgers L. J. 347*

_____, "Copyright and a Democratic Civil Society," *106 YALE L. J. 283* (1996)

_____, "Locating Copyright Within the First Amendment Skein," *54 Stanford L. Rev. 1* (2001)

_____, "First Amendment constraints on copyright after Golan v. Holder," *60 UCLA L. Rev. 1082* (2013)

Olson, D., "First Amendment Interests and Copyright Accommodations," *50 B.C.L. Rev. 1393* (2009)

Pettit, P., "The Instability of Freedom as Noninterference: The Case of Isaiah Berlin", *121 Ethics 693* (2011)

Posner, R. A., "Intellectual Property: The Law and Economics Approach, *19 J. of Econ. Persp. 57* (2005)

Radin, M. J., "Property and Personhood," *34 Stan. L. Rev. 957* (1982)

_____, "Market-Inalienability," *100 Harv. L. Rev. 1849* (1987)

Raustiala, K. and Christopher Sprigman, "The Piracy Paradox," *92 VA. L. Rev. 1687* (2006)

Rubenfeld, J., "The Freedom of Imagination: Copyright's Constitutionality," *112 YALE L. J. 1* (2002)

Samuelson, P., "Copyright and Freedom of Expression in Historical perspective," *10 J Intell Prop L 319* (2002)

Schauer, F., "Fear, Risk and the First Amendment: Unraveling the "Chilling Effect," *58 B.U. L. Rev. 685* (1978)

_____, "Facts and the First Amendment," *57 UCLA L. Rev. 897* (2010)

Schroeder, J. L.,"Unnatural Rights: Hegel and Intellectual Property," *60 U. Miami L. Rev. 453* (2006)

Schwartz, P. M. and William Michael Treanor, "Eldred and Lochner: Copyright Term Extension and Intellectual Property as Constitutional Property," *112 YALE L.J. 2331* (2003)

Seltzer, W., "Free Speech Unmoored in Copyright's Safe Harbor: Chilling Effects of the DMCA on the First Amendment," *24Harv. J. L. Tech. 171* (2010)

Stone, A., "Freedom of Political Communication, the Constitution and the Common Law," *U Melb LRS 1* (1998)

Tavani, H., "Locke, Intellectual Property Rights, and the Information Commons," *Ethics and Information Technology Vol. 7*(2005)

Wang, E., "The Line Between Copyright and the First Amendment and Why Its Vagueness May Further Free," *13 U. Pa. J. Const. L. 1471* (2011)

Yoo, Christopher S., "Copyright and Personhood Revisited" *Faculty Scholarship Paper 423* (2012)

Summary

Legislation on Intellectual Property from Constitutional Perspectives

In Korea, the constitutional grounds for copyright can be found in Art. 22
(2) of the Constitution. Although the copyright industry and its legal practice
are active in Korea, there have been few constitutional studies on the grounds
of copyright protection, and its principles from normative perspectives have
been relatively less well examined in the context of developments in
technology and media. This thesis aimed to find standards and guidelines for
copyright.

Historically and philosophically, copyright was established and justified in
Western countries as an institution for promoting learning while protecting
ideas. Influenced by Locke and Hegel, who focused on the value of labor and
personhood, copyright was justified as a just reward and a reflection of
personality. Incentive theory, in its modern sense, has focused on the social
utility of community cultural assets and economic gains, as a mechanism for
motivating potential creators to engage in creative activities and then to seek
copyright protection. Among Western countries that have granted rights to
original works, the USA and Germany protected these rights at the level of
the constitution, stipulating such rights to be limited in terms of social
relations for the public interest, such as promotion of learning, freedom of
press/speech, and social utilities, which has had a significant influence on the

Korean Constitution and its history.

While the constitutional grounds for Korean copyright can be found in Art. 22 (2), there are discussions ongoing about its nature. Because copyright is aimed at protecting creators' economic rights in the context of Korea's first Constitution, such rights should be required to demonstrate their unique characteristics, as rights set in relation to an intangible, and the relationship with Art. 23 should be interpreted as a demand for economic rights of a certain level for creators so that they function as an incentive. Such rights must also incorporate limitations in the light of the social relationships requirement from Art. 23. This is all the more required because Korean copyright can be interpreted as an instrumental right that must 'encourage creation' by 'granting appropriate reward to the creators,' while protecting freedom of learning and art, which are stipulated with the creators' rights.

In this regard, the principles of copyright legislation apply to balance the two sides: creators' and users' rights. Users' rights are protected by the functional limitations of the copyright, with regard to the users' rights in terms of Academic Freedom and Freedom of Art (Art. 22 (1)) and Freedom of Speech (Art. 21) ("Relevant Rights"). The copyright legislation protects originality in relation to actors, subjects, and original works using the theoretic tool of 'dichotomy of idea and expression,' and a bundle of rights are granted to the copyright holders accordingly as long as the bundle promotes the creation. However, copyright is granted for a limited time so that Relevant Rights may be protected and promoted at the same time and, in this context, copyrighted materials should be limited to original works. Limitations on copyright in a broad sense, including Fair Use, which provides at least minimum protection of Relevant Rights for users, is justified and required in light of its social relativity. This is more important in the Korean context because the Korean copyright clause is stipulated with Academic Freedom and Freedom of Art; Freedom of Speech is a precondition of these two constitutional freedoms.

In light of the above, technical protection measures can be interpreted as a prophylactic measure that is justified when it is granted to original works, so long as it does not limit the access rights and users' rights once the copyrights are past the protection period, so that the original works can be used for any public use for the promotion of academic and artistic activities. Fair Use in the Korean context may be more useful as a newly adopted general provision providing more room to interpret critical works that demand a certain level of adaptation from the original works. Finally, the Constitutional Court's decision on the extension of the protection period of "Rights Voisins" calls for the community's attention to the 'public interest' in terms of users' rights because it appears to be leaning toward copyright holders, narrowly interpreting the users' rights and/or assuming the incentive granted to copyright to be the 'public interest.'

[Key words: Intellectual Property, Copyright, Korean Copyright Clause, Fair Use, User's rights, Freedom of Art and Speech]

신혜원

2008. 2. 서울대학교 영어영문학과 졸업

2010. 2. 서울대학교 대학원 법학과 졸업(석사)

2014. 2. 고려대학교 법학전문대학원 졸업(법학전문석사)

2014. 제3회 변호사시험 합격

2017. 8. 서울대학교 대학원 법학과 졸업(박사)

2014. 2. - 2017. 6. Cho & Partners

2017. 8. - 현재 법무법인(유한) 태평양

"저작재산권의 입법형성에 관한 연구"(서울대학교 법학 박사 학위논문, 2017. 8.)
"상표적 사용의 개념에 관한 소고- Kelly-Brown v. Winfrey를 읽고"(Law & Technology 제11
권 제1호, 서울대학교 기술과 법센터, 2015)
"유럽인권협약의 개인소원심판에 관한 헌법적 연구"(서울대학교 법학 석사 학위논문, 2010)

저작재산권의 입법형성에 관한 연구

초판 인쇄 ｜ 2019년 06월 17일
초판 발행 ｜ 2019년 06월 27일

지 은 이   신혜원

발 행 인   한정희
발 행 처   경인문화사
총괄이사   김환기
편   집   김지선 유지혜 한명진
마 케 팅   전병관 하재일 유인순
출판번호   제406-1973-000003호
주   소   경기도 파주시 회동길 445-1 경인빌딩 B동 4층
전   화   031-955-9300 팩   스   031-955-9310
홈페이지   www.kyunginp.co.kr
이 메 일   kyungin@kyunginp.co.kr

ISBN   978-89-499-4809-6 93360

값 20,000원